III CONGRESSO NACIONAL DE DIREITO DOS SEGUROS

III CONGRESSO NACIONAL DE DIREITO DOS SEGUROS

MEMÓRIAS

Coordenação
ANTÓNIO MOREIRA
Professor Catedrático das Universidades Lusíada
Director do Curso de Direito da Universidade Internacional da Figueira da Foz
Doutor em Direito
M. COSTA MARTINS
Mestre em Direito
Professor Auxiliar da Universidade Lusíada
Advogado
Mestre em Direito

Colaboração
TERESA COELHO MOREIRA
Docente da Escola de Direito da Universidade do Minho
Licenciada em Direito

ALMEDINA

TÍTULO:	III CONGRESSO NACIONAL DE DIREITO DOS SEGUROS
COORDENADORES:	ANTÓNIO MOREIRA M. COSTA MARTINS
COLABORAÇÃO:	TERESA COELHO MOREIRA
EDITOR:	LIVRARIA ALMEDINA – COIMBRA www.almedina.net
LIVRARIAS:	LIVRARIA ALMEDINA ARCO DE ALMEDINA, 15 TELEF.239 851900 FAX. 239 851901 3004-509 COIMBRA – PORTUGAL livraria@almedina.net LIVRARIA ALMEDINA ARRÁBIDA SHOPPING, LOJA 158 PRACETA HENRIQUE MOREIRA AFURADA 4400-475 V. N. GAIA – PORTUGAL arrabida@almedina.net LIVRARIA ALMEDINA – PORTO R. DE CEUTA, 79 TELEF. 22 2059773 FAX. 22 2039497 4050-191 PORTO – PORTUGAL porto@almedina.net EDIÇÕES GLOBO, LDA. RUA S. FILIPE NERY, 37-A (AO RATO) TELEF. 21 3857619 FAX: 21 3844661 1250-225 LISBOA – PORTUGAL globo@almedina.net LIVRARIA ALMEDINA ATRIUM SALDANHA LOJAS 71 A 74 PRAÇA DUQUE DE SALDANHA, 1 TELEF. 21 3712690 atrium@almedina.net LIVRARIA ALMEDINA – BRAGA CAMPUS DE GUALTAR UNIVERSIDADE DO MINHO 4700-320 BRAGA TELEF. 253 678 822 braga@almedina.net
EXECUÇÃO GRÁFICA:	G.C. – GRÁFICA DE COIMBRA, LDA. PALHEIRA – ASSAFARGE 3001-453 COIMBRA Email: producao@graficadecoimbra.pt ABRIL, 2003
DEPÓSITO LEGAL:	195005/03

Toda a reprodução desta obra, seja por fotocópia ou outro qualquer processo, sem prévia autorização escrita do Editor, é ilícita e passível de procedimento judicial contra o infractor

NOTA PRÉVIA

Se há domínios em que há reformas que se impõem, o Direito dos Seguros é inquestionavelmente um deles. Pena é que o fôlego renovador, que chegou a contar com uma Comissão de Reforma presidida pelo Prof. Doutor António Menezes Cordeiro, por razões várias, não tenha chegado a bom porto.

Os Congressos Nacionais de Direito dos Seguros, agora na 3.ª edição, ao ritmo de um por ano, têm sido espaço privilegiado para a reponderação do Direito dos Seguros. É natural, contudo, que os ventos de mudança nem sempre corram de feição. Porém, a persistência do tratamento de muitas das questões mais polémicas e mais densas vai permitindo abrir caminho, criando novas oportunidades de pensar, com a cumplicidade de alguns dos melhores académicos e práticos.

Em 30 e 31 de Outubro deste ano, exactamente um ano depois do III Congresso, vai ter lugar no Hotel Altis, em Lisboa, o IV Congresso, desta vez com a colaboração da A.I.D.S. (Associação Internacional de Direito dos Seguros). O trabalho já está em curso para que cada novo Congresso seja melhor que o anterior.

A todos, entidades oficiais, conferencistas e congressistas, que com empenho deram vida ao III Congresso na cidade do Porto, traduzo o meu reconhecimento.

Canelas, 6 de Abril de 2003.

COMISSÃO DE HONRA

Presidente da República
Presidente da Assembleia da República
Primeiro-Ministro
Presidente do Supremo Tribunal de Justiça
Provedor de Justiça
Presidente do Tribunal da Relação do Porto
Bastonário da Ordem dos Advogados
Presidente do Instituto de Seguros de Portugal
Director do Centro de Estudos Judiciários
Vice-Reitor da Universidade Lusíada
Prof. Doutor Inocêncio Galvão Telles

DIA 30 DE OUTUBRO DE 2002
9h 30m

SESSÃO SOLENE DE ABERTURA

Presidência
Dr. Rui Martinho
Presidente do Instituto de Seguros de Portugal

Mesa de Honra
Juiz Desembargador Doutor José da Cunha Barbosa,
em representação do Presidente do Tribunal da Relação do Porto
Prof. Doutor António Menezes Cordeiro,
Catedrático da Faculdade de Direito da Universidade Clássica de Lisboa e da Universidade Católica
Prof. Doutor António José Moreira,
Catedrático da Universidade Lusíada e Coordenador do Congresso
Prof. Doutor M. Costa Martins,
Professor Auxiliar da Universidade Lusíada, Advogado e Coordenador do Congresso

DECLARAÇÃO DE ABERTURA DOS TRABALHOS

António Moreira
Professor Catedrático das Universidades Lusíada
Director do Curso de Direito do U.I.F.F.
Doutor em Direito
Coordenador do Congresso

DECLARAÇÃO DE ABERTURA DOS TRABALHOS

António Moreira

Professor Catedrático das Universidades Lusíada
Director do Curso de Direito da U.I.F.F.
Doutor em Direito
Coordenador do Congresso

Em nome do Senhor Doutor Rui Martinho, Presidente do Instituto de Seguros de Portugal, declaro abertos os trabalhos do III Congresso Nacional de Direito dos Seguros.

E começo por agradecer a distinta presença de V. Ex.ª que, como Presidente da entidade reguladora da actividade seguradora, terá inquestionavelmente uma palavra importante neste Congresso.

A segunda palavra de agradecimento destina-se à Comissão de Honra, composta pelas mais distintas personalidades da vida política e judiciária portuguesa, e que, a exemplo das edições anteriores, valida este evento.

Aos Senhores conferencistas, prelectores e congressistas destina-se a minha terceira palavra de reconhecimento. Sem V.ªˢ Ex.ªˢ o Congresso não teria sido possível.

Foi preocupação da Coordenação trazer o Congresso à cidade do Porto. Confesso, agora, que sentimos algumas dificuldades superiores às das anteriores edições. E a pergunta ocorre naturalmente: Lisboa é a cidade onde estes eventos têm melhor acolhimento?

A temática deste Congresso foi, como não poderia deixar de ser, anteriormente seleccionada, sempre com a convicção que outros temas poderiam ser eleitos. Afigurou-se-nos, porém que os quatro temas iriam permitir aprofundar áreas importantes. Assim com *A Incidência da Informática no Contrato de Seguro,* com a *Evolução e Perspectivas de Protecção do Segurado,* com o *Futuro do Seguro de Responsabilidade Civil* e, ainda. com as *Perspectivas do Seguro de Pessoas e a sua Incidência na Segurança Social.* Ao que acresce a conferência sobre a *Reforma do Direito dos Seguros.*

As conferências e prelecções proferidas e as participações dos congressistas, são a prova da importância do Congresso, da sua vitalidade e, ainda, da necessidade por todos sentida da reponderação do futuro do Direito dos Seguros em Portugal.

Conferência de Abertura

DA REFORMA DO DIREITO DOS SEGUROS

António Menezes Cordeiro

*Professor Catedrático da Faculdade de Direito da Universidade Clássica de Lisboa
e da Universidade Católica*

DA REFORMA DO DIREITO DOS SEGUROS

António Menezes Cordeiro
*Professor Catedrático da Faculdade
de Direito da Universidade Clássica
de Lisboa e da Universidade Católica*

1. O sistema de fontes existente

I. O Direito dos seguros português está disperso por uma multitude de fontes[1]. Sem qualquer preocupação de exaustividade, recordamos, quanto ao Direito dos Seguros institucional[2]:
– o Decreto-Lei n.º 289/2001, de 13 de Novembro, que aprovou o Estatuto do Instituto de Seguros de Portugal, neste momento em vigor;
– o Regime Geral das Empresas Seguradoras, aprovado pelo Decreto-Lei n.º 94-B/98, de 17 de Abril, com diversas alterações aprovadas pelo Decreto-Lei n.º 8-C/2002, de 11 de Janeiro.

II. No tocante ao Direito material dos seguros ou Direito do contrato de seguro, temos de lidar com:

---

[1] Uma panorâmica mais externa – conquanto que não executiva – resulta de António Menezes Cordeiro / Carla Teixeira Morgado, *Leis dos seguros anotadas* (2002), 995 pp..
[2] As categorias básicas que enformam o Direito dos Seguros não serão aqui retomadas; podem ser vistas, com indicações, no nosso *Manual de Direito comercial*, 1º vol (2001), §§ 53 ss..

- o Código Comercial aprovado por Carta de Lei de 28 de Junho de 1888, particularmente os seus artigos 425.º e 595.º a 615.º[3];
- "disposições aplicáveis ao contrato do seguro", inseridas nos artigos 176.º a 193.º do RGES;
- "regras de transparência para a actividade seguradora e disposições relativas ao regime jurídico do contrato de seguro", aprovadas pelo Decreto-Lei n.º 176/95, de 26 de Julho;
- normas aplicáveis ao pagamento dos prémios de seguros e a problemas conexos, resultantes do Decreto-Lei n.º 142/2000.

A esse elenco soma-se, pelo menos, uma centena de diplomas ou grupos de diplomas aplicáveis a diversos seguros oficiais, particularmente aos obrigatórios.

III. Temos, ainda, o Direito dos seguros comunitário. Vinte e três directrizes principais, com relevância no Direito institucional dos seguros, e que têm vindo a ser transpostas nos vários Estados da União.

2. O seu estado

I. O Direito institucional dos seguros apresenta-se bastante recente. As reformas têm-se mesmo sucedido, nos últimos anos: correspondem, em parte, à necessidade de transpor, para o ordenamento interno, o fluxo contínuo de directrizes comunitárias. Será, pois, um sector actualizado.

II. O Direito material dos seguros encontra-se, em compensação, repartido por diversos diplomas. O cerne localiza-se, ainda, no Código VEIGA BEIRÃO. Diversos outros diplomas têm pretensões de aplicação, sendo de sublinhar a presença, no próprio RGES, de normas referentes ao contrato de seguro. Estamos, desta feita, perante um sector marcado pela desactualização das suas soluções e da sua técnica e, ainda, pela multiplicação, sempre desfocante, dos diplomas em jogo.

III. O Direito dos seguros não se aplica isolado. Por isso, o exacto conhecimento desse sector jurídico-normativo implica regras de Direito

---

[3] O primeiro grupo de preceitos reporta-se a "seguros terrestres"; o segundo, a "seguros marítimos".

civil – entre as quais, com especial relevo, as relativas a cláusulas contratuais gerais e à defesa do consumidor – regras de Direito comercial e regras processuais.

No seu conjunto, não podemos afirmar que o Direito dos seguros seja particularmente difícil ou que, na panorâmica geral do nosso Direito, estega manifestamente desalinhado. Todavia, o Direito material dos seguros – e, a partir deste, também o institucional – carece de reflexão, numa perspectiva de reforma[4]. Ele é enriquecido por uma jurisprudência poderosa e extensa, que deva ser tida sempre em conta.

3. A necessidade de reforma do Direito material dos seguros

I. O Direito material dos seguros posiciona-se, por excelência, em área que concita uma reforma. Vamos indicar três razões basilares:
– a desactualização em que, necessariamente, incorre o Código Comercial;
– a dispersão das normas materiais sobre seguros, com as tais decorrentes sobreposições, contradições e lacunas;
– a densificação do sector, com uma preocupação acrescida de o dar a conhecer, com facilidade e segurança, a temática dos seguros e um número sempre crescente de operadores e de interessados.

II. Contra a reforma depõe – apenas – a magreza da produção nacional, neste ramo da enciclopédia jurídica. Particularmente sentida é a falta de manuais universitários susceptíveis de criar quadros mentais sistematizados, junto dos estudiosos[5]. Mercê dessa míngua, qualquer projecto de diploma depara, imediatamente, com a síndroma do velho do Restelo: aversão à novidade.

III. A reforma torna-se uma questão de paciência. O hiato que nos espera pode ser usado, de modo fecundo, para estudar a problemática

___

[4] Trata-se de um tema a que temos voltado de modo repetido: assim MENEZES CORDEIRO, *Direito de seguros: perspectivas de reforma*, em *I Congresso Nacional de Direito dos Seguros*, org. ANTÓNIO MOREIRA / COSTA MARTINS (2000), 19-29 e *Anteprojecto do Regime Geral dos Seguros*, na RFDUL, 2002.

[5] Apenas em 2001 foi possível, no *Manual de Direito Comercial*, fazer inserir uma pequena rubrica sobre os seguros.

jurídica dos seguros e para delinear os meandros da renovação, que não poderá tardar.

4. Uma codificação: sim ou não?

I. Será de encarar um "Código dos Seguros"? O Direito dos seguros anda, no fundamental, em torno de um contrato. Com especificidades: é certo. Mas isso sucede, também, com a agência e os outros contratos de distribuição, com o consórcio e outros contratos organizatórios, com os transportes, com múltiplos contratos bancários e com diversos negócios marítimos. Não seria linguísticamente credível nem dogmaticamente plausível elaborar tantos códigos quantos os contratos existentes.

II. Em termos pragmáticos, apenas encararíamos um "Código dos Seguros" na hipótese de, num único diploma, se reunir toda a matéria dos seguros: institucional e material. Há correlações estreitas entre ambos esses sectores, sendo de enfatizar que, já hoje, o RGES, contendo preceitos materiais assumidos, se apresenta como "pequeno código". A crítica diria, depois, se foi possível apresentar princípios e ordenações próprias desse tipo de fonte.

Tratando-se, apenas, de reformar os seguros materiais, preferiríamos um "regime do contrato de seguro" ou RCS. Na sua elaboração seriam postos os cuidados próprios da codificação, com uma ordenação sistemática, científica e sistematizada.

III. Não escondemos a nossa preferência actual por um Código dos Seguros: seria como que uma homenagem às tradições nacionais nesse domínio, que remontam a leis de D. DINIS e de D. FERNANDO e à doutrina quinhentista de PEDRO DE SANTARÉM. Além disso, ela iria dignificar um sector de cujo crescimento muito se espera. Tudo depende da força que qualquer iniciativa política tivesse para quebrar as resistências de tipo burocrático, que têm entravado o sector.

IV. As vantagens e desvantagens das codificações têm sido ponderadas ao longo da História, tendo ficado célebre a polémica, a esse propósito e no princípio do século XIX, entre THIBAUT e SAVIGNY. De um modo geral, têm vindo a prevalecer as vantagens. Neste início do século XXI, a vigorosa reforma do Código Civil alemão representou, mais uma vez, o avanço do pensamento codificador.

E na verdade, como fórmula privilegiada de reduzir uma complexidade crescente, de facilitar a realização do Direito e de compilar a comunicação que ele sempre pressupõe, a preocupação codificadora tem plena razão de ser. A instabilidade legislativa apenas obrigará a modificar o código de que se trate: tantas vezes quantas as necessárias.

5. E uma reforma do Código Comercial?

I. Boa parte dos reparos dirigidos às actuais leis materiais de seguros têm a ver com a presença do seu núcleo no Código Comercial de 1888. Porque não reformar, antes, o Código Comercial, actualizando, a tal propósito, o contrato de seguro? A legislação extravagante seria reduzida e ordenada, regressando à casa-mãe. A matéria é complexa e comporta várias respostas. Iremos, tão-só, referenciar algumas coordenadas a ter em conta.

II. As reformas e alterações comerciais não abrandaram depois de 1888. O Código Veiga Beirão, ainda no século XIX, perdeu o seu livro IV, revogado pelo Decreto de 26 de Julho de 1899, que aprovou o Código das Falências. Em 1935, a Comissão Permanente do Direito Marítimo Internacional promoveu um projecto relativo ao livro III – comércio marítimo. Foi relator CUNHA GONÇALVES: sem seguimento.

Uma reforma mais ampla do Direito comercial foi referida pelo Decreto-Lei n.º 33.908, de 4 de Setembro de 1944, que autorizou o Ministro da Justiça a promover a elaboração de um projecto de revisão geral do Código Civil: tal projecto poderia englobar ou não o Direito comercial, consoante se achasse preferível. Todavia, a Portaria n.º 10.756, de 10 de Outubro de 1944, que nomeou a Comissão de Reforma, remeteu para mais tarde o tratamento do Direito comercial.

O Ministro da Justiça, por despacho de 1-Ag.-1961, determinou a revisão do Código Comercial: uma tarefa que, no entanto, não seria levada a cabo antes de elaborado o projecto definitivo do Código Civil. Despachos de 1-Jun.-1966 e de 30-Set.-1967 nomearam membros de uma comissão incumbida dos estudos preparatórios de uma revisão do Direito das sociedades comerciais[6]. A partir daí, suceder-se-iam estudos e ante-

---

[6] Sobre toda esta matéria cf. FERNANDO OLAVO, *Alguns apontamentos sobre a reforma da legislação comercial*, BMJ 293 (1980), 5-22.

projectos que dariam azo, em 1986, ao Código das Sociedades Comerciais[7]. Outras matérias vieram a ser retiradas do Código: o registo comercial, a "bolsa", a conta em participação e diversos contratos marítimos. Surgem regimes extravagantes para contratos que, de acordo com ditames clássicos, deveriam figurar no Código: a agência, o consórcio e diversos contratos bancários.

III. A esta depuração a nível de fontes soma-se uma depuração científica: diversas matérias comerciais vêm a ser autonomizadas. Sem exaustão, tal sucede ou vem sucedendo: com o Direito das sociedades comerciais, com o Direito da concorrência, com o Direito da propriedade industrial, com o Direito dos títulos de crédito, com o Direito bancário, com o Direito dos valores mobiliários e com o Direito marítimo. Além de, naturalmente: com o Direito dos seguros. Parece-nos muito problemática – conquanto que não impossível – codificar toda esta matéria.

Além da sua diversidade, qualquer solução a que se chegasse teria, sempre, o seu quê de compilatório. A fraqueza dogmática do Direito comercial – fundamentalmente: um Direito marcado pela heterogeneidade e facultado, como um conjunto, pela tradição – a tanto conduziria.

IV. Surge pouco realista a hipótese de uma reforma cabal do Código Comercial[8]. Fazer depender, dela, a reforma dos seguros, seria eternizar um problema que deve ser resolvido.

Cumpre ainda acrescentar que o Direito dos seguros tem níveis institucionais que, de todo, ninguém esperaria encontrar num Código Comercial. Além disso, apresenta uma sensibilidade a dados comunitários, mais forte do que o Direito mercantil em geral. Finalmente: há uma tradição clara de manter o contrato de seguro fora dos códigos comerciais: tal a experiência alemã.

Encararíamos, assim, uma reforma do contrato de seguro à margem do próprio Código Comercial.

---

[7] Cf. o nosso *Manual de Direito comercial*, vol. II (2001), 87 ss., com elementos.

[8] Este tema poderia ser enriquecido com ponderações críticas ao Código Comercial de Macau e do anteprojecto do Código Comercial de Moçambique.

6. Inclui-se, ou não, a tutela do consumidor?

I. Centrando-nos, agora, no âmbito da reforma, pergunta-se se o novo Regime do Contrato de Seguro ou RCS deveria, ou não, abranger a matéria da tutela do consumidor.

Aspectos gerais da tutela do consumidor constam da lei sobre Claúsulas Contratuais Gerais, de 1985 e da Lei de Defesa do Consumidor, de 1996. Materialmente, trata-se de Direito civil. Emblematicamente, ela foi colocada no Código Civil alemão, pela reforma de 2001/ /2002[9]. Não vemos vantagem em duplicá-la, inserindo a "súmulas" na lei dos seguros.

II. Em compensação, certos domínios da tutela do consumidor reportam-se, de modo especial, a "produtos" próprios do universo dos seguros. Justificam-se, a esse nível, normas de protecção adequadas. Certo, muitas delas constam, já, de diplomas específicos em vigor, com relevo para o próprio RCES e para as "regras de transparência" adoptadas pelo Decreto-Lei n.º 176/95, de 26 de Julho. Elas seriam aperfeiçoadas, transitando para o RCES.

Fora isso, o Direito dos seguros, tal como todos os demais, manter-se-ia tributário das regras gerais da tutela do consumidor.

7. Abrange, ou não, os seguros especiais?

I. O RCS terá uma vocação de princípio para abranger todas as regras materiais de seguros: gerais ou especiais. Por isso, ao núcleo representado pelos seguros de danos e de vida, haveria que acrescentar todos os restantes, facultativos ou obrigatórios. Uma das grandes vantagens da reforma seria, justamente, a de permitir harmonizar toda uma temática que anda muito dispersa, sistematizando-a.

II. Apenas situações muito pontuais, em órbitra em torno de pólos codificadores concretamente mais poderosos, ficariam excluídas: ainda então se fazendo uma remissão adequada. Por exemplo: poderia fazer sentido que o tema dos acidentes de trabalho, a incluir no Código do Trabalho, contivesse, a esse nível, regras sobre seguros. Aí colocadas, elas atingiriam, mais facilmente, os seus destinatários.

---

[9] Cf. o nosso *A modernização do Direito das obrigações*, em curso de publicação na *Revista da Ordem dos Advogados*.

DIA 30 DE OUTUBRO DE 2002
11 horas

TEMA I

INCIDÊNCIA DA INFORMÁTICA NO CONTRATO DE SEGURO

Presidência
Juiz Desembargador Doutor Mário Mendes
Director do Centro de Estudos Judiciários

Prelectores
Prof. Doutor Pedro Romano Martinez,
*Faculdade de Direito da Universidade Clássica de Lisboa
e da Universidade Católica*
Prof. Doutor Caramelo Gomes
Universidade Moderna e Advogado
Prof. Doutor Paulo Cardoso do Amaral
*Universidade Católica e Director das Companhias
de Seguros Fidelidade e Mundial Confiança*
Doutor Miguel Reis
*Advogado e Docente do Instituto Português
de Estudos Superiores*

CONTRATO DE SEGURO E INFORMÁTICA

Pedro Romano Martinez

*Professor da Faculdade de Direito de Lisboa
e da Faculdade de Direito da Universidade Católica*

CONTRATO DE SEGURO E INFORMÁTICA[1]

PEDRO ROMANO MARTINEZ
Professor da Faculdade de Direito de Lisboa e da Faculdade de Direito da Universidade Católica

SUMÁRIO: 1. Protecção de dados pessoais 2. Riscos de utilização dos aparelhos informáticos 3. Risco relacionado com os aparelhos informáticos 4. Riscos quanto a dados informáticos; *a)* Fiabilidade de dados informáticos fornecidos; *b)* Perda de dados; 5. Celebração do contrato de seguro a distância

1. Protecção de dados pessoais

I. A Lei n.º 65/98, de 26 de Outubro, sobre protecção de dados pessoais, contém várias disposições que têm particular interesse na análise do tema (Contrato de seguro e informática) e importa fazer-lhes referência.

Do art. 2.º da Lei n.º 65/98, sob a epígrafe «Princípio geral», resulta que o tratamento de dados pessoais deve processar-se de forma transpa-

---

[1] O texto corresponde à intervenção do autor no III Congresso Nacional de Direito dos Seguros, realizado no Porto, nos dias 30 e 31 de Outubro de 2002. Agradeço aos coordenadores (Prof. Doutor António Moreira e Prof. Dr. Costa Martins) e à organização (Livraria Almedina) o convite para participar na mesa subordinada ao Tema I, Incidência da informática no contrato de seguro, e aproveito para felicitar por mais este evento.

Em razão de múltiplos afazeres que tenho assumido não me é possível, tendo em conta a necessária urgência na divulgação das Memórias do Congresso, refazer o texto, completando-o com as correspondentes informações bibliográficas e jurisprudenciais, pelo que se publica tal como foi elaborado para a intervenção oral.

rente e no estrito respeito pela reserva da vida privada, bem como pelos direitos, liberdades e garantias fundamentais. Ora, as seguradoras, na prossecução da sua actividade, têm de recolher e tratar informaticamente dados pessoais, em particular dos tomadores de seguro, devendo respeitar o disposto no citado preceito.

No art. 5.º, n.º 1, da Lei n.º 65/98, «Qualidade dos dados», incluem-se regras que respeitam ao modo de tratamento dos dados. Para além da alusão à licitude e respeito da boa fé no tratamento dos dados, há que atender à finalidade para que foram recolhidos, que tem de ser respeitada, à adequação em relação à respectiva finalidade, à exactidão e actualização, assim como à sua conservação. Estas regras impõem-se naturalmente à seguradora que trate dados dos tomadores de seguro ou das pessoas seguradas, devendo, nomeadamente, atender à finalidade, adequação e exactidão dos dados recolhidos e tratados.

Como resulta do art. 6.º da Lei n.º 65/98, «Condições de legitimidade de tratamento dos dados», a seguradora só pode proceder ao tratamento de dados pessoais dos tomadores de seguro ou das pessoas seguradas se estes tiverem dado de forma inequívoca o seu consentimento. Contudo, independentemente do consentimento, em particular, o tratamento é lícito se for necessário para a formação ou execução do contrato de seguro.

Dispõe o art. 7.º da Lei n.º 65/98, «Tratamento de dados sensíveis», que é proibido o tratamento de dados relativos a certos aspectos, como a convicção filosófica, política ou religiosa (n.º 1). A questão tem particular acuidade no que tange à proibição de tratamento de dados relativos à saúde, em especial nos seguros de saúde ou outros do ramo vida. Porém, no n.º 2 do mesmo artigo admite-se que, mediante disposição legal, autorização da Comissão Nacional de Protecção de Dados ou tendo sido dado consentimento expresso pelo titular, a seguradora pode tratar dados sensíveis desde que adequados à finalidade prosseguida com o contrato de seguro em questão. Refira-se, ainda, como se afirma no n.º 4 do preceito em análise, que o tratamento de dados referentes à saúde é permitido desde que verificados determinados pressupostos, devendo ser garantidas medidas adequadas de segurança da informação e notificada a Comissão Nacional de Protecção de Dados.

Seguidamente, no art. 10.º da Lei n.º 65/98, sob a epígrafe «Direito de informação», indicam-se as principais informações que a seguradora tem de prestar àqueles (normalmente tomadores de seguros) cujos dados pessoais venha a tratar. A indicação é exemplificativa, pelo que será perante cada contrato de seguro e atendendo aos elementos solicitados ao tomador do seguro que se poderão concretizar os deveres de informação a cargo da seguradora.

O titular dos dados, que será normalmente o tomador do seguro ou a pessoa segurada, tem direito de acesso aos dados recolhidos e tratados pela seguradora (art. 11.º da Lei n.º 65/98), mormente para saber quais os dados recolhidos, a finalidade do tratamento e a exactidão dos mesmos. Estando incorrectos ou não respeitando regras de adequação, etc., o titular pode exigir que a seguradora rectifique ou elimine os dados.

Dos arts. 14.º e seguintes da Lei n.º 65/98 constam regras de segurança e confidencialidade do tratamento dos dados que se impõem à seguradora.

Relativamente a dados pessoais organizados por seguradoras, em particular relacionado com a possibilidade da sua cedência a outras entidades, há várias autorizações emitidas pela Comissão Nacional de Protecção de Dados desde 1995 e, pelo menos, duas deliberações. Pode ainda consultar-se no sítio da Comissão Nacional de Protecção de Dados (www.cnpd.pt) um parecer relacionado com o projecto de diploma do regime jurídico do pagamento de prémios de seguro.

II. As regras enunciadas de forma meramente exemplificativa encontram aplicação no âmbito da actividade seguradora, principalmente no ramo «Vida» (art. 124.º do Decreto-Lei n.º 94-B/98, de 17 de Abril).

Mesmo no ramo «Não vida», sendo justificado e adequado proceder-se ao tratamento de dados pessoais, a seguradora está obrigada a respeitar as regras relativas à protecção de dados pessoais. Por exemplo, num seguro de responsabilidade civil, pode ser justificado, atenta a finalidade do contrato, recolher e tratar dados pessoais relativos ao tomador do seguro (p. ex., morada, idade, tipo de veículo e respectiva identificação ou número de acidentes).

Todavia, no ramo «Vida», com especial incidência no seguro de vida, justifica-se com mais frequência e amplitude a recolha e tratamento de dados pessoais, em particular do tomador do seguro, pelo que o regime de protecção constante do diploma citado tem particular acuidade neste sector.

2. Riscos de utilização dos aparelhos informáticos

I. Os aparelhos informáticos, nomeadamente computadores, como qualquer outra máquina, podem causar danos aos seus utilizadores ou a outras pessoas que se encontrem na sua esfera de actuação.

Quanto aos utilizadores têm particular relevância as doenças profissionais decorrentes da utilização prolongada desses aparelhos; doenças essas que se têm generalizado. A protecção de doenças profissionais pode ser objecto de contrato de seguro, mas, independentemente de previsão contratual, estão cobertas pelo regime comum constante da Lei n.º 100/97, de 13 de Setembro (Regime Jurídico dos Acidentes de Trabalho e Doenças Profissionais) e diplomas complementares, sendo as prestações suportadas pelo Centro Nacional de Protecção contra os Riscos Profissionais. O mencionado regime das doenças profissionais abrange aqueles que tenham contraído a enfermidade trabalhando por conta de outrem, bem como os que sejam trabalhadores independentes (art. 10.º do Decreto-Lei n.º 248/99, de 2 de Julho), desde que a doença contraída se encontre entre as que constam da lista da Tabela Nacional de Incapacidades por Acidentes de Trabalho e Doenças Profissionais.

Além dos utilizadores directos, os aparelhos informáticos podem ser igualmente causadores de doenças a outras pessoas que se encontrem na sua esfera de actuação, nomeadamente aqueles que trabalhem na suas imediações e possam, por exemplo, sofrer perturbações derivadas de radiações. Muitas dessas doenças ainda não estão bem diagnosticadas, mas há indícios de que podem ser causadas por certo tipo de aparelhagem informática. Neste caso, se o lesado se encontrar no âmbito de aplicação do regime de acidentes de trabalho e doenças profissionais beneficiará da respectiva tutela nos termos mencionados no parágrafo anterior.

II. Para além das doenças, a que se aludiu no número anterior, os aparelhos informáticos podem causar diferentes danos, tanto aos respectivos utilizadores como a outras pessoas que se encontrem na sua esfera de actuação. Será o caso da explosão do aparelho, do curto circuito decorrente da sua utilização ou da emissão ocasional de gases tóxicos. Nesses casos aplicam-se as regras gerais da responsabilidade civil. A obrigação de indemnizar pode ser imputada àquele que, com dolo ou mera culpa, tenha ilicitamente praticado um facto de que resulte o dano causado pelo aparelho informático, nos termos do art. 483.º do Código Civil.

As situações podem ser de variada ordem a que se fará uma alusão não exaustiva. Eventualmente, o aparelho informático pode ser uma coisa móvel que alguém tem de vigiar ou implicar o exercício de uma actividade, perigosa por sua própria natureza (art. 493.º do Código Civil), caso em que se presume a culpa do responsável; o dano causado pelo aparelho informático pode advir de um defeito, sendo responsável o vendedor do mesmo (art. 913.º do Código Civil); independentemente de culpa, o defeito do aparelho informático pode ser imputado ao produtor (Decreto--Lei n.º 383/89, de 6 de Novembro, alterado pelo Decreto-Lei n.º 131//2001, de 24 de Abril).

III. No âmbito dos seguros, a assunção do risco relacionado com doenças profissionais – para além da previsão legal já referida –, assim como a cobertura dos restantes riscos ocasionados pelos aparelhos informáticos pode estar incluída na responsabilidade civil geral (art. 123.º, n.º 13, do Decreto-Lei n.º 94-B/98, de 17 de Abril). De facto, a responsabilidade civil geral abrange qualquer tipo de responsabilidade — diferente da responsabilidade de veículos terrestres, responsabilidade de aeronaves, responsabilidade de embarcações — e compreende duas hipóteses: *a)* energia nuclear; *b)* outras. Na alínea *b)*, referente a «outras» situações de responsabilidade civil, poder-se-á incluir a doença informática e os restantes danos causados pelos aparelhos.

3. Risco relacionado com os aparelhos informáticos

I. No número anterior fez-se referência aos danos causados pelos aparelhos informáticos aos seus utilizadores e às demais pessoas que se encontram na respectiva esfera de actuação. Importa agora atender aos danos causados nos próprios aparelhos, que se danificam ou, simplesmente, deixam de realizar cabalmente a finalidade a que se destinam.

II. Estas hipóteses, que eventualmente consubstanciam situações de responsabilidade civil, podem encontrar-se na previsão do art. 432.º do Código Comercial, relativo ao seguro de bens contra riscos sobre parte ou a totalidade de um ou mais objectos. Como resulta dos n.ºs 1 a 3 do citado preceito, o seguro contra riscos pode ser feito sobre a totalidade de vários objectos, sobre a totalidade de um objecto ou sobre a parte de um objecto;

pode, por isso, ser objecto do seguro contra riscos um conjunto de aparelhos informáticos, um só aparelho ou uma parte de determinado aparelho.

Ao seguro contra riscos causados nos aparelhos informáticos aplicam-se as regras gerais dos artigos 433.º e seguintes do Código Comercial, nomeadamente no que respeita ao subseguro (art. 433.º do Código Comercial) e ao sobre-seguro (art. 435.º do Código Comercial), e as demais regras de correcta e atempada informação, como seja a participação do sinistro (art. 440.º do Código Comercial).

Refira-se ainda que o sinistro verificado no aparelho informático não deve resultar de vício próprio da coisa, conhecido do tomador do seguro e não denunciado ao segurador (art. 437.º, 2, do Código Comercial).

Em caso de agravamento do risco, como resulta do art. 446.º do Código Comercial, o segurador pode denunciar o contrato, ou, como se afirma no preceito, «declarar sem efeito o seguro». O agravamento do risco poderá decorrer, por exemplo, do facto de o aparelho informático ter sido colocado em lugar mais exposto ao risco; em tal caso, o tomador do seguro deve participar ao segurador as alterações que impliquem esse agravamento do risco.

III. Num outro plano, importa aludir ao seguro de assistência a objectos (aparelhos informáticos), muitas vezes decorrente de um contrato de compra e venda com assistência pós venda dos referidos bens.

O seguro de assistência, nos termos do qual o segurador assumirá, em regra, parte dos custos de reparação ou substituição de objectos (aparelhos informáticos), muitas vezes, durante a sua garantia de bom funcionamento (p. ex., art. 921.º do Código Civil), é usualmente celebrado com o fornecedor desses bens (vendedor, locador, etc.), sendo beneficiário o adquirente dos mesmos. Por vezes, no seguro de assistência, o tomador é o adquirente do objecto (comprador, locatário, etc.), que, deste modo, verá, em princípio, reduzidos os custos de reparação ou de substituição, no caso, do aparelho informático.

IV. Tal como se referiu no número 2, os riscos ocasionados nos aparelhos informáticos podem estar incluídos na responsabilidade civil geral (art. 123.º, n.º 13, do Decreto-Lei n.º 94-B/98, de 17 de Abril). De facto, a responsabilidade civil geral abrange qualquer tipo de responsabilidade — diferente da responsabilidade de veículos terrestres, responsabilidade de aeronaves, responsabilidade de embarcações — e compreende duas hipóteses: *a)* energia nuclear; *b)* outras. A alínea *b)*, referente a «outras» situações de responsabilidade civil, abrange o seguro de bens (aparelhos informáticos).

4. Riscos quanto a dados informáticos

a) Fiabilidade de dados informáticos fornecidos

I. Quanto à fiabilidade de dados informáticos fornecidos, em princípio com base numa relação negocial, está em causa a cobertura de um risco contratual. Nada obsta a que se estabeleça uma cobertura, por contrato de seguro, da exactidão de dados informáticos, mas há alguma dificuldade de assegurar riscos contratuais, atenta a sua imprevisibilidade, e denota-se uma certa relutância das seguradoras em assegurar este tipo de riscos.

A inexactidão de dados informáticos que, nomeadamente em execução de um contrato, deviam ser fornecidos determina a existência de responsabilidade por cumprimento defeituoso. Estará em causa o risco de mau cumprimento (ex. dados informáticos incorrectos) que determina responsabilidade do devedor.

A exactidão de dados informáticos pode ser garantida por contrato de seguro, caso em que, sendo deficientemente fornecidos, o lesado pode fazer valer a garantia de exactidão accionando o seguro; nesse caso, a seguradora, mediante um contrato de seguro, garante o pontual cumprimento da prestação do tomador do seguro (fornecedor de dados informáticos) perante o beneficiário do seguro (destinatário dos dados informáticos).

II. Enquadrando as situações descritas nas previsões legais, pode atender-se a várias hipóteses.

No art. 123.º, n.º 16, do Decreto-Lei n.º 94-B/98, de 17 de Abril, alude-se a «Perdas pecuniárias diversas», que abrange diferentes riscos, alguns enquadráveis nas situações em análise. Nas «Despesas comerciais imprevisíveis», constantes da alínea *e)*, podem incluir-se riscos comerciais derivados do deficiente cumprimento de prestações contratuais; nesse caso, o tomador do seguro poderia ser o prestador de dados informáticos que, por via do contrato de seguro, transferia para a seguradora a obrigação, total ou parcial, de indemnizar o destinatário dos dados. Dependendo das circunstâncias, o risco assumido pela seguradora derivado das consequências do cumprimento defeituoso da prestação (dados informáticos incorrectos) pode encontrar previsão, nomeadamente, na alínea h), «Outras perdas comerciais indirectas», na alínea i), «Perdas pecuniárias não comerciais»; ou na alínea j) «Outras perdas pecuniárias».

Em segundo lugar, o art. 123.º, n.º 17, do Decreto-Lei n.º 94-B/98, relativo à «Protecção jurídica», abrange a cobertura de despesas decorrentes de um processo judicial. Este risco de litígio judicial, relacionado com os n.ºs 13 e 16 do preceito em análise, pode corresponder a «grandes riscos» (art. 2.º, n.ºs 3 e 4, do Decreto-Lei n.º 94-B/98). Em suma, o contrato de seguro pode cobrir as despesas de um eventual litígio judicial decorrente do deficiente cumprimento da prestação (dados informáticos incorrectos) e, estando este seguro associado com a cobertura de «Responsabilidade civil geral» (n.º 13 do art. 123.º do Decreto-Lei n.º 94-B/98) ou de «Perdas pecuniárias diversas» (n.º 16 do art. 123.º do Decreto-Lei n.º 94-B/98), pode corresponder a uma hipótese de «grande risco».

Refira-se, por último, a hipótese de assunção pela seguradora de riscos acessórios ligados ao risco principal (art. 127.º do Decreto-Lei n.º 94-B/98, excepto no caso previsto no n.º 17 [Protecção jurídica]). Os riscos acessórios tanto podem ser consequência directa da inexactidão dos dados informáticos, que correspondiam a um elemento de uma relação complexa, como resultado indirecto da referida incorrecção de dados.

b) Perda de dados

A perda de dados informáticos corresponde a uma situação similar à indicada na alínea anterior. A seguradora pode ter assumido perante o tomador do seguro o risco da perda de dados informáticos. Contudo, nesta hipótese, em princípio, não estará em causa a cobertura de um risco relacionado com o deficiente cumprimento de uma prestação; normalmente, o titular dos dados informáticos, temendo perdê-los por causa não imputável a outrem ou em razão da sua incúria, pretende que uma seguradora assuma (ainda que parcialmente) esse prejuízo.

Poder-se-á novamente recorrer ao art. 123.º, n.º 16, do Decreto-Lei n.º 94-B/98, «Perdas pecuniárias diversas», em particular no que se refere à «Perda do valor venal», prevista na alínea f). Estaria em causa a cobertura do valor pecuniário desses dados informáticos que se viessem a perder. Tal como indicado na alínea anterior, dependendo das circunstâncias, o risco assumido pela seguradora derivado da perda de dados informáticos pode encontrar previsão, nomeadamente, na alínea *h)*, «Outras perdas comerciais indirectas», na alínea *i)*, «Perdas pecuniárias não comerciais»; ou na alínea *j)* «Outras perdas pecuniárias».

Na sequência do que foi referido na alínea anterior, cabe reiterar a hipótese de assunção pela seguradora de riscos acessórios ligados ao risco principal de perda de dados informáticos (art. 127.º do Decreto-Lei n.º 94-B/98, excepto no caso previsto no n.º 17 [Protecção jurídica]).

5. Celebração do contrato de seguro a distância

I. Como dispõe o art. 426.º do Código Comercial, o contrato de seguro deve ser reduzido a escrito num instrumento, que constituirá a apólice de seguro, e a apólice deve ser datada, assinada pelo segurador e enunciar as menções constantes dos oito números do § único do citado preceito.

Contudo, as novas técnicas informáticas facilitam a celebração de contratos, nomeadamente de seguro, a distância. Neste âmbito não se aplica, contudo, o regime constante do Decreto-Lei n.º 143/2001, de 26 de Abril (transpôs a Directiva n.º 97/7/CE, do Parlamento e do Conselho, de 20 de Maio), relativo a contratos celebrados a distância. De facto, apesar de se definir «contrato celebrado a distância» como «qualquer contrato relativo a bens ou serviços celebrado entre um fornecedor e um consumidor, que se integre num sistema de venda ou prestação de serviços a distância [...]» (art. 2.º, alínea *a)*, do Decreto-Lei n.º 143/2001), como resulta do art. 3.º, n.º 1, alínea *a)*, subalínea *ii)*, do mencionado diploma, estão excluídos do âmbito de aplicação deste regime os contratos celebrados em operações de seguros e de resseguros.

De modo diverso, o disposto na Directiva n.º 2000/31/CE do Parlamento e do Conselho, de 8 de Junho de 2000, relativa a certos aspectos legais dos serviços da sociedade de informação, em especial do comércio electrónico, no mercado interno, conhecida pela «Directiva sobre comércio electrónico» (transcrita em anexo), encontra aplicação no domínio de determinadas relações comerciais estabelecidas com seguradoras. A mencionada directiva encontra-se em fase de transposição, e da respectiva exposição de motivos resulta que a liberdade de estabelecimento e a livre prestação de serviços devem ser corroboradas com segurança jurídica nos diferentes espaços jurídicos da União Europeia; está em causa a melhoria da confiança mútua entre Estados-Membros, garantindo a eficácia da livre circulação de serviços e a segurança jurídica para os prestadores e os destinatários desses serviços. Em suma, preconiza-se a «agilidade» na contratação sem descurar a protecção, em particular dos destinatários dos serviços, protecção essa que tem especial acuidade no caso de os destinatários de serviços serem consumidores. A referida protecção passa por uma transparência negocial, que nomeadamente impõe uma leal e correcta informação sobre os diferentes aspectos do contrato.

II. Como se lê no art. 1.º, n.º 1, da Directiva n.º 2000/31/CE «A presente Directiva tem por objectivo contribuir para o correcto funcionamento do mercado interno, garantindo a livre circulação dos serviços da sociedade da informação entre Estados-Membros».

A seguradora pode incluir-se na noção de «Prestador de serviço estabelecido», constante do art. 2.º, alínea c), da Directiva n.º 2000/31/CE, com a seguinte definição: «o prestador que efectivamente exerça uma actividade económica através de uma instalação fixa, por um período indefinido». Por seu turno, o tomador do seguro tanto se pode incluir nas definições de «Destinatário do serviço» (alínea d) do mesmo preceito) ou de «Consumidor» (alínea e) do citado artigo).

Atendendo à já mencionada transparência, do art. 6.º da Directiva n.º 2000/31/CE constam informações que devem ser prestadas pela seguradora, assim como condições a respeitar na contratação.

Relativamente aos contratos de seguro celebrados por meios electrónicos tem particular interesse o disposto na Secção 3, arts. 9.º a 11.º da Directiva n.º 2000/31/CE. Do n.º 1 do art. 9.º da Directiva n.º 2000/31/CE resulta que o regime jurídico de cada Estado-Membro não deve criar obstáculos à celebração de contratos por meios electrónicos, nem privá-los de validade. Nas excepções constantes do n.º 2 do citado preceito não se incluem os contratos de seguros, pelo que, relativamente a estes, valerá o princípio de liberdade de celebração por meios electrónicos.

Sendo o contrato de seguro celebrado por meios electrónicos, além de outras exigências de informação que resultem de diferentes diplomas aplicáveis à actividade seguradora, o prestador de serviços de seguro deve prestar as informações indicadas nas alíneas do n.º 1 do art. 10.º da Directiva n.º 2000/31/CE e a contratação deve respeitar certas regras de transparência, nomeadamente para detecção de erros por parte do destinatário do serviço (art. 11.º da Directiva n.º 2000/31/CE).

III. Como se afirmou, a Directiva n.º 2000/31/CE, que deveria ser transposta até 17 de Janeiro de 2002, encontra-se em fase de transposição e importa atender ao Anteprojecto de Proposta de Lei que, presumivelmente, virá a transpor a mencionada Directiva para a ordem jurídica nacional (diploma transcrito em anexo).

O princípio da liberdade de exercício da actividade de prestador de serviços da sociedade da informação consta do art. 1.º do Anteprojecto. E, tal como na Directiva, as seguradoras incluem-se na noção de prestadores de serviços estabelecidos do art. 2.º do Anteprojecto.

Como se dispõe no art. 4.º, alínea *d)* do Anteprojecto, a actividade seguradora, quanto a seguros obrigatórios, alcance e condições da autorização da entidade seguradora está excluída da livre circulação de serviços na Comunidade.

As informações necessárias à transparência comercial constam do art. 7.º do Anteprojecto.

No tema em análise tem particular relevância a contratação electrónica de seguros, prevista no Capítulo IV, arts. 23.º a 31.º do Anteprojecto.

As exigências de forma do contrato de seguro são solucionadas no art. 24.º do Anteprojecto, sob a epígrafe «Forma». Por um lado, como se estabelece no n.º 1 do preceito, as declarações emitidas por via electrónica podem satisfazer a exigência legal de forma escrita e, por outro, o documento electrónico pode valer como documento assinado se satisfizer os requisitos sobre assinatura electrónica e certificação (n.º 2).

Tendo em conta a liberdade de celebração de contratos por meios electrónicos (art. 25.º, n.º 1 do Anteprojecto) e as exclusões (n.º 2 do mesmo preceito) conclui-se que os contratos de seguro podem ser celebrados por esta via. De facto, o preceito em causa transcreve a Directiva que transpõe.

Tal como na Directiva, o Anteprojecto salvaguarda a possibilidade de identificar e corrigir erros na comunicação electrónica (art. 26.º), impõe certas informações prévias (art. 27.º) e estabelece regras quanto à ordem de encomenda (art. 28.º). Como novidade na contratação electrónica relativamente à Directiva, o Anteprojecto tem regras para distinguir a declaração negocial da seguradora ou do tomador do seguro, determinando se se trata de uma proposta contratual ou de um convite a contratar (art. 30.º).

Porto, 30 de Outubro de 2002

ANEXO

Directiva n.º 2000/31/CE do Parlamento e do Conselho, de 8 de Junho de 2000, relativa a certos aspectos legais dos serviços da sociedade de informação, em especial do comércio electrónico, no mercado interno «Directiva sobre comércio electrónico»

CAPÍTULO I
DISPOSIÇÕES GERAIS

Artigo 1.º
(Objectivo e âmbito de aplicação)

1. A presente directiva tem por objectivo contribuir para o correcto funcionamento do mercado interno, garantindo a livre circulação dos serviços da sociedade da informação entre Estados-Membros.

2. A presente directiva aproxima, na medida do necessário à realização do objectivo previsto no n.º 1, certas disposições nacionais aplicáveis aos serviços da sociedade da informação que dizem respeito ao mercado interno, ao estabelecimento dos prestadores de serviços, às comunicações comerciais, aos contratos celebrados por via electrónica, à responsabilidade dos intermediários, aos códigos de conduta, à resolução extrajudicial de litígios, às acções judiciais e à cooperação entre Estados-Membros.

3. A presente directiva é complementar da legislação comunitária aplicável aos serviços da sociedade da informação, sem prejuízo do nível de protecção, designadamente da saúde pública e dos interesses dos consumidores, tal como consta dos actos comunitários e da legislação nacional de aplicação destes, na medida em que não restrinjam a liberdade de prestação de serviços da sociedade da informação.

4. A presente directiva não estabelece normas adicionais de direito internacional privado, nem abrange a jurisdição dos tribunais.

5. A presente directiva não é aplicável:
a) Ao domínio tributário;
b) À questões respeitantes aos serviços da sociedade da informação abrangidas pelas Directivas 95/46/CE e 97/66/CE;
c) Às questões relativas a acordos ou práticas regidas pela legislação sobre cartéis;
d) Às seguintes actividades do âmbito dos serviços da sociedade da informação:
   – actividades dos notários ou profissões equivalentes, na medida em que se encontrem directa e especificamente ligadas ao exercício de poderes públicos,
   – representação de um cliente e a defesa dos seus interesses em tribunal,
   – jogos de azar em que é feita uma aposta em dinheiro em jogos de fortuna, incluindo lotarias e apostas.

6. A presente directiva não afecta as medidas tomadas a nível comunitário ou nacional, na observância do direito comunitário, para fomentar a diversidade cultural e linguística e para assegurar o pluralismo.

Artigo 2.º
(Definições)

Para efeitos da presente directiva, entende-se por:
a) "Serviços da sociedade da informação": os serviços da sociedade da informação na acepção do n.º 2 do artigo 1.º da Directiva 83/34/CEE, alterada pela Directiva 98/48/CE;
b) "Prestador de serviços": qualquer pessoa, singular ou colectiva, que preste um serviço do âmbito da sociedade da informação;
c) "Prestador de serviços estabelecido": o prestador que efectivamente exerça uma actividade económica através de uma instalação fixa, por um período indefinido. A presença e a utilização de meios técnicos e de tecnologias necessários para prestar o serviço não constituem, em si mesmos, o estabelecimento do prestador;
d) "Destinatário do serviço": qualquer pessoa, singular ou colectiva, que, para fins profissionais ou não, utilize um serviço da sociedade da informação, nomeadamente para procurar ou para tornar acessível determinada informação;
e) "Consumidor": qualquer pessoa singular que actue para fins alheios à sua actividade comercial, empresarial ou profissional;
f) "Comunicação comercial": todas as formas de comunicação destinadas a promover, directa ou indirectamente, mercadorias, serviços ou a imagem de uma empresa, organização ou pessoa que exerça uma profissão regulamentada ou uma actividade de comércio, indústria ou artesanato. Não constituem comunicações comerciais:
   – as informações que permitam o acesso directo à actividade da sociedade, da organização ou da pessoa, nomeadamente um nome de área ou um endereço de correio electrónico,
   – as comunicações relativas às mercadorias, aos serviços ou à imagem da sociedade, organização ou pessoa, compiladas de forma imparcial, em particular quando não existam implicações financeiras;
g) "Actividades profissionais regulamentadas": quaisquer actividades profissionais na acepção da alínea d) do artigo 1.º da Directiva 89/48/CEE do Conselho, de 21 de Dezembro de 1988, relativa a um sistema geral de reconhecimento dos diplomas de ensino superior que sancionam formações profissionais com uma duração mínima de três anos, ou de alínea f) do artigo 1.º da Directiva 92/51//CEE do Conselho, de 18 de Junho de 1992, relativo a um segundo sistema geral de reconhecimento das formações profissionais, que completa a Directiva 89/48//CEE;
h) "Domínio coordenado": as exigências fixadas na legislação dos Estados-Membros, aplicáveis aos prestadores de serviços da sociedade da informação e aos serviços da sociedade da informação, independentemente de serem de natureza geral ou especificamente concebidos para esses prestadores e serviços:
   i) O domínio coordenado diz respeito às exigências que o prestador de serviços tem de observar, no que se refere:
      – ao exercício de actividades de um serviço da sociedade da informação, tal como os requisitos respeitantes às habilitações, autorizações e notificações,
      – à prossecução de actividade de um serviço da sociedade da informação, tal como os requisitos respeitantes ao comportamento do prestador de serviços,

à qualidade ou conteúdo do serviço, incluindo as aplicáveis à publicidade e aos contratos, ou as respeitantes à responsabilidade do prestador de serviços;
ii) O domínio coordenado não abrange exigências tais como as aplicáveis:
– às mercadorias, enquanto tais,
– à entrega de mercadorias,
– aos serviços não prestados por meios electrónicos.

Artigo 3.º
(Mercado interno)

1. Cada Estado-Membro assegurará que os serviços da sociedade da informação prestados por um prestador estabelecido no seu território cumpram as disposições nacionais aplicáveis nesse Estado-Membro que se integrem no domínio coordenado.
2. Os Estados-Membros não podem, por razões que relevem do domínio coordenado, restringir a livre circulação dos serviços da sociedade da informação provenientes de outro Estado-Membro.
3. Os n.ºs 1 e 2 não se aplicam aos domínios a que se refere o anexo.
4. Os Estados-Membros podem tomar medidas derrogatórias do n.º 2 em relação a determinado serviço da sociedade da informação, caso sejam preenchidas as seguintes condições:
a) As medidas devem ser:
i) Necessárias por uma das seguintes razões:
– defesa da ordem pública, em especial prevenção, investigação, detecção e incriminação de delitos penais, incluindo a protecção de menores e a luta contra o incitamento ao ódio fundado na raça, no sexo, na religião ou na nacionalidade, e contra as violações da dignidade humana de pessoas individuais,
– protecção da saúde pública,
– segurança pública, incluindo a salvaguarda da segurança e da defesa nacionais,
– defesa dos consumidores, incluindo os investidores;
ii) Tomadas relativamente a um determinado serviço da sociedade da informação que lese os objectivos referidos na subalínea i), ou que comporte um risco sério e grave de prejudicar esses objectivos;
iii) Proporcionais a esses objectivos;
b) Previamente à tomada das medidas em questão, e sem prejuízo de diligências judiciais, incluindo a instrução e os actos praticados no âmbito de uma investigação criminal, o Estado-Membro deve:
– ter solicitado ao Estado-Membro a que se refere o n.º 1 que tome medidas, sem que este último as tenha tomado ou se estas se tiverem revelado inadequadas,
– ter notificado à Comissão e ao Estado-Membro a que se refere o n.º 1 a sua intenção de tomar tais medidas.
5. Os Estados-Membros podem, em caso de urgência, derrogar às condições previstas na alínea b) do n.º 4. Nesse caso, as medidas devem ser notificadas no mais curto prazo à Comissão e ao Estado-Membro a que se refere o n.º 1, indicando as razões pelas quais consideram que existe uma situação de urgência.

6. Sem prejuízo da faculdade de o Estado-Membro prosseguir a aplicação das medidas em questão, a Comissão analisará, com a maior celeridade, a compatibilidade das medidas notificadas com o direito comunitário; se concluir que a medida é incompatível com o direito comunitário, a Comissão solicitará ao Estado-Membro em causa que se abstenha de tomar quaisquer outras medidas previstas, ou ponha termo, com urgência, às medidas já tomadas.

CAPÍTULO II
PRINCÍPIOS

Secção 1
Regime de estabelecimento e de informação

Artigo 4.º
(Princípio de não autorização prévia)

1. Os Estados-Membros assegurarão que o exercício e a prossecução da actividade de prestador de serviços da sociedade da informação não podem estar sujeitas a autorização prévia ou a qualquer outro requisito de efeito equivalente.
2. O n.º 1 não afecta os regimes de autorização que não visem especial e exclusivamente os serviços da sociedade da informação, nem os regimes de autorização abrangidos pela Directiva 97/13/CE do Parlamento Europeu e do Conselho, de 10 de Abril de 1997, relativa a um quadro comum para autorizações gerais e licenças individuais no domínio dos serviços de telecomunicações.

Artigo 5.º
(Informações gerais a prestar)

1. Além de outros requisitos de informação constantes do direito comunitário, os Estados-Membros assegurarão que o prestador do serviço faculte aos destinatários do seu serviço e às autoridades competentes um acesso fácil, directo e permanente, pelo menos, às seguintes informações:
   a) Nome do prestador;
   b) Endereço geográfico em que o prestador se encontra estabelecido;
   c) Elementos de informação relativos ao prestador de serviços, incluindo o seu endereço electrónico, que permitam contactá-lo rapidamente e comunicar directa e efectivamente com ele;
   d) Caso o prestador de serviços esteja inscrito numa conservatória de registo comercial ou num registo público equivalente, a identificação dessa conservatória e o número de registo do prestador de serviços, ou meios equivalentes de o identificar nesse registo;
   e) Caso determinada actividade esteja sujeita a um regime de autorização, os elementos de informação relativos à autoridade de controlo competente;
   f) No que respeita às profissões regulamentadas:
      – organização profissional ou associações semelhantes em que o prestador esteja inscrito,

- título profissional e Estado-Membro em que foi concedido,
- a citação das regras profissionais aplicáveis no Estado-Membro de estabelecimento e dos meios de aceder a essas profissões;
g) Caso o prestador exerça uma actividade sujeita a IVA, o número de identificação a que se refere o n.º 1 do artigo 22.º da sexta Directiva 77/388/CEE do Conselho, de 17 de Maio de 1977, relativa à harmonização das legislações dos Estados-Membros respeitantes aos impostos sobre o volume de negócios – sistema comum do imposto sobre o valor acrescentado: matéria colectável uniforme.

2. Além de outros requisitos de informação constantes da legislação comunitária, os Estados-Membros assegurarão que, no mínimo, sempre que os serviços da sociedade da informação indiquem preços, essa indicação seja clara e inequívoca e explicite obrigatoriamente se inclui quaisquer despesas fiscais e de entrega.

Secção 2
Comunicações comerciais

Artigo 6.º
(Informações a prestar)

Além de outros requisitos de informação constantes da legislação comunitária, os Estados-Membros assegurarão que as comunicações comerciais que constituam ou sejam parte de um serviço da sociedade da informação respeitem as condições seguintes:
a) A comunicação comercial deve ser claramente identificável como tal;
b) A pessoa singular ou colectiva por conta de quem a comunicação comercial é feita deve ser claramente identificável;
c) Quando autorizadas pelo Estado-Membro onde o prestador de serviços esteja estabelecido, as ofertas promocionais, tais como descontos, prémios e presentes, serão claramente identificáveis como tais e as condições a preencher para neles participar devem ser facilmente acessíveis e apresentadas de forma clara e inequívoca;
d) Quando autorizados pelo Estado-Membro onde o prestador de serviços esteja estabelecido, os concursos ou jogos promocionais devem ser claramente identificáveis como tal e as condições a preencher para neles participar devem ser facilmente acessíveis e apresentadas de forma clara e inequívoca.

Artigo 7.º
(Comunicação comercial não solicitada)

1. Além de outros requisitos de informação constantes da legislação comunitária, os Estados-Membros que permitam a comunicação comercial não solicitada por correio electrónico por parte de um prestador de serviços estabelecido no seu território assegurarão que essa comunicação comercial seja identificada como tal, de forma clara e inequívoca, a partir do momento em que é recebida pelo destinatário.

2. Sem prejuízo da Directiva 97/7/CE e da Directiva 97/66/CE, os Estados-Membros deverão tomar medidas que garantam que os prestadores de serviços que enviem comunicações comerciais não solicitadas por correio electrónico consultem regularmente

e respeitem os registos de opção negativa ("opt-out") onde se podem inscrever as pessoas singulares que não desejem receber esse tipo de comunicações.

Artigo 8.º
(Profissões regulamentadas)

1. Os Estados-Membros assegurarão que a utilização de comunicações comerciais que constituam ou sejam parte de um serviço da sociedade da informação prestado por um oficial de uma profissão regulamentada seja autorizada mediante sujeição ao cumprimento das regras profissionais em matéria de independência, dignidade e honra da profissão, bem como do sigilo profissional e da lealdade para com clientes e outros membros da profissão.

2. Sem prejuízo da autonomia das organizações e associações profissionais, os Estados-Membros e a Comissão incentivarão as associações e organizações profissionais a elaborar códigos de conduta a nível comunitário, que permitam determinar os tipos de informações que podem ser prestadas para efeitos de comunicação comercial de acordo com as regras a que se refere o n.º 1.

3. Ao redigir propostas de iniciativas comunitárias que se revelem eventualmente necessárias para garantir o correcto funcionamento do mercado interno no que respeita às informações previstas no n.º 2, a Comissão terá em devida conta os códigos de conduta aplicáveis a nível comunitário e agirá em estreita cooperação com as associações e organizações profissionais relevantes.

4. A presente directiva é aplicável complementarmente às directivas comunitárias relativas ao acesso às profissões regulamentadas e ao seu exercício.

Secção 3
Contratos celebrados por meios electrónicos

Artigo 9.º
(Regime dos contratos)

1. Os Estados-Membros assegurarão que os seus sistemas legais permitam a celebração de contratos por meios electrónicos. Os Estados-Membros assegurarão, nomeadamente, que o regime jurídico aplicável ao processo contratual não crie obstáculos à utilização de contratos celebrados por meios electrónicos, nem tenha por resultado a privação de efeitos legais ou de validade desses contratos, pelo facto de serem celebrados por meios electrónicos.

2. Os Estados-Membros podem determinar que o n.º 1 não se aplica a todos ou a alguns contratos que se inserem numa das categorias seguintes:
   a) Contratos que criem ou transfiram direitos sobre bens imóveis, com excepção de direitos de arrendamento;
   b) Contratos que exijam por lei a intervenção de tribunais, entidades públicas ou profissões que exercem poderes públicos;
   c) Contratos de caução e garantias prestadas por pessoas agindo para fins exteriores à sua actividade comercial, empresarial ou profissional;
   d) Contratos regidos pelo direito de família ou pelo direito sucessório.

3. Os Estados-Membros indicarão à Comissão as categorias a que se refere o n.º 2 às quais não aplicam o disposto no n.º 1. De cinco em cinco anos, os Estados-Membros apresentarão à Comissão um relatório sobre a aplicação do n.º 2, em que exporão as razões pelas quais consideram necessário manter à categoria contemplada na alínea b) do n.º 2 a que não aplicam o disposto no n.º 1.

Artigo 10.º
(Informações a prestar)

1. Além de outros requisitos de informação constantes da legislação comunitária, os Estados-Membros assegurarão, salvo acordo em contrário das partes que não sejam consumidores, e antes de ser dada a ordem de encomenda pelo destinatário do serviço, que, no mínimo, o prestador de serviços preste em termos exactos, compreensíveis e inequívocos, a seguinte informação:
    a) As diferentes etapas técnicas da celebração do contrato;
    b) Se o contrato celebrado será ou não arquivado pelo prestador do serviço e se será acessível;
    c) Os meios técnicos que permitem identificar e corrigir os erros de introdução anteriores à ordem de encomenda;
    d) As línguas em que o contrato pode ser celebrado.
2. Os Estados-Membros assegurarão, salvo acordo em contrário das partes que não sejam consumidores, que o prestador indique os eventuais códigos de conduta de que é subscritor e a forma de consultar electronicamente esses códigos.
3. Os termos contratuais e as condições gerais fornecidos ao destinatário têm de sê-lo numa forma que lhe permita armazená-los e reproduzi-los.
4. Os n.ºs 1 e 2 não são aplicáveis aos contratos celebrados exclusivamente por correio electrónico ou outro meio de comunicação individual equivalente.

Artigo 11.º
(Ordem de encomenda)

1. Os Estados-Membros assegurarão, salvo acordo em contrário das partes que não sejam consumidores, que, nos casos em que o destinatário de um serviço efectue a sua encomenda exclusivamente por meios electrónicos, se apliquem os seguintes princípios:
    – o prestador de serviços tem de acusar a recepção da encomenda do destinatário do serviço, sem atraso injustificado e por meios electrónicos,
    – considera-se que a encomenda e o aviso de recepção são recebidos quando as partes a que são endereçados têm possibilidade de aceder a estes.
2. Os Estados-Membros assegurarão, salvo acordo em contrário das partes que não sejam consumidores, que o prestador de serviços ponha à disposição do destinatário do serviço os meios técnicos adequados, eficazes e acessíveis, que lhe permitam identificar e corrigir erros de introdução antes de formular a ordem de encomenda.
3. O n.º 1, primeiro travessão, e o n.º 2 não são aplicáveis aos contratos celebrados exclusivamente por correio electrónico ou outro meio de comunicação individual equivalente.

Secção 4
Responsabilidade dos prestadores intermediários de serviços

Artigo 12.º
(Simples transporte)

1. No caso de prestações de um serviço da sociedade da informação que consista na transmissão, através de uma rede de comunicações, de informações prestadas pelo destinatário do serviço ou em facultar o acesso a uma rede de comunicações, os Estados--Membros velarão por que a responsabilidade do prestador não possa ser invocada no que respeita às informações transmitidas, desde que o prestador:
   a) Não esteja na origem da transmissão;
   b) Não seleccione o destinatário da transmissão; e
   c) Não seleccione nem modifique as informações que são objecto da transmissão.

2. As actividades de transmissão e de facultamento de acesso mencionadas no n.º 1 abrangem a armazenagem automática, intermédia e transitória das informações transmitidas, desde que essa armazenagem sirva exclusivamente para a execução da transmissão na rede de comunicações e a sua duração não exceda o tempo considerado razoavelmente necessário a essa transmissão.

3. O disposto no presente artigo não afecta a possibilidade de um tribunal ou autoridade administrativa, de acordo com os sistemas legais dos Estados-Membros, exigir do prestador que previna ou ponha termo a uma infracção.

Artigo 13.º
(Armazenagem temporária ("caching"))

1. Em caso de prestação de um serviço da sociedade da informação que consista na transmissão, por uma rede de telecomunicações, de informações prestadas por um destinatário do serviço, os Estados-Membros velarão por que a responsabilidade do prestador do serviço não possa ser invocada no que respeita à armazenagem automática, intermédia e temporária dessa informação, efectuada apenas com o objectivo de tornar mais eficaz a transmissão posterior da informação a pedido de outros destinatários do serviço, desde que:
   a) O prestador não modifique a informação;
   b) O prestador respeite as condições de acesso à informação;
   c) O prestador respeite as regras relativas à actualização da informação, indicadas de forma amplamente reconhecida e utilizada pelo sector;
   d) O prestador não interfira com a utilização legítima da tecnologia, tal como amplamente reconhecida e seguida pelo sector, aproveitando-a para obter dados sobre a utilização da informação; e
   e) O prestador actue com diligência para remover ou impossibilitar o acesso à informação que armazenou, logo que tome conhecimento efectivo de que a informação foi removida da rede na fonte de transmissão inicial, de que o acesso a esta foi tornado impossível, ou de que um tribunal ou autoridade administrativa ordenou essa remoção ou impossibilitação de acesso.

2. O disposto no presente artigo não afecta a possibilidade de um tribunal ou autoridade administrativa, de acordo com os sistemas legais dos Estados-Membros, exigir do prestador que previna ou ponha termo a uma infracção.

Artigo 14.º
(Armazenagem em servidor)

1. Em caso de prestação de um serviço da sociedade da informação que consista no armazenamento de informações prestadas por um destinatário do serviço, os Estados-Membros velarão por que a responsabilidade do prestador do serviço não possa ser invocada no que respeita à informação armazenada a pedido de um destinatário do serviço, desde que:
   a) O prestador não tenha conhecimento efectivo da actividade ou informação ilegal e, no que se refere a uma acção de indemnização por perdas e danos, não tenha conhecimento de factos ou de circunstâncias que evidenciam a actividade ou informação ilegal, ou
   b) O prestador, a partir do momento em que tenha conhecimento da ilicitude, actue com diligência no sentido de retirar ou impossibilitar o acesso às informações.
2. O n.º 1 não é aplicável nos casos em que o destinatário do serviço actue sob autoridade ou controlo do prestador.
3. O disposto no presente artigo não afecta a faculdade de um tribunal ou autoridade administrativa, de acordo com os sistemas legais dos Estados-Membros, exigir do prestador que previna ou ponha termo a uma infracção, nem afecta a faculdade de os Estados-Membros estabelecerem disposições para a remoção ou impossibilitação do acesso à informação.

Artigo 15.º
(Ausência de obrigação geral de vigilância)

1. Os Estados-Membros não imporão aos prestadores, para o fornecimento dos serviços mencionados nos artigos 12.º, 13.º e 14.º, uma obrigação geral de vigilância sobre as informações que estes transmitam ou armazenem, ou uma obrigação geral de procurar activamente factos ou circunstâncias que indiciem ilicitudes.
2. Os Estados-Membros podem estabelecer a obrigação, relativamente aos prestadores de serviços da sociedade da informação, de que informem prontamente as autoridades públicas competentes sobre as actividades empreendidas ou informações ilícitas prestadas pelos autores aos destinatários dos serviços por eles prestados, bem como a obrigação de comunicar às autoridades competentes, a pedido destas, informações que permitam a identificação dos destinatários dos serviços com quem possuam acordos de armazenagem.

CAPÍTULO III
APLICAÇÃO

Artigo 16.º
(Código de conduta)

1. Os Estados-Membros e a Comissão incentivarão:
   a) A redacção, pelas associações e organizações de comerciantes, profissionais ou de consumidores, de códigos de conduta a nível comunitário, destinados a contribuir para a correcta aplicação dos artigos 5.º a 15.º;

b) A transmissão voluntária dos projectos de códigos de conduta, a nível nacional ou comunitário, à Comissão;
c) A acessibilidade, por via electrónica, dos códigos de conduta nas línguas comunitárias;
d) A comunicação aos Estados-Membros e à Comissão, pelas associações e organizações de comerciantes, de profissionais ou de consumidores, das avaliações da aplicação dos seus códigos de conduta e o impacto desses códigos nas práticas, usos ou costumes relativos ao comércio electrónico;
e) A redacção de códigos de conduta em matéria de protecção dos menores e da dignidade humana.

2. Os Estados-Membros e a Comissão incentivarão a participação das associações e organizações representativas dos consumidores no processo de elaboração e aplicação dos códigos de conduta que dizem respeito aos seus interesses e sejam elaborados de acordo com a alínea a) do n.º 1. Sempre que adequado, as associações representativas dos deficientes visuais e outros deverão ser consultadas para ter em conta as necessidades específicas destes.

Artigo 17.º
(Resolução extrajudicial de litígios)

1. Os Estados-Membros devem assegurar que, em caso de desacordo entre o prestador de um serviço da sociedade da informação e o destinatário desse serviço, a sua legislação não impeça a utilização de mecanismos de resolução extrajudicial disponíveis nos termos da legislação nacional para a resolução de litígios, inclusive através de meios electrónicos adequados.

2. Os Estados-Membros incentivarão os organismos responsáveis pela resolução extrajudicial, designadamente dos litígios de consumidores, a que funcionem de forma a proporcionar adequadas garantias de procedimento às partes interessadas

3. Os Estados-Membros incentivarão os organismos responsáveis pela resolução extrajudicial de litígios a informar a Comissão das decisões significativas tomadas relativamente aos serviços da sociedade da informação, bem como das práticas, usos ou costumes relativos ao comércio electrónico.

Artigo 18.º
(Acções judiciais)

1. Os Estados-Membros assegurarão que as acções judiciais disponíveis em direito nacional em relação às actividades de serviços da sociedade da informação permitam a rápida adopção de medidas, inclusive medidas transitórias, destinadas a pôr termo a alegadas infracções e a evitar outros prejuízos às partes interessadas.

2. O anexo da Directiva 98/27/CE é completado do seguinte modo:
"11. Directiva 2000/31/CE do Parlamento Europeu e do Conselho, de 8 de Junho de 2000, relativa a certos aspectos legais dos serviços da sociedade da informação, em especial do comércio electrónico, no mercado interno ('Directiva sobre o comércio electrónico').".

Artigo 19.º
(Cooperação)

1. Os Estados-Membros disporão dos meios apropriados de controlo e de investigação necessários à aplicação eficaz da presente directiva e assegurarão que os prestadores de serviços lhes comuniquem as informações requeridas.

2. Os Estados-Membros cooperarão com os outros Estados-Membros; para o efeito, designarão um ou mais pontos de contacto, cujos elementos de contacto comunicarão aos demais Estados-Membros e à Comissão.

3. Os Estados-Membros prestarão, com a maior celeridade e de acordo com a sua legislação nacional, a assistência e as informações solicitadas por outros Estados-Membros ou pela Comissão, inclusive pelos meios electrónicos adequados.

4. Os Estados-Membros estabelecerão pontos de contacto acessíveis pelo menos por via electrónica, aos quais os destinatários e os prestadores de serviços se podem dirigir para:
   a) Obter informações de carácter geral sobre direitos e obrigações em matéria contratual, bem como sobre os mecanismos de reclamação e correcção disponíveis em caso de litígio, inclusive sobre os aspectos práticos da utilização desses mecanismos;
   b) Obter os elementos de contacto das autoridades, associações ou organizações junto das quais podem obter mais informações ou assistência prática.

5. Os Estados-Membros incentivarão a comunicação à Comissão das decisões administrativas e judiciais significativas tomadas no seu território sobre litígios relativos aos serviços da sociedade da informação, bem como sobre práticas, usos ou costumes relativos ao comércio electrónico. A Comissão comunicará essas decisões aos outros Estados-Membros.

Artigo 20.º
Sanções

Os Estados-Membros determinarão o regime das sanções aplicáveis às infracções às disposições nacionais adoptadas em aplicação da presente directiva e tomarão todas as medidas necessárias para garantir a respectiva aplicação. As sanções previstas devem ser efectivas, proporcionadas e dissuasivas.

CAPÍTULO IV
DISPOSIÇÕES FINAIS

Artigo 21.º
Relatório

1. Antes de 17 de Julho de 2003 e, seguidamente, de dois em dois anos, a Comissão apresentará ao Parlamento Europeu, ao Conselho e ao Comité Económico e Social um relatório sobre a aplicação da presente directiva, acompanhado, se for caso disso, de propostas de adaptação à evolução legislativa, técnica e económica dos serviços da sociedade da informação, em especial em matéria de prevenção do crime, de protecção de menores e dos consumidores e ao adequado funcionamento do mercado interno.

2. O referido relatório, ao examinar a necessidade de adaptação da presente directiva, analisará, em particular, a necessidade de propostas relativas à responsabilidade dos prestadores de hiperligações e de instrumentos de localização, aos procedimentos de "notice and take down" e à atribuição de responsabilidade após a retirada do conteúdo. O relatório analisará igualmente a necessidade de prever condições suplementares para a isenção de responsabilidades a que se referem os artigos 12.o e 13.o, à luz da evolução da técnica, e a possibilidade de aplicar os princípios do mercado interno às comunicações comerciais não solicitadas por correio electrónico.

Artigo 22.º
(Execução)

1. Os Estados-Membros porão em vigor as disposições legislativas, regulamentares e administrativas necessárias para dar cumprimento à presente directiva, até 17 de Janeiro de 2002. Do facto informarão imediatamente a Comissão.

2. Sempre que os Estados-Membros aprovarem as disposições previstas no n.º 1, estas devem incluir uma referência à presente directiva ou ser acompanhadas dessa referência na publicação oficial. As modalidades dessa referência serão aprovadas pelos Estados-Membros.

Artigo 23.º
(Entrada em vigor)

A presente directiva entra em vigor na data da sua publicação no Jornal Oficial das Comunidades Europeias.

Artigo 24.º
(Destinatários)

Os Estados-Membros são os destinatários da presente directiva.

Feito no Luxemburgo, em 8 de Junho de 2000

Anteprojecto de Proposta de Lei que transpõe a Directiva n.º 2000/31/CE

REGIME JURÍDICO DO COMÉRCIO ELECTRÓNICO (ANTEPROJECTO)

CAPÍTULO I
PRESTADORES DE SERVIÇOS DA SOCIEDADE DA INFORMAÇÃO

Artigo 1.º
(Princípio da liberdade de exercício)

1. O exercício da actividade de prestador de serviços da sociedade da informação não depende de autorização prévia.
2. Exceptua-se o disposto no domínio das telecomunicações, bem como todo o regime de autorização que não vise especial e exclusivamente os serviços da sociedade da informação.
3. Entende-se por serviço da sociedade da informação, quando outro sentido não resultar do contexto, qualquer serviço prestado a distância por via electrónica, na sequência de pedido individual do destinatário e em princípio mediante retribuição.

Artigo 2.º
(Prestadores de serviços estabelecidos)

1. Um prestador de serviços que tiver no país um estabelecimento efectivo considera-se estabelecido em Portugal. A mera disponibilidade de meios técnicos adequados à prestação do serviço não configura, só por si, um estabelecimento efectivo.
2. Os prestadores de serviços estabelecidos em Portugal ficam sujeitos à disciplina geral em vigor relativa à actividade que desempenhem, mesmo em relação a serviços da sociedade da informação prestados noutro país comunitário.
3. Os prestadores que pretendam exercer estavelmente a actividade em Portugal devem previamente proceder ao registo junto da entidade de supervisão.

Artigo 3.º
(Livre circulação de serviços)

1. É livre a circulação de serviços da sociedade da informação que provenham de prestadores de serviços estabelecidos em Estado-membro da Comunidade que não seja Portugal em conformidade com a legislação desse Estado, com as limitações constantes dos artigos seguintes.
2. Os serviços de origem extra-comunitária estão sujeitos à aplicação geral da lei portuguesa. Ficam também sujeitos a este diploma em tudo o que não for justificado pela especificidade das relações inter-comunitárias.

Artigo 4.º
(Exclusões)

São excluídos da aplicação do princípio da livre circulação dos serviços na Comunidade:
a) a propriedade intelectual, incluindo a protecção das bases de dados e das topografias dos produtos semicondutores;
b) a emissão de moeda electrónica, por efeito de derrogação prevista no n.º 1 do artigo 8.º da Directiva n.º 2000/46/CE;
c) a publicidade realizada por um organismo de investimento colectivo em valores mobiliários, nos termos do n.º 2 do artigo 44.º da Directiva n.º 85/611/CEE;
d) a actividade seguradora, quanto a seguros obrigatórios, alcance e condições da autorização da entidade seguradora e empresas em dificuldades ou em situação irregular;
e) a matéria disciplinada por legislação escolhida pelas partes no uso da autonomia privada;
f) os contratos celebrados com consumidores, no que respeita às obrigações destes emergentes;
g) a validade dos contratos em função da observância de requisitos legais de forma, em contratos relativos a direitos reais sobre imóveis;
h) a disciplina do envio de comunicações comerciais não solicitadas por correio electrónico.

Artigo 5.º
(Providências derrogatórias)

1. Os entes públicos podem restringir a circulação de um serviço da sociedade da informação proveniente de outro Estado-membro da Comunidade Europeia se lesar ou ameaçar gravemente lesar:
a) a dignidade humana ou a ordem pública, nomeadamente por razões de repressão de crimes ou de delitos de mera ordenação social, incluindo a protecção de menores e a repressão do incitamento ao ódio fundado na raça, no sexo, na religião ou na nacionalidade;
b) a saúde pública;
c) a segurança pública, nomeadamente na vertente da segurança e defesa nacionais;
d) os consumidores, incluindo os investidores.
2. As providências tomadas devem ser proporcionais aos objectivos a tutelar.
3. As providências restritivas devem ser precedidas:
a) da solicitação ao Estado-membro de origem do serviço que ponha cobro à situação, sem que este o tenha feito, ou caso as providências tomadas se tenham revelado inadequadas;
b) da notificação da Comissão e do Estado-membro em causa da intenção de tomar providências restritivas.
4. O disposto no número anterior não prejudica a realização de diligências judiciais, incluindo a instrução e demais actos praticados no âmbito de uma investigação criminal ou de mera ordenação social.

Artigo 6.º
(Actuação em caso de urgência)

1. Em caso de urgência, podem ser tomadas providências restritivas não precedidas das comunicações à Comissão e aos outros Estados-membros previstas no artigo anterior.
2. As providências assim tomadas devem ser notificadas logo à Comissão e aos Estados-membros em questão, com indicação das razões da urgência na sua adopção.
3. Os tribunais e outros entes públicos que apliquem providências restritivas devem comunicá-las imediatamente à entidade de supervisão, para que esta notifique a Comissão e os Estados-membros implicados.

Artigo 7.º
(Disponibilização permanente de informações sobre a identificação do prestador)

1. Constitui encargo dos prestadores de serviços disponibilizar permanentemente em linha, em condições que permitam um acesso fácil e directo, elementos completos de identificação que incluam, nomeadamente:
   a) nome ou denominação social;
   b) endereço geográfico em que se encontra estabelecido e endereço electrónico, em termos de permitir uma comunicação directa;
   c) inscrições do prestador em registos públicos e respectivos números de registo;
   d) número de identificação fiscal.
2. Se o prestador exercer uma actividade sujeita a um regime de autorização prévia, deve disponibilizar a informação relativa à autoridade de controlo respectiva.
3. Se o prestador exercer uma profissão regulamentada deve também indicar o título profissional e o Estado-membro em que foi concedido, a entidade profissional em que se encontra inscrito, bem como referenciar as regras profissionais que disciplinam o acesso e o exercício dessa profissão.

Artigo 8.º
(Informação sobre custos)

Se os serviços prestados implicarem custos para os destinatários, além dos custos dos serviços de telecomunicações, incluindo ónus fiscais ou despesas de entrega, estes devem ser objecto de informação clara anterior à utilização dos serviços.

CAPÍTULO II
RESPONSABILIDADE DOS PRESTADORES DE SERVIÇOS EM REDE

Artigo 9.º
(Princípio da equiparação)

A responsabilidade dos prestadores de serviços está sujeita aos princípios comuns, com as especificações constantes dos artigos seguintes.

Artigo 10.º
(Ausência de um dever geral de vigilância dos prestadores
intermediários de serviços)

1. Os prestadores intermediários de serviços não estão sujeitos a uma obrigação geral de vigilância sobre as informações que transmitem ou armazenam, nem à investigação de eventuais ilícitos praticados no seu âmbito.

2. Prestadores intermediários de serviços são os provedores que unicamente prestam serviços técnicos para a disponibilização e utilização de informações ou serviços em linha, sem gerarem eles próprios a informação ou o serviço.

Artigo 11.º
(Deveres comuns dos prestadores intermediários dos serviços)

Cabe aos prestadores intermediários de serviços a obrigação:
a) de informar logo as entidades competentes quando tiverem conhecimento de actividades ilícitas que se desenvolvam por via dos serviços que prestam;
b) de satisfazer os pedidos dessas entidades de identificar os destinatários dos serviços com quem tenham acordos de transmissão de informação ou de armazenagem;
c) de cumprir prontamente as determinações das entidades competentes destinadas a prevenir ou pôr termo a uma infracção, nomeadamente no sentido de remover ou impossibilitar o acesso a uma informação;
d) de fornecer listas de titulares de sítios que alberguem às entidades de supervisão, quando lhes for pedido.

Artigo 12.º
(Simples transporte)

1. Os prestadores intermediários de serviços cuja actividade se limite à transmissão de informações em rede, ou em facultar o acesso a uma rede de comunicações, sem terem nenhuma intervenção no conteúdo das mensagens transmitidas nem na selecção dos destinatários, são isentos de toda a responsabilidade pelo eventual conteúdo ilícito destas.

2. A irresponsabilidade mantém-se ainda que o prestador realize a armazenagem meramente tecnológica das informações no decurso do processo de transmissão, exclusivamente para as finalidades de transmissão e durante o tempo necessário para esta.

Artigo 13.º
(Armazenagem temporária)

1. Os prestadores intermediários de serviços de transmissão de comunicações em rede, que não tenham nenhuma intervenção no conteúdo das mensagens transmitidas nem na selecção dos destinatários, são isentos de toda a responsabilidade pelo eventual conteúdo ilícito destas, ainda que procedam à sua armazenagem temporária e automática, exclusivamente para tornar mais eficaz e económica a transmissão posterior a nova solicitação de destinatários do serviço.

2. Passa porém a aplicar-se o regime comum de responsabilidade se o prestador não preceder segundo as regras usuais do sector:
a) na actualização da informação;

b) no uso da tecnologia, aproveitando-a para obter dados sobre a utilização da informação.

3. As regras comuns passam também a ser aplicáveis se chegar ao conhecimento do prestador que a informação foi retirada da fonte originária ou o acesso tornado impossível, ou ainda que um tribunal ou entidade administrativa da origem ordenou essa remoção ou impossibilitação de acesso com exequibilidade imediata, e o prestador não a retirar ou impossibilitar logo o acesso.

Artigo 14.º
(Armazenagem originária)

1. O prestador intermediário do serviço de armazenagem em servidor só é responsável, nos termos comuns, pelo conteúdo ilícito das informações que armazena se tiver conhecimento de circunstâncias que tornam manifesta a ilicitude e não retirar ou impossibilitar logo o acesso a essa informação.

2. Há responsabilidade civil sempre que, perante as circunstâncias conhecidas, o prestador do serviço deva ter consciência do carácter ilícito da informação.

3. Esta irresponsabilização não ocorre sempre que o destinatário do serviço actuar subordinado ao prestador ou for por ele controlado.

Artigo 15.º
(Responsabilidade dos prestadores intermediários de serviços
de associação de conteúdos)

Os prestadores intermediários de serviços de associação de conteúdos, por instrumentos de busca, hiperconexões ou outros meios, que permitam o acesso a conteúdos ilícitos estão sujeitos a regime de responsabilidade análogo ao estabelecido no artigo anterior.

Artigo 16.º
(Solução provisória de litígios)

1. Nos casos contemplados nos arts. 13.º a 15.º, o prestador intermediário de serviços, se a ilicitude não for manifesta, não é obrigado a remover o conteúdo contestado ou a impossibilitar o acesso à informação só pelo facto de um terceiro arguir uma violação; mas o interessado pode recorrer à entidade de supervisão que dará uma solução provisória em 48 horas, que será logo comunicada electronicamente aos intervenientes.

2. Quem tiver interesse jurídico na manutenção daquele conteúdo em linha pode nos mesmos termos recorrer à entidade de supervisão contra uma decisão do provedor de remover ou impossibilitar o acesso a esse conteúdo, para obter a solução provisória do litígio.

3. Qualquer que seja a decisão, nenhuma responsabilidade recai sobre a entidade de supervisão; e tão-pouco recai sobre o prestador intermediário de serviços por ter ou não retirado o conteúdo ou impossibilitado o acesso, quando não for manifesto se há ou não ilicitude.

4. O procedimento perante a entidade de supervisão será regulado por diploma especial; mas a entidade de supervisão pode a qualquer tempo alterar a composição provisória do litígio estabelecida.

5. A solução definitiva do litígio será realizada nos termos e pelas vias comuns.

Artigo 17.º
(Responsabilidade dos titulares dos sítios por hiperconexões)

O titular dum sítio que predisponha hiperconexões para outro sítio em que haja disponibilização de conteúdos ilícitos está sujeito às regras comuns de responsabilidade civil.

Artigo 18.º
(Relação com o direito à informação)

1. A associação de conteúdos não é considerada irregular unicamente por haver conteúdos ilícitos no sítio de destino, ainda que o prestador tenha consciência do facto.
2. A remissão é lícita se for realizada com objectividade e distanciamento, representando o exercício do direito à informação; é pelo contrário ilícita se representar uma maneira de tomar como próprio o conteúdo ilícito para que se remete.
3. A avaliação é realizada perante as circunstâncias do caso, nomeadamente:
   a) a confusão eventual dos conteúdos do sítio de origem com os de destino;
   b) o carácter automatizado ou intencional da remissão;
   c) a área do sítio de destino para onde a remissão é efectuada.

CAPÍTULO III
COMUNICAÇÕES PUBLICITÁRIAS EM REDE

Artigo 19.º
(Âmbito)

Não constituem comunicações publicitárias, embora se integrem em serviços da sociedade da informação, mensagens que se limitem a identificar ou permitir o acesso a um operador comercial, ou identifiquem objectivamente bens, serviços ou a imagem dum operador, em colectâneas ou listas, particularmente quando não tiverem implicações financeiras.

Artigo 20.º
(Identificação e informação)

Nas comunicações publicitárias prestadas a distância, por via electrónica, devem ser claramente identificados, de modo a serem apreendidos com facilidade por um destinatário comum:
   a) a natureza publicitária, logo que a mensagem seja apresentada no terminal e de forma ostensiva;
   b) o anunciante;
   c) as ofertas promocionais, como descontos, prémios ou brindes, e os concursos ou jogos promocionais, bom como os condicionalismos a que ficam submetidos.

Artigo 21.º
(Comunicações não solicitadas)

1. O envio de comunicações publicitárias, cuja recepção seja independente de

intervenção do destinatário, ou por correio electrónico, carece de consentimento prévio do destinatário.

2. Exceptuam-se:
a) as mensagens enviadas por entidades de fins desinteressados;
b) as mensagens enviadas a pessoas colectivas.

3. Nos casos previstos no número anterior fica aberto aos destinatários o recurso ao sistema de opção negativa, mantendo-se para esse efeito o regime actualmente vigente.

4. É também permitido ao fornecedor de um produto ou serviço, no que respeita aos mesmos ou a produtos ou serviços análogos, enviar publicidade não solicitada aos clientes com quem celebrou anteriormente transacções, se ao cliente tiver sido explicitamente oferecida a possibilidade de o recusar por ocasião da transacção realizada, e se não implicar para o destinatário dispêndio adicional ao custo do serviço de telecomunicações.

5. No caso previsto no número anterior, o cliente deve ter acesso a meios que lhe permitam a qualquer momento recusar, sem ónus e independentemente de justa causa, o envio dessa publicidade para futuro.

6. Cada comunicação não solicitada deve indicar um meio técnico, de fácil identificação e utilização, que permita ao destinatário do serviço recusar futuras comunicações.

Artigo 22.º
(Profissões regulamentadas)

1. As comunicações publicitárias a distância por via electrónica em profissões regulamentadas só são permitidas mediante o estrito cumprimento das regras deontológicas dessa profissão, nomeadamente as relativas à independência e honra e ao sigilo profissionais, bem como à lealdade para com o público e dos membros da profissão entre si.

2. *Profissão regulamentada* é entendido no sentido constante dos diplomas relativos ao reconhecimento na Comunidade de formações profissionais.

CAPÍTULO IV
CONTRATAÇÃO ELECTRÓNICA

Artigo 23.º
(Âmbito)

1. As disposições deste capítulo são aplicáveis a todo o tipo de contratos electrónicos ou informáticos, sejam ou não qualificáveis como comerciais, nos termos dos artigos seguintes.

2. A disciplina dos contratos a distância é subsidiariamente aplicável aos contratos electrónicos, sempre que o contrário não resulte da natureza destes.

Artigo 24.º
(Forma)

1. As declarações emitidas por via electrónica satisfazem a exigência legal de forma

escrita quando contidas em suporte que ofereça as mesmas garantias de fidedignidade, inteligibilidade e conservação.

2. O documento electrónico vale como documento assinado quando satisfizer os requisitos da legislação sobre assinatura electrónica e certificação.

Artigo 25.º
(Liberdade de celebração)

1. É livre a celebração de contratos por via electrónica, sem que a validade ou eficácia destes seja prejudicada pela utilização deste meio.

2. São excluídos do princípio da admissibilidade os negócios jurídicos:
a) familiares e sucessórios;
b) que exijam a intervenção de tribunais, entes públicos ou outros entes que exercem poderes públicos, nomeadamente quando aquela intervenção condicione a produção de efeitos em relação a terceiros, e ainda os negócios legalmente sujeitos a reconhecimento ou autenticação notariais;
c) reais imobiliários, com excepção do arrendamento;
d) de caução e de garantia, quando não se integrarem na actividade profissional de quem as presta.

3. Só tem de aceitar a via electrónica para a celebração dum contrato quem se tiver vinculado a proceder dessa forma.

4. São proibidas cláusulas contratuais gerais que imponham a celebração por via electrónica dos contratos com consumidores.

Artigo 26.º
(Dispositivos de identificação e correcção de erros)

O prestador de serviços que celebre contratos electrónicos deve disponibilizar aos destinatários dos serviços, salvo acordo em contrário das partes que não sejam consumidores, meios técnicos eficazes que lhes permitam identificar e corrigir erros de introdução, antes de formular uma ordem de encomenda.

Artigo 27.º
(Informações prévias)

1. O prestador de serviços que celebre contratos em linha deve facultar aos destinatários, antes de ser dada a ordem de encomenda, informação mínima inequívoca que inclua:
a) o processo de celebração do contrato;
b) o arquivamento ou não do contrato pelo prestador de serviço e a acessibilidade àquele pelo destinatário;
c) a língua ou línguas em que o contrato pode ser celebrado;
d) os meios técnicos que o prestador disponibiliza para poderem ser identificados e corrigidos erros de introdução anteriores à ordem de encomenda;
e) os termos contratuais e as cláusulas gerais do contrato a celebrar;
f) os códigos de conduta de que seja subscritor e a forma de os consultar electronicamente.

2. O disposto no número anterior é derrogável por acordo em contrário das partes que não sejam consumidores.

3. A informação a prestar em contratos celebrados exclusivamente por correio electrónico ou outro meio de comunicação individual equivalente é a constante das disposições comuns sobre contratos a distância.

Artigo 28.º
(Ordem de encomenda e aviso de recepção)

1. Logo que receba uma encomenda por via exclusivamente electrónica o prestador de serviços deve acusar a recepção igualmente por meios electrónicos, salvo acordo em contrário com a parte que não seja consumidora.

2. É dispensado o aviso de recepção nos casos em que há a imediata prestação em linha do produto ou serviço.

3. O aviso de recepção deve conter a identificação fundamental do contrato a que se refere.

4. O prestador satisfaz o dever de acusar a recepção se enviar a comunicação para o endereço electrónico que foi indicado ou utilizado pelo destinatário do serviço.

5. A ordem de encomenda e o aviso de recepção consideram-se recebidos logo que os destinatários têm a possibilidade de aceder a eles.

Artigo 29.º
(Apresentação dos termos contratuais e cláusulas gerais)

Os termos contratuais e as cláusulas gerais, bem como o aviso de recepção, devem ser sempre comunicados de maneira que permita ao destinatário armazená-los e reproduzi-los.

Artigo 30.º
(Proposta contratual e convite a contratar)

1. A oferta de produtos ou serviços em linha representa uma proposta contratual quando contiver todos os elementos necessários para que o contrato fique concluído com a simples aceitação do destinatário; caso contrário, representa um convite a contratar.

2. O mero aviso de recepção da ordem de encomenda não tem significado para a determinação do momento da conclusão do negócio.

Artigo 31.º
(Contratação sem intervenção humana)

1. A contratação celebrada exclusivamente por meio de computadores, sem intervenção humana, é regulada pelos princípios comuns, salvo se estes pressupuserem uma actuação.

2. São aplicáveis as disposições sobre erro:
   a) na formação da vontade, se houver erro de programação;
   b) na declaração, se houver erro de funcionamento de máquina;
   c) na transmissão, se a mensagem chegar deformada ao seu destino.

3. A parte não ficará vinculada sempre que fosse exigível à outra parte que se apercebesse da anomalia, nomeadamente pelo uso de dispositivos de detecção de erros de introdução.

CAPÍTULO V
APLICAÇÃO E SANÇÕES

Artigo 32.º
(Solução de litígios por via electrónica)

É permitido o funcionamento em rede de formas de solução extra-judicial de litígios entre prestadores e destinatários de serviços da sociedade da informação, com observância das disposições concernentes à validade e eficácia dos documentos atrás assinaladas, e sem prejuízo das disposições da lei geral sobre a comparência pessoal das partes ou outros intervenientes.

Artigo 33.º
(Entidade de supervisão central)

1. Haverá uma entidade de supervisão central com atribuições em todos os domínios regulados pelo presente diploma, salvo nas matérias em que a lei atribua a outra entidade funções de supervisão.
2. Diploma especial designará o órgão a quem cabe exercer as funções de entidade de supervisão central.

Artigo 34.º
(Atribuições e competência)

1. As entidades de supervisão funcionam como organismos de referência para os contactos que se estabeleçam neste domínio com os outros Estados-membros e com a Comissão Europeia. A elas se podem dirigir para obter informações os destinatários, os prestadores de serviços e o público em geral.
2. A entidade de supervisão central tem competência em todas as matérias que a lei atribua a um órgão administrativo sem mais especificação, e outras que lhe forem cometidas por diploma orgânico.
3. Cabe designadamente à entidade central de supervisão, além das atribuições gerais já assinaladas, quando não couberem a outro órgão:
   a) conceder autorizações, quando forem necessárias;
   b) dar instruções sobre práticas a ser seguidas para cumprimento do disposto no presente diploma;
   c) instruir os processos contra-ordenacionais e aplicar as coimas previstas;
   d) determinar a suspensão da actividade dos prestadores de serviços em face de graves irregularidades, e por razões de urgência;
   e) adoptar as providências derrogatórias previstas nos artigos 5.º e 6.º;
   f) publicitar em rede os códigos de conduta mais significativos de que tenha conhecimento;

g) publicitar outras informações, nomeadamente decisões judiciais sobre este domínio;

h) promover a notificação à Comissão Europeia do propósito de adoptar restrições à livre circulação de serviços provenientes da Comunidade, ou de terem sido adoptadas restrições por razões de urgência.

Artigo 35.º
(Contra-ordenações)

1. Praticam contra-ordenação punível com coima até 60 000 euros os prestadores de serviços que:

a) não disponibilizem ou prestem a informação aos destinatários determinada por lei;

b) enviem comunicações publicitárias não solicitadas;

c) não disponibilizem aos destinatários dispositivos de identificação e correcção de erros de introdução;

d) omitam o pronto aviso de recepção da ordem de encomenda;

e) não comuniquem os termos contratuais, cláusulas gerais e avisos de recepção de modo que permita aos destinatários armazená-los e reproduzi-los;

f) não prestem informações solicitadas pela entidade de supervisão.

2. Praticam contra-ordenação punível com coima de 600 a 120 000 euros os prestadores de serviços que:

a) desobedeçam a determinação da entidade de supervisão ou outra entidade competente de identificar os destinatários dos serviços com quem tenham acordos de transmissão ou de armazenagem;

b) não cumpram a determinação do tribunal ou autoridade competente de prevenir ou pôr termo a uma infracção;

c) omitam informação à autoridade competente de actividades ilícitas de que tenham conhecimento, praticadas por via dos serviços que prestam;

d) não removam ou impossibilitem o acesso a informação que armazenem e cuja ilicitude manifesta seja do seu conhecimento;

e) não removam ou impossibilitem o acesso a informação que armazenem, se tiverem conhecimento que foi retirada da fonte, ou o acesso tornado impossível, ou ainda que um tribunal ou autoridade administrativa da origem ordenou essa remoção ou impossibilitação de acesso para ter exequibilidade imediata;

f) exerçam sem autorização, quando esta for necessária;

g) pratiquem com reincidência as infracções previstas no n.º 1.

3. Os prestadores de serviços de instrumentos de busca e de hiperconexões respondem nas condições da al. *e*) do n.º 2 quando não impossibilitem a localização ou o acesso a informação ilícita.

4. A negligência é punível apenas nos limites da coima aplicável às infracções previstas no n.º 1.

5. A prática da infracção por pessoa colectiva agrava de 1/3 os limites máximo e mínimo da coima.

Artigo 36.º
(Sanções acessórias)

1. A prática reincidente das infracções previstas no n.º 2 do artigo anterior é passível da sanção acessória de interdição do exercício da actividade pelo período máximo de dois anos.

2. Em casos particularmente graves, e quando assim o exija a perigosidade do infractor, podem ser aplicadas as penas acessórias de:
a) interdição do exercício da actividade por prazo superior a dois anos;
b) interdição definitiva do exercício da actividade.

3. Quando o exercício requerer autorização e esta não tiver sido obtida, a verificação da infracção pela autoridade competente para a aplicação da coima tem como pena acessória o imediato encerramento do estabelecimento, além da interdição do exercício.

4. As sanções previstas nos números 2 e 3 serão obrigatoriamente confirmadas em juízo, sem efeito suspensivo, para terem duração superior a dois anos, por iniciativa oficiosa da própria entidade de supervisão que as aplicar.

Artigo 37.º
(Providências provisórias)

1. A entidade de supervisão a quem caiba a aplicação da coima pode aplicar as providências provisórias que se revelem imediatamente necessárias, e em particular:
a) a suspensão da actividade e o encerramento do estabelecimento enquanto decorre o procedimento e até à decisão definitiva;
b) a apreensão de bens que sejam veículo da prática da infracção.

2. Estas providências podem ser instauradas, modificadas ou levantadas em qualquer momento, pela própria entidade de supervisão por sua iniciativa ou a requerimento dos interessados, e a sua legalidade pode ser impugnada em juízo.

Artigo 38.º
(Destino das coimas)

O montante das coimas cobradas reverte para o Estado e para a entidade que as aplicou, na proporção de 60% e 40%, respectivamente.

CAPÍTULO VI
DISPOSIÇÕES FINAIS

Artigo 39.º
(Âmbito)

1. Estão fora do âmbito do presente diploma:
a) a matéria fiscal;
b) a disciplina da concorrência;
c) o regime do tratamento de dados pessoais e da protecção da privacidade;
d) o patrocínio judiciário;
e) os jogos de fortuna ou azar em que é feita uma aposta em dinheiro;

f) a actividade notarial ou equiparadas, enquanto caracterizadas pela fé pública ou por outras manifestações de poderes públicos.

2. Nada neste diploma afecta as disposições destinadas a fomentar a diversidade cultural, proteger a língua portuguesa ou assegurar o pluralismo.

Artigo 40.º
(Códigos de conduta)

1. As entidades de supervisão estimularão a criação de códigos de conduta pelos interessados e a comunicação destes por via electrónica.

2. As entidades centrais de supervisão e o Ministério Público têm legitimidade para impugnar em juízo os códigos de conduta aprovados em domínio abrangido por este diploma que extravasem das finalidades da entidade que os emitiu ou tenham conteúdo contrário a princípios gerais ou regras vigentes.

3. Os códigos de conduta mais significativos serão publicados na Internet pelas próprias entidades de supervisão.

Artigo 41.º
(Transposição)

Este diploma efectua a transposição da Directiva n.º 2000/31/CE do Parlamento Europeu e do Conselho, de 8 de Junho de 2000 ("Directiva sobre Comércio Electrónico").

CONTRATO DE SEGURO
E TECNOLOGIAS DE INFORMAÇÃO

José Caramelo Gomes
Advogado e Professor da Universidade Moderna

CONTRATO DE SEGURO
E TECNOLOGIAS DE INFORMAÇÃO[*]

José Caramelo Gomes
Universidade Moderna
Advogado

1. Introdução

O tema que me foi proposto tratar é, ao mesmo tempo, simples e complexo. Simples porque pela sua actualidade e vastidão é razoavelmente fácil encontrar informação disponível em quantidades avassaladoras. Complexo preciamente pela mesma razão. Com efeito, uma tal amplitude propicia a dispersão e esta gera a banalidade.

Devemos entãocircunscrever ou limitar o âmbito desta comunicação, para que dela possam os congressistas em particular e a indústria seguradora em geral retirar algum benefício.

As tecnologias de informação (TIC) fazem hoje parte integrante das nossas vidas a todos os níveis: profissional, pessoal, entretenimento, manifestando-se e integrando-se nas mais recônditas e insuspeitas actividades. Algum tempo atrás, desabafava um especialista na matéria, que se porventura houvesse uma greve concertada dos processadores de informação, ou seja dos microchips, seguramente estariamos perante uma catástrofe de proporções inimagináveis. O mundo, como nós o conhecemos, desde o computador pessoal até à máquina de café e ao fogão, passando pelos automóveis, pelas máquinas de lavar, pelo relógio de pulso, o fornecimento de telecomunicações, água, gáz, electricidade, tudo

---

[*] A prelecção não foi feita no Congresso por impossibilidade de última hora.

ficaria paralizado. Um cenário de apocalipse, em que nada funcionaria, em que nos veríamos isolados, sem nos podermos deslocar senão andando, em que não poderíamos comunicar senão oralmente e à distância que a nossa voz e capacidade pulmonar permite.

Uma tal greve teria naturalmente consequências devastadoras para a indústria seguradora, a qualquer nivel que se queira discutir. Seria naturalmente um desastre em termos administrativos. Mas esse desastre seria bem insignificante quando comparado com a reparação da sinistralidade que ocorreria em consequência de uma tal greve. Felizmente, para todos nós e para o mundo, que este cenário não passa de uma história de ficção de ocorrência menos que improvável.

Mas em todo o caso, desde já ressaltam duas áreas em que as tecnologias de informação têm implicações vitais na indústria seguradora: a área administrativa e a área de sinistralidade.

Não são no entanto estas as áreas em que me proponho analisar a problemática do seguro e das tecnologias de informação. Em qualquer delas haverá concerteza profissionais muito mais qualificados e habilitados para o fazer. Jurista que sou, devo cingir-me ao que os juristas fazem, analisando os problemas sobre uma perspectiva jurídica. E, neste caso, isso significa escolher uma vertente da prática contratual seguradora em que as tecnologias de informação desempenhem ou se perspective venham a desempenhar um papel importante.

Sempre se dirá que na antecipação da greve dos processadores e consequente sinistralidade a vertente contratual seria importantíssima. Seria sem duvída mas o impacto da tecnologia de informação neste tema particular é matéria do foro da análise de risco muito mais do que do foro jurídico.

Mais importante, ou talvez mais fácil, por deformação profissional e economia intelectual, será encaminhar a minha análise do tema para as implicações que as tecnologias de informação terão sobre a territorialidade e jurisdicionalidade do contrato de seguro, ou seja, a problemática do contrato celebrado pela via eletrónica, a lei aplicável e a jurisdicção. O que significa que terei que começar por falar em globalização.

2. Globalização e Tecnologias de informação

Globalização é antes de mais um conjunto de duas realidades ou princípios bem distintos: o princípio da especialização e a liberalização do comércio. Saber qual delas é causa e qual consequência é tentar resolver o problema do ovo e da galinha e, nesta fase, pura perda de tempo. Retenhamos que o princípio da especialização, que os economistas bem conhecem, significa a concentração do esforço, individual, empresarial e nacional, num determinado conjunto de tarefas, assim se realizando uma divisão do trabalho, que por sua vez gera ou requere uma complexa rede comercial a montante por forma a integrar eficazmente o produto acabado.

Ora, para que o sistema funcione ao nível dos países, é necessário a liberalização do comércio e uma rede de transportes eficaz. O segundo requisito encontra-se há muito preenchido.

2.1 A liberalização do comércio mundial

A liberalização do comércio mundial tem vindo lentamente a realizar-se desde o final da Segunda Guerra Mundial, quando os Estados Unidos lançaram a ideia de três organizações internacionais tendo em vista a constituição de um sistema económico internacional.

Dessas três organizações foram criadas duas na sequência da Conferência de Bretton Woods: o FMI – Fundo Monetário Internacional (IMF – Internacional Monetary Fund) e o BIRD – Banco Internacional para a Reconstrução e Desenvolvimento (IBRD – International Bank for the Reconstruction and Development). A terceira, a Organização do Comércio Internacional, (ITO – International Trade Organization) nunca chegou a ser criada.

No seu lugar conseguiu-se estabelecer em 1947 o GATT – General Agreement on Tax and Trade, que se tornou o instrumento por excelência para a regulamentação do comércio mundial durante meio século.

O GATT assentava em três princípios fundamentais: o da cláusula da nação mais favorecida, a preferência pelo sistema de direitos aduaneiros como método de proteccionismo e a cláusula do tratamento nacional. Sobre os auspícios do GATT desenvolveram-se oito rondas negociais. As primeiras cinco em Geneva 1947, Annecy 1949, Torquay 1951, Geneva 1956 e 1962, tiveram como objectivo fundamental a redução dos direitos aduaneiros. A sexta ronda, Geneva 1964-67, chamada "the Kennedy Round" teve como objectivo principal o anti-dumping e a redução dos direitos sobre produtos industriais. A sétima ronda negocial, "the Tokyo round", voltou ao problema da redução dos direitos aduaneiros e, finalmente, a oitava e mais importante, "the Uruguay round" incluiu três novas áreas: os serviços, que deu origem ao GATS, a propriedade intelectual e as concessões de serviços públicos, abrindo caminho para a constituição da OMC – Organização Mundial de Comércio (WTO – World Trade Organization).

O GATS, General Agrement on Trade in Services foi o resultado possível de obter no termo do Uruguay round. Trata-se do primeiro esforço para estabelecer uma regulamentação internacional para o comércio de serviços e inclui um quadro de negociação e compromisso relativo aos serviços financeiros, que se dividem, para efeitos da sua aplicação e execução, em banca e seguros. Voltaremos a este tema mais adiante.

Entretanto, continuando a nossa breve história da globalização através da liberalização do comércio mundial, é tempo de falarmos um pouco sobre a OMC, Organização Mundial de Comércio (WTO – World Trade Organization). Fundada em 1995, a OMC sucedeu ao GATT 1947 na regulamentação do comércio mundial. O seu objectivo principal é o de assegurar que o comércio mundial flui de uma forma livre, justa e pevisível. Para tal, a OMC está dotada de um conjunto de competências que incluem a administração de acordos comerciais, a hospedagem de negociações comerciais, um sistema de resolução de conflitos, a análise da politicas comerciais dos estados membros, a assistência aos países em vias de desenvolvimento, através de programas de assistência técnica e de formação, bem como a cooperação com outras organizações internacionais.

O principal instrumento de regulamentação do comércio mundial de mercadorias é hoje o GATT 1994, ou seja, uma versão revista, actualizada e aumentada do GATT original de 1947. O mesmo papel é desempenhado pelo GATS no que respeita ao comércio de serviços.

2.2 A liberalização dos serviços

É pacificamente aceite que os serviços desempenham um papel fundamental na economia moderna. Os sectores dos transportes, das telecomunicações, da banca e dos seguros são essenciais para a performance da economia e, assim sendo, é crucial que neles se manifeste também, ou até mesmo principalmente, a principal consequência da liberalização: a livre concorrência.

Liberalização de serviços significa desenvolvimento: o acesso a melhores serviços auxilia os exportadores dos países em vias de desenvolvimento a exponenciar as suas vantagens competitivas, tal como significa também vantagens para os consumidores, principalmente nos países desenvolvidos, beneficiando por isso o conjunto da economia. Acresce ainda que a liberalização dos serviços, principalmente no sector das telecomunicações é um factor importante de inovação tecnológica.

A liberalização do comércio dos serviços é o objectivo do GATS que foi aprovado em 1993. Este acordo segue pelo essencial os mesmos principios fundamentais do GATT: cláusula da nação mais favorecida, tratamento nacional e transparência. Em termos estruturais o GATS abrange vários sectores de serviços: profissionais, distribuição, transportes, telecomunicações, financeiros, transporte aéreo, transporte marítimo, etc. Cada um destes sectores é objecto de acordos de liberalização especificos.

Para cada um dos sectores de serviços a liberalizar o GATS prevê quatro formas de entrega ou prestação do serviço: "cross-border supply", ou seja, o serviço é prestado do território de um estado para o território de outro, "foreign purchase", ou seja, o serviço é adquirido num estado em benefício de um residente noutro estado, "commercial presence", ou seja, estabelecimento de escritório de representação sob qualquer forma e "movement of natural persons", ou seja, através da deslocação de pessoas singulares para o território de outro estado.

A metodologia prevista no GATS para a liberalização determina que cada estado produza um calendário especifico para cada um dos sectores e cada uma das formas de prestação de serviços previstos no acordo. Cada estado deverá, além disso, incluir informação para cada calendário de quais as excepções à cláusula da nação mais favorecida e ao princípio do tratamento nacional que pretende manter.

2.3 A sociedade da informação

As tecnologias de informação e comunicação conheceram um desenvolvimento e uma evolução ilimitada nos últimos anos. Esta realidade, de tão próxima e integrada no nosso quotidiano, é frequentes vezes esquecida, negligenciada e até negada. Hoje em dia é fácil esquecermos como eram as nossas práticas e metodologias profissionais e laborais há apenas 20 anos atrás: não havia telefones móveis, os computadores pessoais, para aqueles previligiados que lhes tinham acesso pouco mais eram que máquinas de escrever que permitiam corrigir os erros de ortografia sem inutilizar toda uma página ou documento e tinha acabado de surgir uma tecnologia que permitia enviar um documento escrito em segundos ou minutos a que se chamava facsimile.

Este equipamento exótico era a evolução do telégrafo pessoal que se chamava telex. E assim se vivia e trabalhava nos anos oitenta do século passado, curiosamente apenas à distância de 20 anos. A comunicação oral efectuava-se quer pessoalmente quer utilizando o telefone, essa na altura quase centenária invenção, marcando o número do destinatário naqueles divertidos marcadores rotativos e utilizando um auscultador que, nos dias de hoje mais nos parece uma arma de arremesso, simbolo de anti-modernidade. E claro, nas empresas e escritórios existia sempre aquela simpática senhora do PBX que parecia viver a sua vida num emaranhado de fios, inserindo fichas e retirando fichas, qual policia sinaleiro das nossas conversas.

Em vinte anos tudo mudou. Os telefones evoluiram e passamos a falar em rede fixa e rede móvel. A simpática senhora do PBX substituiu a grande bancada cheia de fios e fichas por um pequeno equipamento terminal quando não foi ela própria substituída por uma caixa albergando um circuito impresso. E quando isso não aconteceu, a função da senhora do PBX passou a ser principalmente de relações públicas, a voz, único símbolo conhecido da empresa ainda não o rosto da empresa. Excepção feita para a Marta, claro.

A comunicação escrita seguia um percurso mais sinuoso. Se era urgente enviava-se uma primeira comunicação por telegrama ou telex. Rascunhavamos uma carta, normalmente manuscrita, que depois era batida à máquina pela secretária ou dactilógrafa, quando essas profissionais existiam, ou lutavamos nós próprios com aquele instrumento de tortura medieval em azert ou hcesar. E claro, faziamos isso com todo o cuidado, de forma a que as diversas vias de papel lá inserido, entreamadas com as velhas folhas de papel quimico não se desalinhassem inutilizando o esforço hercúleo da escrita. Depois, era tempo de rever o texto, assinalar os erros, corrigi-los, envelopar, selar e mandar o paquete entregar na estação de correios.

Tão longinquo e arcaico que este processo nos parece hoje. Devo dizer que de todo ele o que mais sinto a falta é do papel quimico, objecto e pretexto para a tradicional praxe de boas vindas aos aprendizes, que eram enviados para a casa de banho com algumas folhas já usadas com o encargo de as lavar, reciclando-as para posterior reutilização.

A comunicação oral hoje é feita através de equipamentos ligados a uma rede fixa de cabos ou através de pequenas máquinas, do tamanho de maços de cigarros, os maiores, ou carteiras de fósforos, os mais pequenos, que nos põem em contacto com o mundo, onde quer que nos encontremos. E estas pequenas maravilhas da técnica permitem ainda enviar pequenos textos, imagens e até sabem como comunicar com o notebook, aquela peça de equipamento que substituiu o velho livro de notas de capa dura que transportavamos no bolso ou na pasta e onde apontavamos as coisas mais diversas, desde o compromisso para almoçar (sentados à mesa) até à necessidade de passar pelo banco antes das três da tarde de sexta-feira para levantar dinheiro para o fim-de-semana.

A tecnologia actual, redes digitais, fibra óptica, ADSL, DSL, RDIS, telefones GSM, UMTS e GPRS e as suas funcionalidades, comunicação de voz, dados, fax, reencaminhamento, voice mail, mail multimédia, email, web, hosting, e-work, e-business, b2b, b2c, video conferencing, conference call fazem com que tudo o resto nos pareça, até para aqueles que vivenciaram essa experiência, algo que pertence a um museu. Na realidade, pertence ao século passado. Mais precisamente ao milénio passado.

2.4 Globalização na sociedade de informação

Com estas funcionalidades é possivel um sem número de soluções e novas metodologias de trabalho e negócio. Uma empresa pode ter uma equipa a trabalhar num determinado projecto 24 horas por dia sem se preocupar com turnos e trabalho nocturno. Basta que tenha a equipe dispersa em diversos fusos horários. Tal como pode também ter um serviço de helpdesk ou telemarketing de 24 horas. Mais uma vez, basta-lhe dispersar a equipa por diversos fusos horários e programar os necessários reencaminhamentos de chamadas.

Uma empresa pode até parecer que se encontra num determinado local, em Lisboa, por exemplo, e os seus departamentos estarem na realidade espalhados pelo mundo, em escritórios diversos ou até ter os seus funcionários a trabalhar directamente a partir dassuas casas. Em última análise, uma empresa com sede em Lisboa pode ter um departamento de suporte técnico online ou telefónico e os seus técnicos calmamente refastelados numa praia tropical, munidos de um telefone móvel, eventualmente com um PC, recebendo chamadas e pedidos através de um número de telefone que os clientes pensam ser (e é na realidade) um número de telefone de Lisboa.

O que tudo isto significa é que hoje trabalhamos e fazemos negócio sem constrangimentos de tempo ou localização geográfica. E esta realidade tem seguramente implicações empresariais.

Desde logo pode influenciar a escolha para a localização das diversas instalações e departamentos das empresas. Um pequeno escritório num local de prestígio no território onde se encontram os clientes potenciais, para a sede, locais de baixo custo dispersos em diversos territórios ou concentrados no mesmo, noutro ou em outros territórios para os restantes departamentos.

Os factores a considerar para a localização das empresas no futuro próximo serão variados e a decisão será, como sempre foi, tomada após uma análise de custo benefício. A diferença é que o tempo e a distância se desvalorizam como factores a considerar nessa análise, valorizando-se o desempenho e a amplitude da tecnologia aplicada, o know-how dos colaboradores, o marketing de como angariar clientes.

Esta é uma verdade que as empresas industriais aprenderam há já muito tempo, deslocalizando as suas unidades productivas em busca de mão de obra mais económica. Há muito que fica mais barato produzir na China e suportar o transporte das mercadorias para a Europa do que produzir na Europa. A tecnologia permite agora que uma parte da produção no sector terciário siga esta mesma filosofia, quer à escala mundial quer à escala regional ou até mesmo nacional.

O custo do trabalho não é o unico factor a considerar nesta equação. As leis laborais poderão ser outro, tal como a tributação, quer sobre o rendimento individual quer sobre o rendimento da empresa, o é seguramente. E, naturalmente, também o custo do imobiliário e a sua tributação será um factor a considerar, tal como será também o custo das comunicações.

Todas estas questões e possibilidades de transformação dos métodos de trabalho têm origem em dois conceitos relativamente novos: o e-commerce e o e-business. O primeiro é entendido pela OMC como "electronic commerce is understood to mean the production, distribution, marketing, sale or delivery of goods and services by electronic means."[1], enquanto o segundo pode ser definido como um método de estruturação empresarial em que o elemento de ligação conector entre os funcionários da empresa deixa de ser o espaço físico passando a ser um espaço virtual. Este conceito de e_business pode ser mais ou menos abrangente e incluir

---

[1] WT/L/274 of 30 September 1998.

ou não áreas de actuação para o exterior da empresa: esta pode estruturar-se de uma forma que internamente se caracterize pelo conceito de e_business, aparecendo aos seus clientes segundo as metodologias tradicionais, pode optar por fazê-lo de uma forma electrónica, utilizando as tecnologias de informação como veículo de marketing e até de distribuição e pode ainda fazê-lo de uma forma mista. Quando a componente da exteriorização está presente reune-se na mesma empresa o conceito de e_business e o conceito de e_commerce. Levando ao extremo a reunião destes conceitos, é concebivel a existência de uma empresa completamente virtual: uma empresa com sede nominal num endereço postal tradicional numa empresa prestadora desse tipo de serviços, com um servidor de comunicações instalado num prestador de serviços de Internet, em que os seus colaboradores trabalham a partir de suas casas ou em espaços partilhados pertencentes a terceiros, com equipamentos próprios ou fornecidos pela empresa, realizando o seu trabalho por via electrónica e, finalmente, relacionando-se com os seus clientes, quer no marketing e vendas quer na distribuição através ainda da via electrónica.

Esta situação extrema acrescenta aos dois conceitos anteriores um terceiro: o e_work. A única limitação que surge neste cenário é a natureza dos produtos produzidos e fornecidos pela empresa: têm que ser susceptíveis de entrega por via digital, ou seja, têm que ser informação. Este é o caso clássico das empresas produtoras de software mas não será seguramente o único. Em termos hipotéticos, também as empresas financeiras, ou pelo menos algumas delas, dependendo da sua actividade, se poderão estruturar desta forma.

Alargando um pouco esta visão, no sentido de admitir algum relacionamento corpóreo, as empresas de trading e brokering são outro exemplo a incluir neste conceito abrangente de "empresa virtual". Em todo o caso, esta realidade é reconhecida pela própria Comunidade Europeia quando inscreve no preâmbulo da 2002/65 que "Devido à sua natureza desmaterializada, os serviços financeiros prestam-se particularmente à venda à distância".

Estas alterações terão implicações jurídicas de fundo. Desde logo, haverá consequências ao nível da lei aplicável aos contratos celebrados pelas empresas, quer com os seus fornecedores e funcionários quer com os seus clientes, à forma e substância dos contratos, à fiscalidade, à garantia patrimonial, à protecção dos consumidores, enfim, todo um mundo novo que carece de regulamentação jurídica.

3. Globalização e indústria seguradora

Como vimos, ao criar um mundo novo, as tecnologias de informação e comunicação permitem a introdução de conceitos empresariais, métodos de comercialização, trabalho e distribuição radicalmente novos. Este mundo novo é o instrumento por excelência da globalização e, naturalmente, os serviços financeiros deverão estar, e estarão concerteza na linha da frente. Desde logo como utilizadores da ferramenta, mas principalmente como seus habitantes.

A eficiência dos serviços financeiros é vital para o funcionamento da economia. É através deles que o capital circula e que surgem os meios técnicos necessários para o funcionamento do comércio, nacional e internacional. Este segundo aspecto, de fornecimento dos meios técnicos necessários para o funcionamento do comércio internacional é determinante na necessidade que se fez sentir nas últimas décadas no sentido da liberalização dos serviços financeiros e da integração internacional dos operadores financeiros. Esta é uma verdade insofismável também, ou talvez ainda mais, na Sociedade da Informação.

Na economia e sociedade tradicionais a globalização requer a liberalização. Este não é um objectivo fácil de atingir e a prova disso é a dificuldade verificada na negociação de acordos internacionais tendo em vista a sua realização. É um esforço que tem já mais de 50 anos e estamos ainda longe da plena liberalização ao nivel das trocas de mercadorias. No que respeita aos serviços, apesar do enormissimo avanço que foi o GATS, com os seus protocolos anexos e acordos subsequentes, estamos ainda numa fase embrionária, o que nos leva a pensar que provavelmente nem sequer daqui a 50 anos teremos a liberalização dos serviços realizada a nível mundial. Pior, os serviços financeiros, que deveriam estar na linha da frente pelas necessidades da economia global, serão talvez dos últimos a atingir essa meta dada a atenção que genericamente os estados lhes dedicam em nome da confiança do utente no sistema financeiro: regimes de acesso, condições de exercício, supervisão prudencial, defesa do consumidor, transparência, concorrência, enfim, toda uma panóplia legislativa que semeia abundantemente obstáculos à liberalização.

A tecnologia permite ultrapassar os limites existentes à globalização, principalmente no que respeita aos serviços em geral e aos financeiros em particular. Não é possivel controlar a localização dos diferentes domínios da Internet. Não é possível a um estado impedir um residente no seu território de celebrar um contrato de seguro através da página de uma seguradora que disponibilize esse serviço online. O mais que esse estado poderá fazer, em última análise, será controlar e porventura impedir as transferências de capitais necessárias para a concretização do contrato. Mas esse obstáculo, que porventura será inultrapassável em alguns casos, não será um problema em muitas outras situações. E assim, queiram os governos ou não, a globalização dos serviços que lidam com informação depende apenas da vontade dos prestadores e dos seus clientes. O que é um dado novo na história: na economia tradicional, mesmo quando em democracia, o maior ou menor proteccionismo era uma opção colectiva. Na economia deste século, o maior ou menor proteccionismo é uma escolha individual.

Esta realidade é claramente admitida pela Comissão Europeia: "As novas tecnologias estão já a afectar profundamente o sector dos serviços financeiros. Estão a revolucionar o funcionamento e o acesso aos mercados das grandes operações, estão a transformar a prestação dos serviços transfronteiriços e actuam como um catalisador para a criação de novos serviços financeiros e novos modelos empresariais, estimulando frequentemente a criação de novas alianças que envolvem prestadores de serviços de telecomunicações e de tecnologia da informação, o sector retalhista e prestadores de serviços financeiros."[2]

Por isso mesmo a Comissão Europeia tem preconizado a realização de um plano que inclui desenvolvimento legislativo em diversas vertentes: protecção dos consumidores, pagamentos e vias de recurso e cooperação em termos de supervisão.

4. *E-insurance*

Mas entretanto, vamos vivendo em Portugal e na União Europeia e é com esses ordenamentos jurídicos que vamos tendo que nos haver. A base da intervenção legislativa comunitária nesta matéria é a Directiva quadro do comércio electrónico, cuja análise apresentei na última comunicação que dirigi a este Congresso. Relembremos, no entanto, os seus aspectos ou caraterísticas fundamentais: trata-se de uma Directiva quadro aplicável horizontalmente em todos os sectores da sociedade da infor-

---

[2] Comunicação da Comissão ao Conselho e ao Parlamento Europeu "Comércio Electrónico e Serviços Financeiros"

mção; tem em vista produzir efeitos apenas relativamente aos prestadores de serviços estabelecido nalgum estado-membro; não afecta nem prejudica o nível de protecção dos consumidores criado nos termos gerais de Direito Comunitário; deverá ser completada por directivas sectoriais; e, finalmente, o ponto chave para o seu entendimento é a chamada cláusula relativa ao mercado interno, que estabelece o controlo do estado-membro de origem.

Mas uma vez que de globalização temos vindo a falar, é momento de começar a ver em concreto o que é que o legislador comunitário tem vindo a fazer e que pode ter implicações no tema que aqui nos traz. O mesmo é dizer, vamos averiguar o que se passa em termos de Direito Internacional Privado, pois que as tecnologias de informação são um instrumento por excelência para a internacionalização dos contratos e da actividade e, depois disso, vamos também dar uma vista de olhos pelas realidades possiveis de constatar relativamente aos contratos celebrados por via electrónica.

4.1 Competência jurisdicional

As novidades, no primeiro aspecto têm que ver com o Regulamento (CE) N.o 44/2001 do Conselho de 22 de Dezembro de 2000, relativo à competência judiciària, ao reconhecimento e à execução de decisões em matéria civil e comercial. Como é sabido, este regulamento, também conhecido como regulamento de Bruxelas substituiu a Convenção de Bruxelas nestas matérias e é por ele que se determina a competência judiciária nos Estados-membros da Comunidade quando exista, no litigio, um elemento de estraneidade dentro da União. Saliente-se, no entanto, que isso não impede a permanência em vigor da Convenção de Bruxelas. Com efeito, nem todos os Estados-membros da Comunidade aceitaram vincular-se ao Regulamento 44. A Dinamarca optou por se manter vinculada à Convenção. Assim, entre todos os outros Estados-membros vigora o regulamento e nas relações entre cada um deles e a Dinamarca vigora a Convenção, tal como nas matérias excluídas do âmbito de aplicação do regulamento esta se continua a aplicar e, de igual modo, em nada fica prejudicada a Convenção de Lugano.

Os seguros são objecto de uma secção especial do Regulamento, que prossegue, nesta matéria o objectivo confesso de proteger a parte mais fraca: "No respeitante aos contratos de seguro, de consumo e de trabalho, é conveniente proteger a parte mais fraca por meio de regras de competência mais favoráveis aos seus interesses do que a regra geral." – considerando 13.

A secção em causa é a terceira do capítulo I, artigo 8° e seguintes. O princípio geral estabelecido pelo regulamento no que respeita à competência territorial é que quem deve deslocar-se, se tal for necessário, é a seguradora. A consequência é que a regra geral da competência jurisdicional é a do domicilio do tomador, segurado, beneficiário, do local onde ocorreu o facto danoso, da localização do imóvel objecto do contrato de seguro ou ainda do lesado. As regras do regulamento nesta matéria têm natureza quase imperativa: apenas são admitidas derrogações, por acordo das partes, em momento posterior ao surgimento do litigio, ou seja, não é admissivel a convenção de foro *ab initio*.

4.2 Os serviços financeiros à distância

A regulamentação comunitário do comércio electrónico teve o seu início há já algum tempo. Sobre esta matéria tive a oportunidade de apresentar uma comunicação na primeira edição deste Congresso e incluí nesse momento referências e alguns comentários ao que estava já legislado: a directiva comércio electrónico, a primeira directiva da comercialização dos serviços financeiros à distância, a directiva assinatura electrónica, a directiva sobre a factura electrónica. Não voltarei, por agora, à análise desses temas, remetendo para a comunicação então apresentada e que consta da respectiva acta.

Importa agora referir a segunda directiva sobre a comercialização de serviços financeiros à distância, a Directiva 2002/65/CE do Parlamento Europeu e do Conselho, de 23 de Setembro de 2002, relativa à comercialização à distância de serviços financeiros prestados a consumidores e que altera as Directivas 90/619/CEE do Conselho, 97/7/CE e 98/27/CE.

Esta Directiva, cujo prazo de transposição termina em 2004, dedica especial atenção à protecção do consumidor. Inclui para esse efeito, um conjunto de definições que apresentam um interesse que ultrapassa, no entanto, essa preocupação.

É o caso do conceito de Contrato à distância, definido como "qualquer contrato relativo a serviços financeiros, celebrado entre um prestador e um consumidor, ao abrigo de um sistema de venda ou prestação de serviços à distância organizado pelo prestador que, para esse contrato, utilize exclusivamente um ou mais meios de comunicação à distância, até ao momento da celebração do contrato, inclusive"; de Serviço financeiro como "qualquer serviço bancário, de crédito, de seguros, de pensão individual, de investimento ou de pagamento"; a definição de prestador de serviço em moldes tais que inclui também entidades de natureza pública, e a definição de meio de comunicação à distância como "qualquer meio que possa ser utilizado, sem a presença física e simultânea do prestador e do consumidor, para a comercialização à distância de um serviço entre essas partes".

Uma das definições incluídas é a de suporte duradouro: "qualquer instrumento que permita ao consumidor armazenar informações que lhe sejam pessoalmente dirigidas, de um modo que, no futuro, lhe permita um acesso fácil às mesmas durante um período de tempo adequado aos fins a que as informações se destinam e que permita a reprodução inalterada das informações armazenadas."

Este conceito de suporte duradouro reveste uma importância significativa, principalmente quando relacionado com algumas disposições da Directiva: parece intuir-se que este suporte duradouro virá, num prazo mais ou menos curto, a substituir a forma escrita exigida por algumas jurisdições para a celebração de alguns contratos de prestação de serviços financeiros, com todas as consequências que daí advêm.

5. Conclusões

Estamos numa fase de grande mudança ao nível dos métodos de trabalho e de fazer negócio. Para as empresas e para os consumidores é um momento de grandes oportunidades e para o legislador um momento de grandes desafios. Talvez este último seja o aspecto mais decisivo de todo este processo. A habilidade e discernimento do legislador estão, neste momento, à prova: será ele capaz de legislar adequando-se à realidade ou tentará mais uma vez alterar a realidade por decreto?

ANEXO I

REGULAMENTO (CE) N.o 44/2001 DO CONSELHO de 22 de Dezembro de 2000 relativo à competência judiciária, ao reconhecimento e à execução de decisões em matéria civil e comercial

O CONSELHO DA UNIÃO EUROPEIA,

Tendo em conta o Tratado que institui a Comunidade Europeia e, nomeadamente, a alínea c) do seu artigo 61º e o n. 1 do seu artigo 67º,

Tendo em conta a proposta da Comissão,

Tendo em conta o parecer do Parlamento Europeu,

Tendo em conta o parecer do Comité Económico e Social,

Considerando o seguinte:

(1) A Comunidade atribuiu-se como objectivo a manutenção o e o desenvolvimento de um espaço de liberdade, de segurança e de justiça em que seja assegurada a livre circulação das pessoas. Para criar progressivamente tal espaço, a Comunidade deve adoptar, entre outras, as medidas no domínio da cooperação judiciária em matéria civil que sejam necessárias para o bom funcionamento do mercado interno.

(2) Certas disparidades das regras nacionais em matéria de competência judicial e de reconhecimento de decisões judiciais dificultam o bom funcionamento do mercado interno. São indispensáveis disposições que permitam unificar as regras de conflito de jurisdição em matéria civil e comercial, bem como simplificar as formalidades com vista ao reconhecimento e à execução rápidos e simples das decisões proferidas nos Estados--Membros abrangidos pelo presente regulamento.

(3) Esta matéria insere-se no domínio da cooperação judiciária em matéria civil, nos termos do artigo 65º do Tratado.

(4) Em conformidade com os princípios da subsidiariedade e da proporcionalidade enunciados no artigo 5º do Tratado, os fins do presente regulamento não podem ser suficientemente alcançados pelos Estados-Membros, e podem ser melhor conseguidos pela Comunidade. O presente regulamento limita-se ao mínimo necessário para atingir os seus fins e não excede o que é indispensável para esse efeito.

(5) Os Estados-Membros celebraram, em 27 de Setembro de 1968, no âmbito do quarto travessão do artigo 293º do Tratado, a Convenção de Bruxelas relativa à competência judiciária e à execução de decisões em matéria civil e comercial (a seguir designada por "Convenção de Bruxelas"), que foi alterada pelas convenções de adesão dos novos Estados-Membros a esta convenção. Em 16 de Setembro de 1988, os Estados-Membros e os Estados da EFTA celebraram a Convenção de Lugano relativa à competência judiciária e à execução de decisões em matéria civil e comercial, que é paralela à Convenção de Bruxelas de 1968. Estas convenções foram objecto de trabalhos de revisão, tendo o Conselho aprovado o conteúdo do texto revisto. Há que assegurar a continuidade dos resultados obtidos no quadro dessa revisão.

(6) Para alcançar o objectivo da livre circulação das decisões em matéria civil e comercial, é necessário e adequado que as regras relativas à competência judiciária, ao reconhecimento e à execução das decisões sejam determinadas por um instrumento jurídico comunitário vinculativo e directamente aplicável.

(7) O âmbito de aplicação material do presente regulamento deverá incluir o essencial da matéria civil e comercial com excepção de certas matérias bem definidas.

(8) Os litígios abrangidos pelo presente regulamento devem ter conexão com o território dos Estados-Membros que este vincula. Devem, portanto, aplicar-se, em princípio, as regras comuns em matéria de competência sempre que o requerido esteja domiciliado num desses Estados-Membros.

(9) Os requeridos não domiciliados num Estado-Membroestão de uma forma geral sujeitos às regras nacionais de jurisdição aplicáveis no território do Estado do órgão jurisdicional que conhece do processo e os requeridos domiciliados num Estado-Membro não vinculado pelo presente regulamento devem continuar sujeitos à Convenção de Bruxelas.

(10) Para efeitos da livre circulação das decisões judiciais, as decisões proferidas num Estado-Membro vinculado pelo presente regulamento devem ser reconhecidas e executadas num outro Estado-Membro vinculado pelo presente regulamento, mesmo se o devedor condenado estiver domiciliado num Estado terceiro.

(11) As regras de competência devem apresentar um elevado grau de certeza jurídica e devem articular-se em torno do princípio de que em geral a competência tem por base o domicílio do requerido e que tal competência deve estar sempre disponível, excepto em alguns casos bem determinados em que a matéria em litígio ou a autonomia das partes justificam outro critério de conexão. No respeitante às pessoas colectivas, o domicílio deve ser definido de forma autónoma, de modo a aumentar a transparência das regras comuns e evitar os conflitos de jurisdição.

(12) O foro do domicílio do requerido deve ser completado pelos foros alternativos permitidos em razão do vínculo estreito entre a jurisdição e o litígio ou com vista a facilitar uma boa administração da justiça.

(13) No respeitante aos contratos de seguro, de consumo e de trabalho, é conveniente proteger a parte mais fraca por meio de regras de competência mais favoráveis aos seus interesses do que a regra geral.

(14) A autonomia das partes num contrato que não seja de seguro, de consumo ou de trabalho quanto à escolha do tribunal competente, no caso de apenas ser permitida uma autonomia mais limitada, deve ser respeitada sob reserva das competências exclusivas definidas pelo presente regulamento.

(15) O funcionamento harmonioso da justiça a nível comunitário obriga a minimizar a possibilidade de instaurar processos concorrentes e a evitar que sejam proferidas decisões inconciliáveis em dois Estados-Membros competentes. Importa prever um mecanismo claro e eficaz para resolver os casos de litispendência e de conexão e para obviar aos problemas resultantes das divergências nacionais quanto à data a partir da qual um processo é considerado pendente. Para efeitos do presente regulamento, é conveniente fixar esta data de forma autónoma.

(16) A confiança recíproca na administração da justiça no seio da Comunidade justifica que as decisões judiciais proferidas num Estado-Membro sejam automaticamente reconhecidas, sem necessidade de recorrer a qualquer procedimento, excepto em caso de impugnação.

(17) A mesma confiança recíproca implica a eficácia e a rapidez do procedimento para tornar executória num Estado-Membro uma decisão proferida noutro Estado-Membro. Para este fim, a declaração de executoriedade de uma decisão deve ser dada de forma quase automática, após um simples controlo formal dos documentos fornecidos, sem a possibilidade de o tribunal invocar por sua própria iniciativa qualquer dos fundamentos previstos pelo presente regulamento para uma decisão não ser executada.

(18) O respeito pelos direitos de defesa impõe, todavia, que o requerido possa interpor recurso, examinado de forma contraditória, contra a declaração de executoriedade, se entender que é aplicável qualquer fundamento para a não execução. Também deve ser dada ao requerente a possibilidade de recorrer, se lhe for recusada a declaração o de executoriedade.

(19) Para assegurar a continuidade entre a Convenção de Bruxelas e o presente regulamento, há que prever disposições transitórias. A mesma continuidade deve ser assegurada no que diz respeito à interpretação das disposições da Convenção de Bruxelas pelo Tribunal de Justiça das Comunidades Europeias e o protocolo de 1971 também deve continuar a aplicar-se aos processos já pendentes à data em que o regulamento entra em vigor.

(20) Nos termos do artigo 3º do Protocolo sobre a posição do Reino Unido e da Irlanda, anexo ao Tratado da União Europeia e ao Tratado que institui a Comunidade Europeia, estes Estados declararam que desejam participar na aprovação e aplicação do presente regulamento.

(21) Em conformidade com os artigos 1º e 2º do Protocolo sobre a posição da Dinamarca, anexo ao Tratado da União Europeia e ao Tratado que institui a Comunidade Europeia, este Estado não participa na aprovação do presente regulamento e, por conseguinte, não está vinculado pelo mesmo nem sujeito à sua aplicação.

(22) Dado que a Convenção de Bruxelas se mantém em vigor nas relações entre a Dinamarca e os Estados-Membros vinculados pelo presente regulamento, esta convenção e o protocolo de 1971 continuarão a ser aplicáveis entre a Dinamarca e os Estados-Membros vinculados pelo presente regulamento.

(23) A Convenção de Bruxelas deverá também continuar a aplicar-se aos territórios dos Estados-Membros que são abrangidos pela aplicação territorial da convenção e que ficam excluídos do presente regulamento por força do artigo 299º do Tratado.

(24) A mesma preocupação de coerência determina que o presente regulamento não afecte as regras sobre a competência e o reconhecimento de decisões definidas em instrumentos comunitários específicos.

(25) O respeito dos compromissos internacionais subscritos pelos Estados-Membros implica que o presente regulamento não afecte as convenções em que são parte os Estados-Membros e que incidam sobre matérias especiais.

(26) É conveniente flexibilizar as regras de princípio previstas pelo presente regulamento para ter em conta as particularidades processuais de certos Estados-Membros. Devem, por conseguinte, ser introduzidas no presente regulamento certas disposições do protocolo anexo à Convenção de Bruxelas.

(27) A fim de assegurar uma transição harmoniosa em certos domínios que são objecto de disposições especiais no protocolo anexo à Convenção de Bruxelas, o presente regulamento prevê, por um período transitório, disposições que atendem à situação específica em certos Estados-Membros.

(28) O mais tardar cinco anos após a entrada em vigor do presente regulamento, a Comissão apresentará um relatório sobre a sua aplicação e, se necessário, fará eventualmente propostas de adaptação.

(29) A Comissão deverá modificar os anexos I a IV relativos às regras de competência nacionais, aos tribunais ou autoridades competentes e às vias de recurso com base nas alterações transmitidas pelo Estado-Membro em causa. As modificações aos anexos V e VI devem ser aprovadas de acordo com o disposto na Decisão 1999/468/CE do

Conselho, de 28 de Junho de 1999, que fixa as regras de exercício das competências de execução atribuídas à Comissão,
ADOPTOU O PRESENTE REGULAMENTO:

CAPÍTULO I
ÂMBITO DE APLICAÇÃO

Artigo 1º

1. O presente regulamento aplica-se em matéria civil e comercial e independentemente da natureza da jurisdição. O presente regulamento não abrange, nomeadamente, as matérias fiscais, aduaneiras e administrativas.
2. São excluídos da sua aplicação:
a) O estado e a capacidade das pessoas singulares, os regimes matrimoniais, os testamentos e as sucessões;
b) As falências, as concordatas e os processos análogos;
c) A segurança social;
d) A arbitragem.
3. Para efeitos do presente regulamento, entende-se por "Estado-Membro", qualquer Estado-Membro excepto a Dinamarca.

CAPÍTULO II
COMPETÊNCIA

Secção 1
Disposições gerais

Artigo 2º

1. Sem prejuízo do disposto no presente regulamento, as pessoas domiciliadas no território de um Estado-Membro devem ser demandadas, independentemente da sua nacionalidade, perante os tribunais desse Estado.
2. As pessoas que não possuam a nacionalidade do Estado-Membro em que estão domiciliadas ficam sujeitas nesse Estado-Membro às regras de competência aplicáveis aos nacionais.

Artigo 3º

1. As pessoas domiciliadas no território de um Estado-Membro s-podem ser demandadas perante os tribunais de um outro Estado-Membro por força das regras enunciadas nas secções 2 a 7 do presente capítulo.
2. Contra elas não podem ser invocadas, nomeadamente, as regras de competência nacionais constantes do anexo I.

Artigo 4º

1. Se o requerido não tiver domicílio no território de um Estado-Membro, a competência será regulada em cada Estado-Membro pela lei desse Estado-Membro, sem prejuízo da aplicação o do disposto nos artigos 22º e 23º

2. Qualquer pessoa, independentemente da sua nacionalidade, com domicílio no território de um Estado-Membro, pode, tal como os nacionais, invocar contra esse requerido as regras de competência que estejam em vigor nesse Estado-Membro e, nomeadamente, as previstas no anexo I.

Secção 2
Competências especiais

Artigo 5º

Uma pessoa com domicílio no território de um Estado-Membro pode ser demandada noutro Estado-Membro:

1. a) Em matéria contratual, perante o tribunal do lugar onde foi ou deva ser cumprida a obrigação em questão;
b) Para efeitos da presente disposição e salvo convenção em contrário, o lugar de cumprimento da obrigação em questão será:
– no caso da venda de bens, o lugar num Estado-Membro onde, nos termos do contrato, os bens foram ou devam ser entregues,
– no caso da prestação de serviços, o lugar num Estado-Membro onde, nos termos do contrato, os serviços foram ou devam ser prestados;
c) Se não se aplicar a alínea b), será aplicável a alínea a);

2. Em matéria de obrigação alimentar, perante o tribunal do lugar em que o credor de alimentos tem o seu domicílio ou a sua residência habitual ou, tratando-se de pedido acessório de acção sobre o estado de pessoas, perante o tribunal competente segundo a lei do foro, salvo se esta competência for unicamente fundada na nacionalidade de uma das partes;

3. Em matéria extracontratual, perante o tribunal do lugar onde ocorreu ou poderá ocorrer o facto danoso;

4. Se se tratar de acção de indemnização ou de acção de restituição o fundadas numa infracção, perante o tribunal onde foi intentada a acção pública, na medida em que, de acordo com a sua lei, esse tribunal possa conhecer da acção cível;

5. Se se tratar de um litígio relativo à exploração de uma sucursal, de uma agência ou de qualquer outro estabelecimento, perante o tribunal do lugar da sua situação;

6. Na qualidade de fundador, de "trustee" ou de beneficiário de um "trust" constituído, quer nos termos da lei quer por escrito ou por acordo verbal confirmado por escrito, perante os tribunais do Estado-Membro em cujo território o "trust" tem o seu domicílio;

7. Se se tratar de um litígio relativo a reclamação sobre remuneração o devida por assistência ou salvamento de que tenha beneficiado uma carga ou um frete, perante o tribunal em cuja jurisdição essa carga ou o respectivo frete:
a) Tenha sido arrestado para garantir esse pagamento; ou

b) Poderia ter sido arrestado, para esse efeito, se não tivesse sido prestada caução ou outra garantia, a presente disposição s-se aplica quando se alegue que o requerido tem direito sobre a carga ou sobre o frete ou que tinha tal direito no momento daquela assistência ou daquele salvamento.

Artigo 6º

Uma pessoa com domicílio no território de um Estado-Membro pode também ser demandada:

1. Se houver vários requeridos, perante o tribunal do domicílio de qualquer um deles, desde que os pedidos estejam ligados entre si por um nexo tão estreito que haja interesse em que sejam instruídos e julgados simultaneamente para evitar soluções que poderiam ser inconciliáveis se as causas fossem julgadas separadamente;

2. Se se tratar de chamamento de um garante à acção ou de qualquer incidente de intervenção de terceiros, perante o tribunal onde foi instaurada a acção principal, salvo se esta tiver sido proposta apenas com o intuito de subtrair o terceiro à jurisdição do tribunal que seria competente nesse caso;

3. Se se tratar de um pedido reconvencional que derive do contrato ou do facto em que se fundamenta a acção principal, perante o tribunal onde esta última foi instaurada;

4. Em matéria contratual, se a acção puder ser apensada a uma acção em matéria de direitos reais sobre imóveis dirigida contra o mesmo requerido, perante o tribunal do Estado-Membro em cujo território está situado o imóvel.

Artigo 7º

Sempre que, por força do presente regulamento, um tribunal de um Estado-Membro for competente para conhecer das acções de responsabilidade emergente da utilização ou da exploração de um navio, esse tribunal, ou qualquer outro que, segundo a lei interna do mesmo Estado-Membro, se lhe substitua, será também competente para conhecer dos pedidos relativos à limitação daquela responsabilidade.

Secção 3
Competência em matéria de seguros

Artigo 8º

Em matéria de seguros, a competência é determinada pela presente secção, sem prejuízo do disposto no artigo 4º e no ponto 5 do artigo 5º

Artigo 9º

1. O segurador domiciliado no território de um Estado-Membro pode ser demandado:
   a) Perante os tribunais do Estado-Membro em que tiver domicílio; ou
   b) Noutro Estado-Membro, em caso de acções intentadas pelo tomador de seguro, o segurado ou um beneficiário, perante o tribunal do lugar em que o requerente tiver o seu domicílio; ou

c) Tratando-se de um co-segurador, perante o tribunal de um Estado-Membro onde tiver sido instaurada acção contra o segurador principal.
2. O segurador que, não tendo domicílio no território de um Estado-Membro, possua sucursal, agência ou qualquer outro estabelecimento num Estado-Membro, será considerado, quanto aos litígios relativos à exploração daqueles, como tendo domicílio no território desse Estado-Membro.

Artigo 10º

O segurador pode também ser demandado perante o tribunal do lugar onde o facto danoso ocorreu quando se trate de um seguro de responsabilidade civil ou de um seguro que tenha por objecto bens imóveis. Aplica-se a mesma regra quando se trata de um seguro que incida simultaneamente sobre bens imóveis e móveis cobertos pela mesma apólice e atingidos pelo mesmo sinistro.

Artigo 11º

1. Em matéria de seguros de responsabilidade civil, o segurador pode também ser chamado perante o tribunal onde for proposta a acção do lesado contra o segurado, desde que a lei desse tribunal assim o permita.
2. O disposto nos artigos 8º, 9º e 10º aplica-se no caso de acção intentada pelo lesado directamente contra o segurador, sempre que tal acção directa seja possível.
3. Se o direito aplicável a essa acção directa previr o incidente do chamamento do tomador do seguro ou do segurado, o mesmo tribunal será igualmente competente quanto a eles.

Artigo 12º

1. Sem prejuízo do disposto no n. 3 do artigo 11º, o segurador só pode intentar uma acção perante os tribunais do Estado-Membro em cujo território estiver domiciliado o requerido, quer este seja tomador do seguro, segurado ou beneficiário.
2. O disposto na presente secção não prejudica o direito de formular um pedido reconvencional perante o tribunal em que tiver sido instaurada a acção principal nos termos da presente secção.

Artigo 13º

As partes só podem convencionar derrogações ao disposto na presente secção desde que tais convenções:
1. Sejam posteriores ao surgimento do litígio; ou
2. Permitam ao tomador do seguro, ao segurado ou ao beneficiário recorrer a tribunais que não sejam os indicados na presente secção; ou
3. Sejam concluídas entre um tomador do seguro e um segurador, ambos com domicílio num mesmo Estado-Membro, e tenham por efeito atribuir competência aos tribunais desse Estado, mesmo que o facto danoso ocorra no estrangeiro, salvo se a lei desse Estado não permitir tais convenções; ou

4. Sejam concluídas por um tomador do seguro que não tenha domicílio num Estado-Membro, salvo se se tratar de um seguro obrigatório ou relativo a imóvel sito num Estado-Membro; ou

5. Digam respeito a um contrato de seguro que cubra um ou mais dos riscos enumerados no artigo 14º

Artigo 14º

Os riscos a que se refere o ponto 5 do artigo 13º são os seguintes:
1. Qualquer dano:
a) Em navios de mar, nas instalações ao largo da costa e no alto mar ou em aeronaves, causado por eventos relacionados com a sua utilização para fins comerciais;
b) Nas mercadorias que não sejam bagagens dos passageiros, durante um transporte realizado por aqueles navios ou aeronaves, quer na totalidade quer em combinação com outros meios de transporte;
2. Qualquer responsabilidade, com excepção da relativa aos danos corporais dos passageiros ou à perda ou aos danos nas suas bagagens:
a) Resultante da utilização ou da exploração dos navios, instalações ou aeronaves, em conformidade com a alínea
a) do ponto 1, desde que, no que respeita a estas últimas, a lei do Estado-Membro de matrícula da aeronave não proíba as cláusulas atributivas de jurisdição no seguro de tais riscos;
b) Pela perda ou pelos danos causados em mercadorias durante um transporte, nos termos da alínea b) do ponto 1;
3. Qualquer perda pecuniária relacionada com a utilização ou a exploração dos navios, instalações ou aeronaves, em conformidade com a alínea a) do ponto 1, nomeadamente a perda do frete ou do benefício do afretamento;
4. Qualquer risco ligado acessoriamente a um dos indicados nos pontos 1 a 3;
5. Independentemente dos pontos 1 a 4 acima, todos os grandes riscos tal como definidos na Directiva 73/239/CEE do Conselho, alterada pelas Directivas 88/357/CEE e 90/618/CEE, com as respectivas alterações em vigor.

Secção 4
Competência em matéria de contratos celebrados por consumidores

Artigo 15º

1. Em matéria de contrato celebrado por uma pessoa para finalidade que possa ser considerada estranha à sua actividade comercial ou profissional, a seguir denominada o consumidor, a competência será determinada pela presente secção, sem prejuízo do disposto no artigo 4º e no ponto 5 do artigo 5º:
a) Quando se trate de venda, a prestações, de bens móveis corpóreos; ou
b) Quando se trate de empréstimo a prestações ou de outra operação de crédito relacionados com o financiamento da venda de tais bens; ou
c) Em todos os outros casos, quando o contrato tenha sido concluído com uma pessoa que tem actividade comercial ou profissional no Estado-Membro do

domicílio do consumidor ou dirige essa actividade, por quaisquer meios, a esse Estado-Membro ou a vários Estados incluindo esse Estado-Membro, e o dito contrato seja abrangido por essa actividade.

2. O co-contratante do consumidor que, não tendo domicílio no território de um Estado-Membro, possua sucursal, agência ou qualquer outro estabelecimento num Estado--Membro será considerado, quanto aos litígios relativos à exploração daqueles, como tendo domicílio no território desse Estado.

3. O disposto na presente secção não se aplica ao contrato de transporte, com excepção do contrato de fornecimento de uma combinação de viagem e alojamento por um preço global.

Artigo 16°

1. O consumidor pode intentar uma acção contra a outra parte no contrato, quer perante os tribunais do Estado-Membro em cujo território estiver domiciliada essa parte, quer perante o tribunal do lugar onde o consumidor tiver domicílio.

2. A outra parte no contrato s-pode intentar uma acção contra o consumidor perante os tribunais do Estado-Membro em cujo território estiver domiciliado o consumidor.

3. O disposto no presente artigo não prejudica o direito de formular um pedido reconvencional perante o tribunal em que tiver sido instaurada a acção principal, nos termos da presente secção.

Artigo 17°

As partes só podem convencionar derrogações ao disposto na presente secção desde que tais convenções:

1. Sejam posteriores ao nascimento do litígio; ou

2. Permitam ao consumidor recorrer a tribunais que não sejam os indicados na presente secção; ou

3. Sejam concluídas entre o consumidor e o seu co-contratante, ambos com domicílio ou residência habitual, no momento da celebração do contrato, num mesmo Estado--Membro, e atribuam competência aos tribunais desse Estado-Membro, salvo se a lei desse Estado-Membro não permitir tais convenções.

Secção 5
Competência em matéria de contratos individuais de trabalho

Artigo 18°

1. Em matéria de contrato individual de trabalho, a competência será determinada pela presente secção, sem prejuízo do disposto no artigo 4° e no ponto 5 do artigo 5°

2. Se um trabalhador celebrar um contrato individual de trabalho com uma entidade patronal que não tenha domicílio no território de um Estado-Membro mas tenha uma filial, agência ou outro estabelecimento num dos Estados-Membros, considera-se para efeitos de litígios resultantes do funcionamento dessa filial, agência ou estabelecimento, que a entidade patronal tem o seu domicílio nesse Estado-Membro.

Artigo 19º

Uma entidade patronal que tenha domicílio no território de um Estado-Membro pode ser demandada:
1. Perante os tribunais do Estado-Membro em cujo território tiver domicílio; ou
2. Noutro Estado-Membro:
a) Perante o tribunal do lugar onde o trabalhador efectua habitualmente o seu trabalho ou perante o tribunal do lugar onde efectuou mais recentemente o seu trabalho; ou
b) Se o trabalhador não efectua ou não efectuou habitualmente o seu trabalho no mesmo país, perante o tribunal do lugar onde se situa ou se situava o estabelecimento que contratou o trabalhador.

Artigo 20º

1. Uma entidade patronal s-pode intentar uma acção perante os tribunais do Estado-Membro em cujo território o trabalhador tiver domicílio.
2. O disposto na presente secção não prejudica o direito de formular um pedido reconvencional perante o tribunal em que tiver sido instaurada a acção principal, nos termos da presente secção.

Artigo 21º

As partes só podem convencionar derrogações ao disposto na presente secção, desde que tais convenções:
1. Sejam posteriores ao surgimento do litígio; ou
2. Permitam ao trabalhador recorrer a tribunais que não sejam os indicados na presente secção.

Secção 6
Competências exclusivas

Artigo 22º

Têm competência exclusiva, qualquer que seja o domicílio:
1. Em matéria de direitos reais sobre imóveis e de arrendamento de imóveis, os tribunais do Estado-Membro onde o imóvel se encontre situado. Todavia, em matéria de contratos de arrendamento de imóveis celebrados para uso pessoal temporário por um período máximo de seis meses consecutivos, são igualmente competentes os tribunais do Estado-Membro onde o requerido tiver domicílio, desde que o arrendatário seja uma pessoa singular e o proprietário e o arrendatário tenham domicílio no mesmo Estado-Membro;
2. Em matéria de validade, de nulidade ou de dissolução das sociedades ou outras pessoas colectivas que tenham a sua sede no território de um Estado-Membro, ou de validade ou nulidade das decisões dos seus órgãos, os tribunais desse Estado-Membro. Para determinar essa sede, o tribunal aplicará as regras do seu direito internacional privado;
3. Em matéria de validade de inscrições em registos públicos, os tribunais do Estado-Membro em cujo território esses registos estejam conservados;

4. Em matéria de inscrição ou de validade de patentes, marcas, desenhos e modelos, e outros direitos análogos sujeitos a depósito ou a registo, os tribunais do Estado-Membro em cujo território o depósito ou o registo tiver sido requerido, efectuado ou considerado efectuado nos termos de um instrumento comunitário ou de uma convenção internacional.

Sem prejuízo da competência do Instituto Europeu de Patentes, nos termos da convenção relativa à emissão de patentes europeias, assinada em Munique em 5 de Outubro de 1973, os tribunais de cada Estado-Membro são os únicos competentes, sem consideração de domicílio, em matéria de inscrição ou de validade de uma patente europeia emitida para esse Estado;

5. Em matéria de execução de decisões, os tribunais do Estado-Membro do lugar da execução.

Secção 7
Extensão de competência

Artigo 23º

1. Se as partes, das quais pelo menos uma se encontre domiciliada no território de um Estado-Membro, tiverem convencionado que um tribunal ou os tribunais de um Estado-Membro têm competência para decidir quaisquer litígios que tenham surgido ou que possam surgir de uma determinada relação jurídica, esse tribunal ou esses tribunais terão competência. Essa competência será exclusiva a menos que as partes convencionem em contrário. Este pacto atributivo de jurisdição deve ser celebrado:

a) Por escrito ou verbalmente com confirmação escrita; ou
b) Em conformidade com os usos que as partes estabeleceram entre si; ou
c) No comércio internacional, em conformidade com os usos que as partes conheçam ou devam conhecer e que, em tal comércio, sejam amplamente conhecidos e regularmente observados pelas partes em contratos do mesmo tipo, no ramo comercial considerado.

2. Qualquer comunicação por via electrónica que permita um registo duradouro do pacto equivale à forma escrita.

3. Sempre que tal pacto atributivo de jurisdição for celebrado por partes das quais nenhuma tenha domicílio num Estado-Membro, os tribunais dos outros Estados-Membros não podem conhecer do litígio, a menos que o tribunal ou os tribunais escolhidos se tenham declarado incompetentes.

4. O tribunal ou os tribunais de um Estado-Membro, a que o acto constitutivo de um "trust" atribuir competência, têm competência exclusiva para conhecer da acção contra um fundador, um truste ou um beneficiário de um trust, se se tratar de relações entre essas pessoas ou dos seus direitos ou obrigações no âmbito do trust.

5. Os pactos atributivos de jurisdição bem como as estipulações similares de actos constitutivos de trust não produzirão efeitos se forem contrários ao disposto nos artigos 13º, 17º e 21º, ou se os tribunais cuja competência pretendam afastar tiverem competência exclusiva por força do artigo 22º

Artigo 24º

Para além dos casos em que a competência resulte de outras disposições do presente regulamento, é competente o tribunal de um Estado-Membro perante o qual o requerido compareça.

Esta regra não é aplicável se a comparência tiver como único objectivo arguir a incompetência ou se existir outro tribunal com competência exclusiva por força do artigo 22º.

Secção 8
Verificação da competência e da admissibilidade

Artigo 25º

O juiz de um Estado-Membro, perante o qual tiver sido proposta, a título principal, uma acção relativamente à qual tenha competência exclusiva um tribunal de outro Estado-Membro por força do artigo 22º, declarar-se-á oficiosamente incompetente.

Artigo 26º

1. Quando o requerido domiciliado no território de um Estado-Membro for demandado perante um tribunal de outro Estado-Membro e não compareça, o juiz declarar-se-á oficiosamente incompetente se a sua competência não resultar das disposições do presente regulamento.

2. O juiz deve suspender a instância, enquanto não se verificar que a esse requerido foi dada a oportunidade de receber o acto que iniciou a inst,ncia, ou acto equivalente, em tempo útil para apresentar a sua defesa, ou enquanto não se verificar que para o efeito foram efectuadas todas as diligências.

3. Será aplicável, em vez do disposto no n.º 2, o artigo 19º do Regulamento (CE) n.º 1348/2000 do Conselho, de 29 de Maio de 2000, relativo à citação e à notificação dos actos judiciais e extrajudiciais em matéria civil e comercial nos Estados-Membros, se o acto que iniciou a instância tiver sido transmitido por um Estado-Membro a outro em execução desse regulamento.

4. Nos casos em que não sejam aplicáveis as disposições do Regulamento (CE) n.º 1348/2000, será aplicável o artigo 15º da Convenção da Haia, de 15 de Novembro de 1965, relativa à citação e à notificação no estrangeiro dos actos judiciais e extrajudiciais em matérias civil e comercial, se o acto que iniciou a instância tiver sido transmitido em aplicação dessa convenção

Secção 9
Litispendência e conexão

Artigo 27.º

1. Quando acções com o mesmo pedido e a mesma causa de pedir e entre as mesmas partes forem submetidas à apreciação o de tribunais de diferentes Estados--Membros, o tribunal a que a acção foi submetida em segundo lugar suspende oficiosamente a instância, até que seja estabelecida a competência do tribunal a que a acção foi submetida em primeiro lugar.

2. Quando estiver estabelecida a competência do tribunal a que a acção foi submetida em primeiro lugar, o segundo tribunal declara-se incompetente em favor daquele.

Artigo 28º

1. Quando acções conexas estiverem pendentes em tribunais de diferentes Estados--Membros, o tribunal a que a acção foi submetida em segundo lugar pode suspender a instância.
2. Se essas acções estiverem pendentes em primeira instância, o tribunal a que a acção foi submetida em segundo lugar pode igualmente declarar-se incompetente, a pedido de uma das partes, se o tribunal a que a acção foi submetida em primeiro lugar for competente e a sua lei permitir a apensação das acções em questão.
3. Para efeitos do presente artigo, consideram-se conexas as acções ligadas entre si por um nexo tão estreito que haja interesse em que sejam instruídas e julgadas simultaneamente para evitar soluções que poderiam ser inconciliáveis se as causas fossem julgadas separadamente.

Artigo 29º

Sempre que as acções forem da competência exclusiva de vários tribunais, qualquer tribunal a que a acção tenha sido submetida posteriormente deve declarar-se incompetente em favor daquele a que a acção tenha sido submetida em primeiro lugar.

Artigo 30º

Para efeitos da presente secção, considera-se que a acção está submetida à apreciação do tribunal:
1. Na data em que é apresentado ao tribunal o acto que determina o início da instância ou um acto equivalente, desde que o requerente não tenha posteriormente deixado de tomar as medidas que lhe incumbem para que seja feita a citação ao requerido; ou
2. Se o acto tiver de ser citado antes de ser apresentado ao tribunal, na data em que é recebido pela autoridade responsável pela citação, desde que o requerente não tenha posteriormente deixado de tomar as medidas que lhe incumbem para que o acto seja apresentado ao tribunal.

Secção 10
Medidas provisórias e cautelares

Artigo 31º

As medidas provisórias ou cautelares previstas na lei de um Estado-Membro podem ser requeridas às autoridades judiciais desse Estado, mesmo que, por força do presente regulamento, um tribunal de outro Estado-Membro seja competente para conhecer da questão de fundo.

CAPÍTULO III
RECONHECIMENTO E EXECUÇÃO

Artigo 32º

Para efeitos do presente regulamento, considera-se decisão qualquer decisão proferida por um tribunal de um Estado-Membro independentemente da designação que lhe for dada, tal como acórdão, sentença, despacho judicial ou mandado de execução, bem como a fixação pelo secretário do tribunal do montante das custas do processo.

Secção 1
Reconhecimento

Artigo 33º

1. As decisões proferidas num Estado-Membro são reconhecidas nos outros Estados-Membros, sem necessidade de recurso a qualquer processo.
2. Em caso de impugnação, qualquer parte interessada que invoque o reconhecimento a título principal pode pedir, nos termos do processo previsto nas secções 2 e 3 do presente capítulo, o reconhecimento da decisão.
3. Se o reconhecimento for invocado a título incidental perante um tribunal de um Estado-Membro, este será competente para dele conhecer.

Artigo 34º

Uma decisão não será reconhecida:
1. Se o reconhecimento for manifestamente contrário à ordem pública do Estado-Membro requerido;
2. Se o acto que iniciou a instância, ou acto equivalente, não tiver sido comunicado ou notificado ao requerido revel, em tempo útil e de modo a permitir-lhe a defesa, a menos que o requerido não tenha interposto recurso contra a decisão embora tendo a possibilidade de o fazer;
3. Se for inconciliável com outra decisão proferida quanto às mesmas partes no Estado-Membro requerido;
4. Se for inconciliável com outra anteriormente proferida noutro Estado-Membro ou num Estado terceiro entre as mesmas partes, em acção com o mesmo pedido e a mesma causa de pedir, desde que a decisão proferida anteriormente reúna as condições necessárias para ser reconhecida no Estado-Membro requerido.

Artigo 35º

1. As decisões não serão igualmente reconhecidas se tiver sido desrespeitado o disposto nas secções 3, 4 e 6 do capítulo II ou no caso previsto no artigo 72º
2. Na apreciação das competências referidas no parágrafo anterior, a autoridade requerida estará vinculada às decisões sobre a matéria de facto com base nas quais o tribunal do Estado-Membro de origem tiver fundamentado a sua competência.

3. Sem prejuízo do disposto nos primeiros e segundo parágrafos, não pode proceder-se ao controlo da competência dos tribunais do Estado-Membro de origem. As regras relativas à competência não dizem respeito à ordem pública a que se refere o ponto 1 do artigo 34º.

Artigo 36º

As decisões estrangeiras não podem, em caso algum, ser objecto de revisão de mérito.

Artigo 37º

1. A autoridade judicial de um Estado-Membro, perante o qual se invocar o reconhecimento de uma decisão proferida noutro Estado-Membro, pode suspender a instância se essa decisão for objecto de recurso ordinário.

2. A autoridade judicial de um Estado-Membro perante o qual se invocar o reconhecimento de uma decisão proferida na Irlanda ou no Reino Unido e cuja execução for suspensa no Estado-Membro de origem por força de interposição de um recurso, pode suspender a instância.

Secção 2
Execução

Artigo 38º

1. As decisões proferidas num Estado-Membro e que nesse Estado tenham força executiva podem ser executadas noutro Estado-Membro depois de nele terem sido declaradas executórias, a requerimento de qualquer parte interessada.

2. Todavia, no Reino Unido, tais decisões são executadas na Inglaterra e no País de Gales, na Escócia e na Irlanda do Norte, depois de registadas para execução, a requerimento de qualquer parte interessada numa dessas regiões do Reino Unido, conforme o caso.

Artigo 39º

1. O requerimento deve ser apresentado ao tribunal ou à autoridade competente indicados na lista constante do anexo II.

2. O tribunal territorialmente competente determina-se pelo domicílio da parte contra a qual a execução for promovida ou pelo lugar da execução.

Artigo 40º

1. A forma de apresentação do requerimento regula-se pela lei do Estado-Membro requerido.

2. O requerente deve escolher domicílio na área de jurisdição o do tribunal em que tiver sido apresentado o requerimento. Todavia, se a lei do Estado-Membro requerido não previr a escolha de domicílio, o requerente designará um mandatário ad litem.

3. Os documentos referidos no artigo 53º devem ser juntos ao requerimento.

Artigo 41º

A decisão será imediatamente declarada executória quando estiverem cumpridos os tramites previstos no artigo 53º, sem verificação dos motivos referidos nos artigos 34º e 35º. A parte contra a qual a execução é promovida não pode apresentar observações nesta fase do processo.

Artigo 42º

1. A decisão sobre o pedido de declaração de executoriedade será imediatamente levada ao conhecimento do requerente, na forma determinada pela lei do Estado-Membro requerido.
2. A declaração de executoriedade será notificada à parte contra quem é pedida a execução, e será acompanhada da decisão, se esta não tiver sido já notificada a essa parte.

Artigo 43º

1. Qualquer das partes pode interpor recurso da decisão sobre o pedido de declaração de executoriedade.
2. O recurso é interposto junto do tribunal indicado na lista constante do anexo III.
3. O recurso é tratado segundo as regras do processo contraditório.
4. Se a parte contra a qual a execução é promovida não comparecer perante o tribunal de recurso nas acções relativas a um recurso interposto pelo requerente, aplica-se o disposto nos n.º 2 a 4 do artigo 26º, mesmo que a parte contra a qual a execução é promovida não tenha domicílio no território de um Estado-Membro.
5. O recurso da declaração de executoriedade é interposto no prazo de um mês a contar da sua notificação. Se a parte contra a qual a execução é promovida tiver domicílio num Estado-Membro diferente daquele onde foi proferida a declaração o de executoriedade, o prazo será de dois meses e começará a correr desde o dia em que tiver sido feita a citação pessoal ou domiciliária. Este prazo não é susceptível de prorrogação em razão da distância.

Artigo 44º

A decisão proferida no recurso apenas pode ser objecto do recurso referido no anexo IV.

Artigo 45º

1. O tribunal onde foi interposto o recurso ao abrigo dos artigos 43º ou 44º apenas recusará ou revogará a declaração de executoriedade por um dos motivos especificados nos artigos 34º e 35º Este tribunal decidirá sem demora.
2. As decisões estrangeiras não podem, em caso algum, ser objecto de revisão de mérito.

Artigo 46º

1. O tribunal onde foi interposto recurso ao abrigo dos artigos 43º ou 44º pode, a pedido da parte contra a qual a execução o é promovida, suspender a instância, se a

decisão estrangeira for, no Estado-Membro de origem, objecto de recurso ordinário ou se o prazo para o interpor não tiver expirado; neste caso, o tribunal pode fixar um prazo para a interposição desse recurso.

2. Quando a decisão tiver sido proferida na Irlanda ou no Reino Unido, qualquer via de recurso admissível no Estado-Membro de origem é considerada como recurso ordinário para efeitos de aplicação do n.º 1.

3. O tribunal pode ainda sujeitar a execução à constituição de uma garantia por si determinada.

Artigo 47º

1. Quando uma decisão tiver de ser reconhecida em conformidade com o presente regulamento, nada impede o requerente de recorrer a medidas provisórias, incluindo cautelares, nos termos da lei do Estado-Membro requerido, sem ser necessária a declaração de executoriedade prevista no artigo 41º

2. A declaração de executoriedade implica a autorização para tomar tais medidas.

3. Durante o prazo de recurso previsto no n.º 5 do artigo 43º contra a declaração de executoriedade e na pendência de decisão sobre o mesmo, s-podem tomar-se medidas cautelares sobre os bens da parte contra a qual a execução for promovida.

Artigo 48º

1. Quando a decisão estrangeira se tiver pronunciado sobre vários pedidos e a declaração de executoriedade não puder ser proferida quanto a todos, o tribunal ou a autoridade competente profere-a relativamente a um ou vários de entre eles.

2. O requerente pode pedir uma declaração de executoriedade limitada a partes de uma decisão.

Artigo 49º

As decisões estrangeiras que condenem em sanções pecuniárias compulsórias só são executórias no Estado-Membro requerido se o respectivo montante tiver sido definitivamente fixado pelos tribunais do Estado-Membro de origem.

Artigo 50º

O requerente que, no Estado-Membro de origem, tiver beneficiado no todo ou em parte de assistência judiciária ou de isenção de preparos e custas, beneficiará, no processo previsto na presente secção, da assistência mais favorável ou da isenção mais ampla prevista no direito do Estado-Membro requerido.

Artigo 51º

Não pode ser exigida qualquer caução ou depósito, seja qual for a sua designação, com fundamento na qualidade de estrangeiro ou na falta de domicílio ou de residência no país, à parte que requerer a execução, num Estado-Membro, de decisão proferida noutro Estado-Membro.

Artigo 52º

Nenhum imposto, direito ou taxa proporcional ao valor do litígio será cobrado no Estado-Membro requerido no processo de emissão de uma declaração de executoriedade.

Secção 3
Disposições comuns

Artigo 53º

1. A parte que invocar o reconhecimento ou requerer uma declaração de executoriedade de uma decisão deve apresentar uma cópia da decisão que satisfaça os necessários requisitos de autenticidade.
2. A parte que requerer a declaração de executoriedade deve também apresentar a certidão referida no artigo 54º, sem prejuízo do disposto no artigo 55º

Artigo 54º

O tribunal ou a autoridade competente do Estado-Membro onde tiver sido proferida uma decisão emitirá, a pedido de qualquer das partes interessadas, uma certidão segundo o formulário uniforme constante do anexo V ao presente regulamento.

Artigo 55º

1. Na falta de apresentação da certidão referida no artigo 54º, o tribunal ou a autoridade competente pode fixar um prazo para a sua apresentação ou aceitar documentos equivalentes ou, se se julgar suficientemente esclarecida, dispensá-los.
2. Deve ser apresentada uma tradução dos documentos desde que o tribunal ou a autoridade competente a exija; a tradução o deve ser autenticada por pessoa habilitada para o efeito num dos Estados-Membros.

Artigo 56º

Não é exigível a legalização ou outra formalidade análoga dos documentos referidos no artigo 53º ou no n.o 2 do artigo 55º, bem como da procuração ad litem, se for caso disso.

CAPÍTULO IV
ACTOS AUTÊNTICOS E TRANSAÇÕES JUDICIAIS

Artigo 57º

1. Os actos autênticos exarados ou registados num Estado-Membro e que aí tenham força executiva são declarados executórios, mediante requerimento, noutro Estado-Membro, segundo o processo previsto nos artigos 38º e seguintes. O tribunal onde é interposto um recurso nos termos do artigo 43º ou 44º s-indefere ou recusa a declaração de executo-

riedade se a execução do acto autêntico for manifestamente contrária à ordem pública do Estado-Membro requerido.
2. São igualmente considerados actos autênticos, na acepção do n. 1, os acordos em matéria de obrigações alimentares celebrados perante autoridades administrativas ou por elas autenticados.
3. O acto apresentado deve preencher os requisitos necessários para a sua autenticidade no Estado-Membro de origem.
4. É aplicável, se necessário, o disposto na secção 3 do capítulo III. A autoridade competente do Estado-Membro em que foi recebido um acto autêntico emitirá, a pedido de qualquer das partes interessadas, uma certidão segundo o formulário uniforme constante do anexo VI ao presente regulamento.

Artigo 58º

As transacções celebradas perante o juiz no decurso de um processo e que no Estado-Membro de origem tenham força executiva são executórias no Estado-Membro requerido nas mesmas condições que os actos autênticos. O tribunal ou a autoridade competente de um Estado-Membro emitirá, a pedido de qualquer das partes interessadas, uma certidão segundo o formulário uniforme constante do anexo V ao presente regulamento.

CAPÍTULO V
DISPOSIÇÕES GERAIS

Artigo 59º

1. Para determinar se uma parte tem domicílio no território do Estado-Membro a cujos tribunais é submetida a questão, o juiz aplica a sua lei interna.
2. Quando a parte não tiver domicílio no Estado-Membro a cujos tribunais foi submetida a questão, o juiz, para determinar se a parte tem domicílio noutro Estado-Membro, aplica a lei desse Estado-Membro.

Artigo 60º

1. Para efeitos da aplicação do presente regulamento, uma sociedade ou outra pessoa colectiva ou associação de pessoas singulares e colectivas tem domicílio no lugar em que tiver:
a) A sua sede social;
b) A sua administração central; ou
c) O seu estabelecimento principal.
2. No que respeita ao Reino Unido e à Irlanda, sede social significa registered office ou, se este não existir, sede social significa place of incorporation (lugar de constituição) ou, se este não existir, o lugar sob cuja lei ocorreu a formation (formação).
3. Para determinar se um trust tem domicílio no território de um Estado-Membro a cujos tribunais tenha sido submetida a questão, o juiz aplicará as normas do seu direito internacional privado.

Artigo 61º

Sem prejuízo de disposições nacionais mais favoráveis, as pessoas domiciliadas no território de um Estado-Membro e contra quem decorre processo por infracção involuntária nos tribunais com competência penal de outro Estado-Membro de que não sejam nacionais podem entregar a sua defesa a pessoas para tanto habilitadas, mesmo que não compareçam pessoalmente. Todavia, o tribunal a que foi submetida a questão pode ordenar a comparência pessoal; se tal não ocorrer, a decisão proferida na acção cível sem que a pessoa em causa tenha tido a possibilidade de assegurar a sua defesa pode não ser reconhecida nem executada nos outros Estados-Membros.

Artigo 62º

Na Suécia, nos processos simplificados de injunção de pagar (betalningsf^relggande) e nos pedidos de assistência (handrckning), os termos juiz, tribunal e órgão jurisdicional abrangem igualmente o serviço público sueco de cobrança forçada (kronofogdemyndighet).

Artigo 63º

1. Qualquer pessoa domiciliada no território do Luxemburgo e demandada perante um tribunal de outro Estado-Membro em aplicação do ponto 1 do artigo 5º, pode arguir a incompetência desse tribunal, quando o local final da entrega da mercadoria ou fornecimento do serviço se situar no Luxemburgo.
2. Quando, em aplicação do n. 1, o local final da entrega da mercadoria ou fornecimento do serviço se situar no Luxemburgo, qualquer pacto atributivo de jurisdição s-tem validade se for estabelecido por escrito ou verbalmente com confirmação escrita, na acepção do n.º 1, alínea a), do artigo 23º
3. O disposto no presente artigo não se aplica aos contratos relativos à prestação de serviços financeiros.
4. O disposto no presente artigo é aplicável por um prazo de seis anos a contar da data de entrada em vigor do presente regulamento.

Artigo 64º

1. Nos litígios entre um capitão e um membro da tripulação de um navio de mar matriculado na Grécia ou em Portugal, relativos às remunerações ou outras condições de serviço, os tribunais de um Estado-Membro devem verificar se o agente diplomático ou consular com autoridade sobre o navio foi informado do litígio. Os tribunais podem deliberar logo que esse agente tiver sido informado.
2. O disposto no presente artigo é aplicável por um período de seis anos a contar da data de entrada em vigor do presente regulamento.

Artigo 65º

1. A competência especificada no ponto 2 do artigo 6º e no artigo 11.o que implica o chamamento de um garante à acção ou qualquer incidente de intervenção de terceiros

não pode ser invocada na Alemanha e na Áustria. Qualquer pessoa domiciliada no território de um outro Estado-Membro pode ser chamada perante os tribunais:
   a) Da República Federal da Alemanha, em aplicação dos artigos 68º, 72º, 73º e 74º do Código de Processo Civil (Zivilprozessordnung) relativos à litis denuntiatio;
   b) Da Áustria, de acordo com o artigo 21º do Código de Processo Civil (Zivilprozessordnung) relativo à litis denuntiatio.

2. As sentenças proferidas em outros Estados-Membros por força do ponto 2 do artigo 6º e do artigo 11º serão reconhecidas e executados na Alemanha e na Austria em conformidade com o capítulo III. Quaisquer efeitos que as sentenças proferidas nestes Estados possam produzir em relação a terceiros por aplicação das disposições do n.o 1 serão também reconhecidos pelos outros Estados-Membros.

CAPÍTULO VI
DISPOSIÇÕES TRANSITÓRIAS

Artigo 66º

1. As disposições do presente regulamento só são aplicáveis às acções judiciais intentadas e aos actos autênticos exarados posteriormente à entrada em vigor do presente regulamento.

2. Todavia, se as acções no Estado-Membro de origem tiverem sido intentadas antes da entrada em vigor do presente regulamento, as decisões proferidas após essa data são reconhecidas e executadas, em conformidade com o disposto no capítulo III:
   a) Se as acções no Estado-Membro tiverem sido intentadas após a entrada em vigor das Convenções de Bruxelas ou de Lugano quer no Estado-Membro de origem quer no Estado-Membro requerido;
   b) Em todos os outros casos, se a competência se baseou em regras correspondentes às previstas no capítulo II ou numa convenção celebrada entre o Estado-Membro de origem e o Estado-Membro requerido e que estava em vigor quando as acções foram intentadas.

CAPÍTULO VII
RELAÇÕES COM OS OUTROS INSTRUMENTOS

Artigo 67º

O presente regulamento não prejudica a aplicação das disposições que, em matérias específicas, regulam a competência judiciária, o reconhecimento e a execução de decisões, contidas nos actos comunitários ou nas leis nacionais harmonizadas nos termos desses actos.

Artigo 68º

1. O presente regulamento substitui, entre os Estados-Membros, a Convenção de Bruxelas, à excepção dos territórios dos Estados-Membros que são abrangidos pela

aplicação territorial da convenção e que ficam excluídos do presente regulamento por força do artigo 299º do Tratado.

2. Na medida em que o presente regulamento substitui entre os Estados-Membros as disposições da Convenção de Bruxelas, as referências feitas a esta entendem-se como sendo feitas ao presente regulamento.

Artigo 69º

Sem prejuízo do disposto no n.º 2 do artigo 66º e no artigo 70º, o presente regulamento substitui, entre os Estados-Membros, as convenções e o tratado seguintes:

– a Convenção entre a Bélgica e a França relativa à competência judiciária, ao valor e execução de decisões judiciais, sentenças arbitrais e actos autênticos, assinada em Paris em 8 de Julho de 1899,

– a Convenção entre a Bélgica e os Países Baixos relativa à competência judiciária territorial, à falência, bem como ao valor e execução de decisões judiciais, sentenças arbitrais e actos autênticos, assinada em Bruxelas em 28 de Março de 1925,

– a Convenção entre a França e a Itália relativa à execução de sentenças em matéria civil e comercial, assinada em Roma em 3 de Junho de 1930,

– a Convenção entre a Alemanha e a Itália relativa ao reconhecimento e execução de decisões judiciais em matéria civil e comercial, assinada em Roma em 9 de Março de 1936, – a Convenção entre a Bélgica e a Áustria relativa ao reconhecimento e à execução recíprocos de decisões judiciais e actos autênticos em matéria de obrigação alimentar, assinada em Viena em 25 de Outubro de 1957,

– a Convenção entre a Alemanha e a Bélgica relativa ao reconhecimento e execução recíprocos, em matéria civil e comercial, de decisões judiciais, sentenças arbitrais e actos autênticos, assinada em Bona em 30 de Junho de 1958,

– a Convenção entre os Países Baixos e a Itália relativa ao reconhecimento e execução de decisões judiciais em matéria civil e comercial, assinada em Roma em 17 de Abril de 1959,

– a Convenção entre a Alemanha e a Áustria relativa ao reconhecimento e à execução recíprocos de decisões e transacções judiciais e actos autênticos em matéria civil e comercial, assinada em Viena em 6 de Junho de 1959,

– a Convenção entre a Bélgica e a Austria relativa ao reconhecimento e à execução recíprocos de decisões judiciais, sentenças arbitrais e actos autênticos em matéria civil e comercial, assinada em Viena em 16 de Junho de 1959,

– a Convenção entre a Grécia e a Alemanha relativa ao reconhecimento e execução recíprocos de sentenças, transacções e actos autênticos em matéria civil e comercial, assinada em Atenas em 4 de Novembro de 1961,

– a Convenção entre a Bélgica e a Itália relativa ao reconhecimento e execução de decisões judiciais e outros títulos executivos em matéria civil e comercial, assinada em Roma em 6 de Abril de 1962,

– a Convenção entre os Países Baixos e a Alemanha relativa ao reconhecimento e execução mútuos de decisões judiciais e outros títulos executivos em matéria civil e comercial, assinada em Haia em 30 de Agosto de 1962,

– a Convenção entre os Países Baixos e a Austria relativa ao reconhecimento e à execução recíprocos de decisões judiciais e actos autênticos em matéria civil e comercial, assinada em Haia em 6 de Fevereiro de 1963,

– a Convenção entre a França e a Áustria relativa ao reconhecimento e execução de decisões judiciais e actos autênticos em matéria civil e comercial, assinada em Viena em 15 de Julho de 1966,
– a Convenção entre a Espanha e a França sobre o reconhecimento e execução de sentenças e decisões arbitrais em matéria civil e comercial, assinada em Paris, em 28 de Maio de 1969,
– a Convenção entre o Luxemburgo e a ¡ustria relativa ao reconhecimento e à execução de decisões judiciais e actos autênticos em matéria civil e comercial, assinada no Luxemburgo em 29 de Julho de 1971,
– a Convenção entre a Itália e a ¡ustria relativa ao reconhecimento e à execução recíprocos de decisões e transacções judiciais e actos autênticos em matéria civil e comercial, assinada em Roma em 16 de Novembro de 1971,
– a Convenção entre a Espanha e a Itália em matéria de assistência judiciária e de reconhecimento e execução de sentenças em matéria civil e comercial, assinada em Madrid, em 22 de Maio de 1973,
– a Convenção entre a Dinamarca, a Finlândia, a Islândia, a Noruega e a Suécia relativa ao reconhecimento e à execução o de sentenças em matéria civil, assinada em Copenhaga em 11 de Outubro de 1977,
– a Convenção entre a Áustria e a Suécia relativa ao reconhecimento e execução de sentenças em matéria civil, assinada em Estocolmo em 16 de Setembro de 1982,
– a Convenção entre a Espanha e a Alemanha sobre o reconhecimento e execução de decisões e transacções judiciais e de actos autênticos e executórios em matéria civil e comercial, assinada em Bona, em 14 de Novembro de 1983,
– a Convenção entre a Áustria e a Espanha relativa ao reconhecimento e à execução recíprocos de decisões e transacções judiciais e de actos executórios autênticos em matéria civil e comercial, assinada em Viena em 17 de Fevereiro de 1984,
– a Convenção entre a Finlândia e a Austria relativa ao reconhecimento e execução de sentenças em matéria civil, assinada em Viena em 17 de Novembro de 1986, e
– na medida em que esteja em vigor, o Tratado entre a Bélgica, os Países Baixos e o Luxemburgo relativo à competência judiciária, à falência, ao valor e execução de decisões judiciais, sentenças arbitrais e actos autênticos, assinado em Bruxelas em 24 de Novembro de 1961.

Artigo 70º

1. O tratado e as convenções referidos no artigo 69º continuarão a produzir efeitos quanto às matérias a que o presente regulamento não seja aplicável.
2. Esse tratado e essas convenções continuarão a produzir efeitos relativamente às decisões proferidas e aos actos autênticos exarados antes da entrada em vigor do presente regulamento.

Artigo 71º

1. O presente regulamento não prejudica as convenções em que os Estados-Membros são partes e que, em matérias especiais, regulem a competência judiciária, o reconhecimento ou a execução de decisões.

2. Para assegurar a sua interpretação uniforme, o n.º 1 será aplicado do seguinte modo:
a) O presente regulamento não impede que um tribunal de um Estado-Membro que seja parte numa convenção relativa a uma matéria especial se declare competente, em conformidade com tal convenção, mesmo que o requerido tenha domicílio no território de um Estado-Membro que não seja parte nessa convenção. Em qualquer caso, o tribunal chamado a pronunciar-se aplicará o artigo 26º do presente regulamento;
b) As decisões proferidas num Estado-Membro por um tribunal cuja competência se funde numa convenção relativa a uma matéria especial serão reconhecidas e executadas nos outros Estados-Membros, nos termos do presente regulamento. Se uma convenção relativa a uma matéria especial, de que sejam partes o Estado-Membro de origem e o Estado-Membro requerido, tiver estabelecido as condições para o reconhecimento e execução de decisões, tais condições devem ser respeitadas. Em qualquer caso, pode aplicar-se o disposto no presente regulamento, no que respeita ao processo de reconhecimento e execução de decisões.

Artigo 72º

O presente regulamento não prejudica os acordos por meio dos quais os Estados-Membros se comprometeram antes da entrada em vigor do presente regulamento, nos termos do artigo 59º da Convenção de Bruxelas, a não reconhecer uma decisão proferida, nomeadamente noutro Estado contratante da referida convenção, contra um demandado que tenha o seu domicílio ou residência habitual num Estado terceiro quando, em caso previsto no artigo 4º desta convenção, a decisão s-possa fundar-se numa competência referida no segundo parágrafo do artigo 3º dessa mesma convenção.

CAPÍTULO VIII
DISPOSIÇÕES FINAIS

Artigo 73º

O mais tardar cinco anos após a entrada em vigor do presente regulamento, a Comissão apresentará ao Parlamento Europeu, ao Conselho e ao Comité Económico e Social um relatório relativo à aplicação do presente regulamento. O relatório será acompanhado, se necessário, de propostas destinadas a adaptar o regulamento.

Artigo 74º

1. Os Estados-Membros notificarão à Comissão os textos que alteram as listas cons-tantes dos anexos I a IV. A Comissão adaptará os correspondentes anexos em conformidade.

2. A actualização ou a introdução de alterações técnicas aos formulários que constam dos anexos V e VI serão efectuadas de acordo com o processo consultivo previsto no n.º 2 do artigo 75º

Artigo 75º

1. A Comissão será assistida por um comité.
2. Sempre que se faça referência ao presente número são aplicáveis os artigos 3º e 7º da Decisão 1999/468/CE.
3. O comité aprovará o seu regulamento interno.

Artigo 76º

O presente regulamento entra em vigor em 1 de Março de 2002. O presente regulamento é obrigatório em todos os seus elementos e directamente aplicável em todos os Estados-Membros em conformidade com o Tratado que institui a Comunidade Europeia.
Feito em Bruxelas, em 22 de Dezembro de 2000.
Pelo Conselho
O Presidente
C. PIERRET

ANEXO I

Regras de competência nacionais referidas no n.º 2 do artigo 3º e no n.º 2 do artigo 4º
As regras de competência nacionais mencionadas no n.º 2 do artigo 3º e no n.º 2 do artigo 4º são as seguintes:
– na Bélgica: o artigo 15.o do Código Civil (Code civil -Burgerlijk Wetboek) e o artigo 638º do Código Judiciário (Code judiciaire-Gerechtelijk Wetboek),
– na Alemanha: o artigo 23º do Código de Processo Civil (Zivilprozessordnung),
– na Grécia: o artigo 40º do Código de Processo Civil (Jdijay pokisijfiy dijomolflay),
– em França: os artigos 14º e 15º do Código Civil (Code civil),
– na Irlanda: as disposições relativas à competência com base no acto que iniciou a instância comunicado ou notificado ao requerido que se encontre temporariamente na Irlanda,
– em Itália: os artigos 3º e 4º da Lei n.º 218, de 31 de Maio de 1995,
– no Luxemburgo: os artigos 14º e 15º do Código Civil (Code civil),
– nos Países Baixos: o terceiro parágrafo do artigo 126º e o artigo 127º do Código de Processo Civil (Wetboek van Burgerlijke Rechtsvordering),
– na Austria: o artigo 99º da lei da competência judiciária (Jurisdiktionsnorm),
– em Portugal: os artigos 65º e 65ºA do Código de Processo Civil e o artigo 11º do Código de Processo do Trabalho,
– na Finlândia: capítulo 10, artigo 1º, primeiro parágrafo, segunda, terceira e quarta frases, do Código de Processo Judiciário (oikeudenkymiskaarirttegÂngsbalken),
– na Suécia: capítulo 10, artigo 3º, primeiro parágrafo, primeira frase, do Código de Processo Judiciário (rtegÂngsbalken),
– no Reino Unido: as disposições relativas à competência com base:
    a) no acto que iniciou a instância comunicado ou notificado ao requerido que se encontre temporariamente no Reino Unido,
    b) na existência no Reino Unido de bens pertencentes ao requerido,
    c) no pedido do requerente de apreensão de bens situados no Reino Unido.

ANEXO II

Os tribunais ou as autoridades competentes a que deve ser apresentado o requerimento mencionado no artigo 39º são as seguintes:
- na Bélgica, o Tribunal de premiére instance ou Rechtbank van eerste aanleg ou erstinstanzliches Gericht,
- na Alemanha, o presidente de uma câmara do Landgericht,
- na Grécia, Lomolek›y Pqxsodijeflo,
- em Espanha, o Juzgado de Primera Instancia,
- em França, o presidente do Tribunal de grande instance,
- na Irlanda, o High Court,
- em Itália, a Corte d'appello,
- no Luxemburgo, o presidente do Tribunal d'arrondissement,
- nos Países Baixos, o presidente de Arrondissementsrechtbank,
- na Austria, o Bezirksgericht,
- em Portugal, o Tribunal de Comarca,
- na Finlândia, o krjoikeustingsrtt,
- na Suécia, o Svea hovrtt,
- no Reino Unido:
    a) na Inglaterra e no País de Gales, o High Court of Justice, ou, tratando-se de decisão em matéria de obrigação alimentar, o Magistrates Court, por intermédio do Secretary of State,
    b) na Escócia, o Court of Session, ou, tratando-se de decisão em matéria de obrigação alimentar, o Sheriff Court, por intermédio do Secretary of State,
    c) na Irlanda do Norte, o High Court of Justice, ou, tratando-se de decisão em matéria de obrigação alimentar, o Magistrates' Court, por intermédio do Secretary of State,
    d) em Gibraltar, o Supremo Tribunal de Gibraltar, ou, tratando-se de decisão em matéria de obrigação alimentar, o Magistrates' Court, por intermédio do Attorney General de Gibraltar.

ANEXO III

Os tribunais dos Estados-Membros onde devem ser interpostos os recursos previstos no n.º 2 do artigo 43º são os seguintes:
- na Bélgica:
    a) no que se refere ao recurso do requerido: o Tribunal de premiére instance ou 'Rechtbank van eerste aanleg ou erstinstanzliches Gericht,
    b) no que se refere ao recurso do requerente: a Cour d'appel ou Hof van beroep,
- na Alemanha, o Oberlandesgericht,
- na Grécia, o Eueseflo,
- em Espanha, a Audiencia Provincial,
- em França, a Cour d'appel,
- na Irlanda, o High Court,
- em Itália, a Corte d'appello,
- no Luxemburgo, a Cour supérieure de justice, decidindo em matéria civil,
- nos Países Baixos:

a) para o requerido: o Arrondissementsrechtbank,
b) para o requerente: o Gerechtshof,
– na Austria, o Bezirksgericht,
– em Portugal, o Tribunal de Relação,
– na Finlândia, o hovioikeushovrtt,
– na Suécia, o Svea hovrtt,
– no Reino Unido:
  a) na Inglaterra e no País de Gales, o High Court of Justice, ou, tratando-se de decisão em matéria de obrigação alimentar, o Magistrates' Court,
  b) na Escócia, o Court of Session, ou, tratando-se de decisão em matéria de obrigação alimentar, o Sheriff Court,
  c) na Irlanda do Norte, o High Court of Justice, ou, tratando-se de decisão em matéria de obrigação alimentar, o Magistrates' Court,
  d) em Gibraltar, o Supremo Tribunal de Gibraltar, ou, tratando-se de decisão em matéria de obrigação alimentar, o Magistrates' Court.

ANEXO IV

A decisão proferida no recurso previsto no artigo 44º apenas pode ser objecto:
– na Bélgica, na Grécia, em Espanha, na França, na Itália, no Luxemburgo e nos Países Baixos, de recurso de cassação,
– na Alemanha, de uma Rechtsbeschwerde,
– na Irlanda, de recurso restrito a matéria de direito para o Supreme Court,
– na Austria, de um Revisionsrekurs,
– em Portugal, de recurso restrito a matéria de direito,
– na Finlândia, de recurso para o korkein oikeushgsta domstolen,
– na Suécia, de recurso para o Hgsta domstolen,
– no Reino Unido, de um outro recurso apenas sobre uma questão de direito.

ANEXO V

Certidão referida nos artigos 54º e 58º do regulamento relativa às decisões e transacções judiciais
1. Estado-Membro de origem
2. Orgão jurisdicional ou autoridade competente que emite a certidão
2.1. Nome
2.2. Endereço
2.3. Telefone/fax/e-mail
3. Tribunal que proferiu a decisão/aprovou a transacção judicial (*)
3.1. Tipo de órgão jurisdicional
3.2. Sede do órgão jurisdicional
4. Decisão/transacção judicial (*)
4.1. Data
4.2. Número de referência
4.3. Partes na causa (*)
4.3.1. Nome(s) do(s) requerente(s)
4.3.2. Nome(s) do(s) requerido(s)

4.3.3. Nome(s) da(s) outra(s) parte(s), sendo caso disso
4.4. Data da citação ou notificação do acto que determinou o início da instância, no caso de a decisão ter sido proferida à revelia
4.5. Texto da decisão/transacção (*) anexo à presente certidão
5. Nome das partes que beneficiaram de assistência judiciária A decisão/transacção judicial (*) é executória no Estado-Membro de origem (artigos 38° e 58° do regulamento) contra:
Nome:
Feito em........................, em........................
Assinatura e/ou carimbo...
(*) Riscar a menção inútil.

ANEXO VI

Certidão referida no n. 4 do artigo 57° do regulamento relativa aos actos autênticos
1. Estado-Membro de origem
2. Autoridade competente que emite a certidão
2.1. Nome
2.2. Endereço
2.3. Telefone/fax/e-mail
3. Autoridade que confere autenticidade ao acto
3.1. Autoridade que interveio na prática do acto autêntico (se for caso disso)
3.1.1. Nome e designação da autoridade
3.1.2. Localidade
3.2. Autoridade que registou o acto autêntico (se for caso disso)
3.2.1. Tipo de autoridade
3.2.2. Localidade
4. Acto autêntico
4.1. Descrição do acto
4.2. Data
4.2.1. em que o acto foi praticado
4.2.2. se não for a mesma: aquela em que o acto foi registado
4.3. Número de referência
4.4. Partes na causa
4.4.1. Nome do credor
4.4.2. Nome do devedor
5. Texto da obrigação executória anexo à presente certidão
O acto autêntico é executório contra o devedor no Estado-Membro de origem (n. 1 do artigo 57° do regulamento).
Feito em........................, em........................
Assinatura e/ou carimbo...

Anexo II

Directiva 2002/65/CE do Parlamento Europeu e do Conselho de 23 de Setembro de 2002, relativa à comercialização à distância de serviços financeiros prestados a consumidores e que altera as Directivas 90/619/CEE do Conselho, 97/7/CE e 98/27/CE

O PARLAMENTO EUROPEU E O CONSELHO DA UNIÃO EUROPEIA,

Tendo em conta o Tratado que institui a Comunidade Europeia e, nomeadamente, o n.º 2 do seu artigo 47º e os seus artigos 55º e 95º,

Tendo em conta a proposta da Comissão,

Tendo em conta o parecer do Comité Económico e Social,

Deliberando nos termos do artigo 251º do Tratado,

Considerando o seguinte:

1. No contexto da realização dos objectivos do mercado interno importa aprovar medidas destinadas a consolidar progressivamente esse mercado, devendo estas, por outro lado, contribuir para a concretização de um elevado nível de defesa dos consumidores, nos termos dos artigos 95º e 153º do Tratado.

2. A comercialização à distância de serviços financeiros constitui, tanto para os consumidores como para os prestadores de serviços financeiros, uma das principais manifestações concretas da realização do mercado interno.

3. No âmbito do mercado interno, é do interesse dos consumidores ter acesso sem discriminações à mais ampla gama possível de serviços financeiros disponíveis na Comunidade, de modo a poderem escolher os que mais se adequem às suas necessidades. A fim de garantir a liberdade de escolha dos consumidores, que constitui um direito fundamental destes, é necessário um elevado nível de protecção dos consumidores para garantir o reforço da confiança do consumidor na venda à distância.

4. É essencial para o bom funcionamento do mercado interno que os consumidores possam negociar e celebrar contratos com um prestador estabelecido noutro Estado--Membro, independentemente de o prestador estar ou não também estabelecido no Estado--Membro de residência do consumidor.

5. Devido à sua natureza desmaterializada, os serviços financeiros prestam-se particularmente à venda à distância; o estabelecimento de um quadro jurídico aplicável à comercialização à distância de serviços financeiros deverá contribuir para aumentar a confiança do consumidor no recurso às novas técnicas de comercialização à distância de serviços financeiros, como o comércio electrónico.

6. A presente directiva deve ser aplicada nos termos do Tratado e do direito derivado, incluindo a Directiva 2000/31/CE relativa ao comércio electrónico, sendo esta última aplicável unicamente às operações por ela abrangidas.

7. A presente directiva visa a realização dos objectivos enunciados supra, sem prejuízo da legislação comunitária ou nacional que regula a liberdade de prestação de serviços ou, quando aplicável, os sistemas de controlo pelo Estado-Membro de acolhimento e/ou de autorização ou de supervisão dos Estados-Membros, sempre que tal seja compatível com a legislação comunitária.

8. Além disso, a presente directiva, nomeadamente as suas disposições referentes às informações sobre qualquer cláusula contratual relativa à lei aplicável ao contrato e/ou ao tribunal competente, não prejudica a aplicação à comercialização à distância de serviços financeiros do Regulamento (CE) n. 44/2001 do Conselho, de 22 de Dezembro

de 2000, relativo à competência judiciária, ao reconhecimento e à execução de decisões em matéria civil e comercial e da Convenção de Roma de 1980 sobre a lei aplicável às obrigações contratuais.

9. A concretização dos objectivos do plano de acção para os serviços financeiros requer um nível mais elevado de protecção do consumidor em determinados sectores, o que implica uma maior convergência, designadamente em matéria de fundos de investimento colectivo não harmonizados, de regras de conduta aplicáveis aos serviços de investimento e de crédito ao consumo. Enquanto se aguarda a concretização dessa convergência, deverá ser mantido um elevado nível de protecção do consumidor.

10. A Directiva 97/7/CE do Parlamento Europeu e do Conselho, de 20 de Maio de 1997, relativa à protecção dos consumidores em matéria de contratos à distância, estabelece as principais disposições aplicáveis aos contratos à distância relativos a bens ou serviços celebrados entre um prestador e um consumidor. Todavia, os serviços financeiros não são abrangidos por essa directiva.

11. No âmbito da análise efectuada para determinar a necessidade de medidas específicas no domínio dos serviços financeiros, a Comissão convidou todas as partes interessadas a transmitirem-lhe as suas observações, nomeadamente por ocasião da elaboração do seu livro verde intitulado "Serviços financeiros: dar reposta às expectativas dos consumidores". Na sequência das consultas feitas neste contexto, concluiu-se pela necessidade de reforçar a protecção do consumidor neste domínio. A Comissão decidiu, por isso, apresentar uma proposta específica relativa à comercialização à distância dos serviços financeiros.

12. A adopção pelos Estados-Membros de disposições de protecção dos consumidores contraditórias ou diferentes em matéria de comercialização à distância de serviços financeiros prestados a consumidores teria uma incidência negativa no funcionamento do mercado interno e na concorrência entre as empresas nesse mesmo mercado. Por conseguinte, é necessário introduzir regras comuns ao nível comunitário neste domínio, sem prejudicar a protecção geral do consumidor nos Estados-Membros.

13. A presente directiva deve assegurar um elevado nível de defesa do consumidor a fim de garantir a livre circulação dos serviços financeiros. Os Estados-Membros não poderão prever outras disposições para além das estabelecidas pela presente directiva nos domínios por ela harmonizados, salvo disposição explícita em contrário da presente directiva.

14. A presente directiva abrange todos os serviços financeiros que podem ser prestados à distância. Determinados serviços financeiros são, no entanto, regulados por disposições específicas da legislação comunitária que continuam a ser-lhes aplicáveis. Contudo, devem ser consagrados princípios relativos à comercialização desses serviços à distância.

15. Os contratos negociados à distância implicam o emprego de técnicas de comunicação à distância que são utilizadas no quadro de um sistema de venda ou de prestação de serviços à distância sem a presença simultânea do prestador e do consumidor. A evolução permanente das referidas técnicas impõe a definição de princípios válidos mesmo para aquelas que ainda são pouco utilizadas. Os contratos à distância são portanto aqueles cuja proposta, negociação e conclusão são efectuados à distância.

16. Um mesmo contrato que abranja operações sucessivas ou distintas da mesma natureza, de execução continuada pode ser objecto de qualificações jurídicas diferentes nos diversos Estados-Membros. No entanto, a presente directiva deverá ser aplicada de

igual modo em todos os Estados-Membros. Para o efeito, deve considerar-se que a presente directiva se aplica à primeira de uma série de operações sucessivas ou da mesma natureza, de execução continuada e que podem ser consideradas como formando um todo, independentemente de esta operação ou esta série de operações ser objecto de um contrato único ou de contratos distintos sucessivos.

17. Por "acordo inicial de serviço" entende-se, por exemplo, a abertura de uma conta bancária, a aquisição de um cartão de crédito, a celebração de um contrato de gestão de carteira; por "operações" entende-se, por exemplo, o depósito de dinheiro numa conta bancária ou o levantamento de dinheiro de uma conta bancária, pagamentos efectuados por cartão de crédito, transacções realizadas no âmbito de um contrato de gestão de carteira. O aditamento de novos elementos a um acordo inicial de serviço, como a possibilidade de usar um instrumento de pagamento electrónico juntamente com a conta bancária existente, não constitui "uma operação", mas sim um contrato adicional a que se aplica a presente directiva. A subscrição de novas unidades de participação do mesmo fundo de investimento colectivo é considerada uma das "operações sucessivas da mesma natureza".

18. Ao fazer referência a um sistema de prestação de serviços organizado pelo prestador de serviços financeiros, a presente directiva pretende excluir do seu âmbito de aplicação as prestações de serviços efectuadas numa base estritamente ocasional e fora de uma estrutura comercial cuja finalidade seja celebrar contratos à distância.

19. O prestador é a pessoa que presta serviços à distância. Todavia, a presente directiva deve também aplicar-se sempre que uma das fases da comercialização se desenrolar com a participação de um intermediário; de acordo com a natureza e o grau desta participação, as disposições pertinentes da presente directiva deverão ser aplicadas ao referido intermediário, independentemente do seu estatuto jurídico.

20. Os suportes duradouros incluem, nomeadamente, disquetes informáticas, CD-ROM, DVD e o disco duro do computador do consumidor que armazene o correio electrónico, mas não incluem sítios na internet, salvo se estes preencherem os critérios contidos na definição de suporte duradouro.

21. A utilização de técnicas de comunicação à distância não deve conduzir a uma limitação indevida da informação prestada ao cliente. A fim de assegurar a transparência, a presente directiva fixa requisitos relativos a um nível adequado de informação do consumidor, tanto antes como após a celebração do contrato. O consumidor deverá receber, antes da celebração de um contrato, as informações prévias necessárias para que possa apreciar convenientemente o serviço financeiro que lhe é proposto e, logo, poder fazer a sua escolha com um melhor conhecimento de causa. O prestador deve indicar expressamente por quanto tempo a sua proposta permanece inalterada.

22. Os elementos de informação enumerados na presente directiva remetem para informações de carácter geral relativas a qualquer tipo de serviços financeiros. Os outros requisitos de informação relativos a um determinado serviço, tal como o âmbito da cobertura de uma apólice de seguros, não são especificados apenas na presente directiva. Este tipo de informação deve ser prestado, se for caso disso, nos termos da legislação comunitária ou nacional pertinente adoptada nos termos do direito comunitário.

23. Para garantir uma protecção óptima do consumidor, é importante que este seja suficientemente informado das disposições da presente directiva e, eventualmente, dos códigos de conduta em vigor neste domínio e que ele tenha um direito de rescisão.

24. Quando o direito de rescisão não for aplicável porque o consumidor pede expressamente o cumprimento do contrato, o prestador deve informar o consumidor desse facto.

25. O consumidor deve ser protegido contra serviços não solicitados e ficar nesse caso dispensado de qualquer obrigação, não podendo a falta de resposta ser entendida como consentimento da sua parte. No entanto, esta regra não deve prejudicar a renovação tácita dos contratos validamente celebrados entre as partes, sempre que essa renovação tácita seja permitida pela lei dos Estados-Membros.

26. Os Estados-Membros devem tomar as medidas necessárias para proteger efectivamente os consumidores que não desejem ser contactados através de determinadas técnicas de comunicação ou em determinadas ocasiões. A presente directiva não deve prejudicar as garantias específicas oferecidas ao consumidor pela legislação comunitária relativa à protecção da vida privada e dos dados de carácter pessoal.

27. Para proteger os consumidores, é necessário prever processos adequados e eficazes de reclamação e recurso nos Estados-Membros com vista à resolução de eventuais litígios entre prestadores e consumidores, utilizando, quando tal se justificar, os já existentes.

28. É conveniente que os Estados-Membros encorajem os organismos públicos ou privados instituídos para a resolução extrajudicial de litígios a cooperar na resolução de litígios transfronteiriços. Essa cooperação poderia ter como objectivo, nomeadamente, permitir ao consumidor apresentar aos órgãos extrajudiciais do Estado-Membro da sua residência as queixas relativas a prestadores estabelecidos em outros Estados-Membros. A criação da FIN-NET oferece uma maior assistência aos consumidores na utilização de serviços transfronteiriços.

29. A presente directiva não impede que, nos termos do direito comunitário, os Estados-Membros tornem a protecção nela prevista extensiva a organizações sem fins lucrativos ou a pessoas que recorrem a serviços financeiros para se tornarem empresários.

30. A presente directiva deve abranger igualmente os casos em que a legislação nacional inclui o conceito de declaração contratual vinculativa por parte do consumidor.

31. As disposições da presente directiva relativas à escolha da língua pelo prestador não devem prejudicar as disposições de direito nacional relativas à escolha da língua adoptadas nos termos do direito comunitário.

32. A Comunidade e os Estados-Membros assumiram compromissos no âmbito do Acordo Geral sobre o Comércio de Serviços (GATS), da OMC, relativamente à possibilidade de os consumidores comprarem no estrangeiro serviços bancários e serviços de investimento. O GATS permite aos Estados-Membros adoptarem medidas por razões prudenciais, incluindo medidas de protecção dos investidores, dos depositantes, dos segurados ou das pessoas a quem um prestador de serviços financeiros preste um serviço desse tipo. Essas medidas não devem impor restrições superiores às necessárias à garantia da protecção dos consumidores.

33. Tendo em vista a adopção da presente directiva, deve-se adaptar o âmbito de aplicação da Directiva 97/7/CE e da Directiva 98/27/CE do Parlamento Europeu e do Conselho, de 19 de Maio de 1998, relativa às acções inibitórias em matéria de protecção dos interesses dos consumidores, bem como o âmbito de aplicação do prazo de anulação previsto na segunda Directiva 90/619/CE do Conselho, de 8 de Novembro de 1990, relativa à coordenação das disposições legislativas, regulamentares e administrativas respeitantes ao seguro directo de vida, que fixa as disposições destinadas a facilitar o exercício efectivo da livre prestação de serviços.

34. Como o objectivo da presente directiva, ou seja o estabelecimento de regras comuns em matéria de comercialização à distância de serviços financeiros prestados a consumidores, não pode ser suficientemente realizado pelos Estados-Membros, podendo, por conseguinte, ser melhor alcançado ao nível comunitário, a Comunidade pode tomar medidas, segundo o princípio da subsidiariedade consagrado no artigo 5.o do Tratado. De acordo com o princípio da proporcionalidade, mencionado no referido artigo, a presente directiva limita-se ao mínimo necessário para alcançar esse objectivo,
ADOPTARAM A PRESENTE DIRECTIVA:

Artigo 1°
Objecto e âmbito

1. A presente directiva tem por objecto a aproximação das disposições legislativas, regulamentares e administrativas dos Estados-Membros relativas à comercialização à distância de serviços financeiros prestados a consumidores.

2. No caso de contratos relativos a serviços financeiros que compreendam um acordo inicial de serviço seguido de operações sucessivas ou de uma série de operações distintas da mesma natureza, de execução continuada, as disposições da presente directiva são aplicáveis apenas ao acordo inicial de serviço.

Quando não exista um acordo inicial de serviço, mas as operações sucessivas da mesma natureza de execução continuada sejam realizadas entre as mesmas partes contratuais, os artigos 3° e 4° são aplicáveis apenas quando se realizar a primeira operação. No entanto, se durante mais de um ano não for realizada qualquer operação da mesma natureza, a operação seguinte será considerada a primeira de uma nova série de operações, sendo, por conseguinte, aplicáveis os artigos 3° e 4°.

Artigo 2°
Definições

Para efeitos da presente directiva, entende-se por:
a) "Contrato à distância": qualquer contrato relativo a serviços financeiros, celebrado entre um prestador e um consumidor, ao abrigo de um sistema de venda ou prestação de serviços à distância organizado pelo prestador que, para esse contrato, utilize exclusivamente um ou mais meios de comunicação à distância, até ao momento da celebração do contrato, inclusive;
b) "Serviço financeiro": qualquer serviço bancário, de crédito, de seguros, de pensão individual, de investimento ou de pagamento;
c) "Prestador": qualquer pessoa singular ou colectiva, privada ou pública, que, no âmbito das suas actividades comerciais ou profissionais, seja o prestador contratual de serviços que sejam objecto de contratos à distância;
d) "Consumidor": qualquer pessoa singular que, nos contratos à distância, actue de acordo com objectivos que não se integrem no âmbito da sua actividade comercial ou profissional;
e) "Meio de comunicação à distância": qualquer meio que possa ser utilizado, sem a presença física e simultânea do prestador e do consumidor, para a comercialização à distância de um serviço entre essas partes;

f) "Suporte duradouro": qualquer instrumento que permita ao consumidor armazenar informações que lhe sejam pessoalmente dirigidas, de um modo que, no futuro, lhe permita um acesso fácil às mesmas durante um período de tempo adequado aos fins a que as informações se destinam e que permita a reprodução inalterada das informações armazenadas;

g) "Operador ou prestador de um meio de comunicação à distância": qualquer pessoa singular ou colectiva, privada ou pública, cuja actividade comercial ou profissional consista em pôr à disposição dos prestadores um ou mais meios de comunicação à distância.

Artigo 3º
Informação do consumidor antes da celebração do contrato à distância

Em tempo útil e antes de ficar vinculado por um contrato à distância ou por uma proposta, o consumidor deve beneficiar das seguintes informações relativas:

1. Ao prestador

a) A identidade e actividade principal do prestador, endereço geográfico onde este se encontra estabelecido e qualquer outro endereço geográfico relevante para as relações do cliente com o prestador;

b) A identidade do representante do prestador no Estado-Membro de residência do consumidor e o endereço geográfico relevante para as relações do consumidor com o representante, quando este exista;

c) Se o consumidor tiver relações comerciais com um profissional diferente do prestador, a identidade desse profissional, a qualidade em que trata com o consumidor e o endereço geográfico pertinente para as relações do cliente com esse profissional;

d) Se o prestador estiver inscrito num registo comercial ou noutro registo público equivalente, o registo comercial em que se encontra inscrito e o respectivo número de registo, ou forma de identificação equivalente nesse registo;

e) Se a actividade do prestador estiver sujeita a um regime de autorização, os elementos de informação relativos à autoridade de controlo competente;

2. Ao serviço financeiro

a) Uma descrição das principais características do serviço financeiro;

b) Preço total devido pelo consumidor ao prestador pelo serviço financeiro, incluindo o conjunto das comissões, encargos e despesas inerentes e todos os impostos pagos através do prestador ou, quando não puder ser indicado um preço exacto, a base de cálculo do preço que permita a sua verificação pelo consumidor;

c) Quando for caso disso, uma indicação de que o serviço financeiro está relacionado com instrumentos que impliquem riscos especiais relacionados com as suas características específicas ou com as operações a executar, ou cujo preço dependa de flutuações dos mercados financeiros fora do controlo do prestador e cujos resultados passados não sejam indicativos dos resultados futuros;

d) Indicação da eventual existência de outros impostos e/ou custos que não sejam pagos através do prestador ou por ele facturados;

e) Qualquer limitação do período durante o qual as informações prestadas são válidas;

f) Modos de pagamento e de execução;
g) Quaisquer custos adicionais para o consumidor decorrentes da utilização de meios de comunicação à distância, quando esses custos adicionais sejam facturados;
3. Ao contrato à distância
a) Existência ou não do direito de rescisão previsto no artigo 6.º e, quando este exista, a respectiva duração e condições de exercício, incluindo informações sobre o montante que pode ser exigido ao consumidor nos termos do n.º 1 do artigo 7.º, bem como as consequências do não exercício desse direito;
b) Duração mínima do contrato à distância, no caso de contratos de prestação de serviços financeiros permanente ou periódica;
c) Informações sobre os eventuais direitos das partes em matéria de resolução antecipada ou unilateral do contrato à distância por força dos seus próprios termos, incluindo as eventuais penalizações que este imponha nesses casos;
d) Instruções práticas para o exercício do direito de rescisão, indicando, designadamente, para onde deve ser enviada a notificação de rescisão;
e) O Estado ou Estados-Membros em cujas leis o prestador se baseia para estabelecer relações com o consumidor antes da celebração do contrato à distância;
f) Qualquer cláusula contratual relativa à legislação aplicável ao contrato à distância e/ou ao tribunal competente;
g) Língua ou línguas em que são comunicados os termos do contrato, bem como as informações prévias a que se refere o presente artigo e, além disso, a língua ou línguas em que o prestador se compromete a comunicar com o consumidor durante a vigência do contrato à distância;
4. Aos recursos
a) A existência ou inexistência de processos extrajudiciais de reclamação e de recurso acessíveis ao consumidor que é parte no contrato e, quando aqueles existam, o respectivo modo de acesso;
b) A existência de fundos de garantia ou de outros sistemas de indemnização, não abrangidos pela Directiva 94/19/CE do Parlamento Europeu e do Conselho, de 30 de Maio de 1994, relativa aos sistemas de garantia de depósitos, nem pela Directiva 97/9/CE do Parlamento Europeu e do Conselho, de 3 de Março de 1997, relativa aos sistemas de indemnização dos investidores.
2. As informações referidas no n.º 1, cujo objectivo comercial deva ser evidenciado de modo inequívoco, devem ser prestadas de maneira clara e compreensível, por qualquer forma adaptada ao meio de comunicação à distância utilizado, nomeadamente, na observância dos princípios de boa fé nas transacções comerciais e da protecção das pessoas que, como os menores, são consideradas incapazes nos termos da legislação dos Estados-Membros.
3. No caso de comunicações por telefonia vocal:
a) A identidade do prestador e o objectivo comercial da chamada por ele feita devem ser indicados inequivocamente no início de qualquer conversa com o consumidor;
b) Sob reserva do acordo formal do consumidor, só têm de ser prestadas as seguintes informações:
– identidade da pessoa em contacto com o consumidor e a sua ligação com o prestador,

- descrição das características principais do serviço financeiro,
- preço total a pagar pelo consumidor ao prestador pelo serviço financeiro, incluindo todos os impostos pagos através do prestador ou, quando não possa ser indicado um preço exacto, a base para o cálculo do preço, que permita a sua verificação pelo consumidor,
- informação sobre a eventual existência de outros impostos e/ou custos que não sejam pagos através do prestador ou por ele facturados,
- existência ou inexistência do direito de rescisão previsto no artigo 6.º e, quando este exista, a sua duração e condições de exercício, incluindo informações sobre o montante que o consumidor poderá ser obrigado a pagar nos termos do nº 1 do artigo 7º.

O prestador deve, por um lado, informar o consumidor da possibilidade de prestação de outras informações, mediante pedido e, por outro, indicar a natureza dessas informações. Em qualquer caso, o prestador deve prestar informações completas quando cumprir as suas obrigações nos termos do artigo 5º.

4. As informações sobre as obrigações contratuais, a comunicar ao consumidor durante a fase pré-contratual, devem ser conformes com as obrigações contratuais que resultem da lei presumivelmente aplicável ao contrato à distância quando este for celebrado.

Artigo 4º
Requisitos de informação adicionais

1. Quando a legislação comunitária que regula os serviços financeiros preveja requisitos de informação prévia para além dos referidos no n.º 1 do artigo 3º, esses requisitos continuam a ser aplicáveis.

2. Enquanto se aguarda uma maior harmonização, os Estados-Membros podem manter ou adoptar disposições mais rigorosas em relação aos requisitos de informação prévia, desde que essas disposições observem o direito comunitário.

3. Os Estados-Membros devem comunicar à Comissão as disposições nacionais sobre os requisitos de informação prévia previstos nos n.º 1 e 2 do presente artigo quando eles forem adicionais aos referidos no n.º 1 do artigo 3º. A Comissão tem em conta as dis-posições nacionais que lhe são comunicadas ao elaborar o relatório a que se refere o n.º 2 do artigo 20º

4. A fim de instituir um elevado nível de transparência por todos os meios adequados, a Comissão assegura que as informações sobre as disposições nacionais que lhe tenham sido comunicadas sejam facultadas aos consumidores e prestadores.

Artigo 5º
Comunicação dos termos do contrato e das informações prévias

1. O prestador comunica ao consumidor todos os termos do contrato e as informações referidas no n.º 1 do artigo 3º e no artigo 4º, em papel ou noutro suporte duradouro disponível e acessível ao consumidor, em tempo útil, antes de este estar vinculado por um contrato à distância ou uma proposta.

2. O prestador deve cumprir a obrigação prevista no n.º 1 imediatamente após a celebração do contrato à distância, se esse tiver sido celebrado a pedido do consumidor,

utilizando um meio de comunicação à distância que não permita transmitir os termos do contrato e as informações nos termos do n.º 1.

3. Em qualquer momento, durante a relação contratual, o consumidor tem o direito de, a seu pedido, receber os termos do contrato em suporte de papel. Além disso, o consumidor tem o direito de alterar os meios de comunicação à distância utilizados, excepto se essa alteração for incompatível com o contrato à distância celebrado ou com a natureza do serviço financeiro prestado.

Artigo 6.º
Direito de rescisão

1. Os Estados-Membros devem garantir que o consumidor disponha de um prazo de 14 dias de calendário para rescindir o contrato, sem indicação do motivo nem penalização. Contudo, este prazo deve ser aumentado para 30 dias de calendário no caso de contratos à distância, abrangidos pela Directiva 90/619/CEE, relativos a seguros de vida e no caso de operações referentes a pensões individuais.

O prazo para o exercício do direito de rescisão começa a correr:

– a contar da data da celebração do contrato à distância, excepto no que se refere a seguros de vida, em que esse prazo começa a correr a partir do momento em que o consumidor for informado da celebração do contrato, ou

– a contar da data de recepção, pelo consumidor, dos termos do contrato e das informações, nos termos dos n.ºs 1 ou 2 do artigo 5.º, se esta última data for posterior.

Além do direito de rescisão, os Estados-Membros podem prever que a aplicabilidade dos contratos à distância relativos a serviços de investimento seja suspensa por prazo idêntico ao previsto no presente número.

2. O direito de rescisão não é aplicável:

a) Aos serviços financeiros cujo preço dependa de flutuações do mercado financeiro, fora do controlo do prestador, que se possam efectuar durante o prazo de rescisão, tais como os serviços relacionados com:

b) – operações cambiais,

– instrumentos do mercado monetário,

– valores mobiliários,

– unidades de participação em organismos de investimento colectivo,

– futuros sobre instrumentos financeiros, incluindo instrumentos equivalentes que dêem origem a uma liquidação em dinheiro,

– contratos a prazo relativos a taxas de juros (FRA),

– swaps de taxas de juro, de divisas ou de fluxos ligados a acções ou índices de acções (equity swaps),

– opções de compra ou de venda de qualquer dos instrumentos referidos na presente alínea, incluindo os instrumentos equivalentes que dêem origem a uma liquidação em dinheiro. Estão designadamente incluídas nesta categoria as opções sobre divisas e sobre taxas de juro.

c) Às apólices de seguros de viagem e de bagagem ou apólices equivalentes de seguros a curto prazo, de duração inferior a um mês;

d) Aos contratos integralmente cumpridos por ambas as partes a pedido expresso do consumidor antes de este exercer o direito de rescisão.

3. Os Estados-Membros podem prever que o direito de rescisão não seja aplicável:
a) A qualquer crédito destinado principalmente à aquisição ou à manutenção de direitos de propriedade sobre terrenos ou prédios existentes ou projectadas, ou para efeitos de renovação ou beneficiação de um prédio; quer
b) A qualquer crédito garantido por uma hipoteca sobre um bem imóvel ou por um direito relativo a um bem imóvel; quer
c) Às declarações dos consumidores feitas perante uma entidade oficial competente, desde que esta confirme que os direitos dos consumidores previstos no n.º 1 do artigo 5º foram respeitados.

O presente número não prejudica o direito a um período de reflexão em benefício dos consumidores residentes nos Estados-Membros onde esse direito exista aquando da aprovação da presente directiva.

4. Os Estados-Membros que recorram à possibilidade prevista no n.º 3 informam a Comissão desse facto.

5. A Comissão transmite ao Parlamento Europeu e ao Conselho as informações comunicadas pelos Estados-Membros e assegura que estas sejam igualmente facultadas aos consumidores e prestadores que o solicitem.

6. Se o consumidor exercer o direito de rescisão, deverá notificá-lo, antes do termo do prazo, seguindo as instruções práticas que lhe tenham sido dadas nos termos do n.º 1, ponto 3), alínea d), do artigo 3º, por meios de que possa fazer prova nos termos da legislação nacional. Considera-se que o prazo foi observado se a notificação, desde que tenha sido feita em suporte de papel ou por outro meio duradouro disponível e acessível ao destinatário, tiver sido enviada antes de terminado o prazo.

7. O disposto no presente artigo não é aplicável aos contratos de crédito objecto de resolução nos termos do n.º 4 do artigo 6º da Directiva 97/7/CE ou do artigo 7º da Directiva 94/47/CE do Parlamento Europeu e do Conselho, de 26 de Outubro de 1994, relativa à protecção dos adquirentes quanto a certos aspectos dos contratos de aquisição de um direito de utilização a tempo parcial de bens imóveis.

Se a um contrato à distância relativo a um determinado serviço financeiro tiver sido anexado outro contrato à distância relativo a serviços financeiros prestados por um prestador ou por um terceiro com base num acordo entre o terceiro e o prestador, haverá resolução deste contrato adicional, sem qualquer penalização, desde que o consumidor exerça o direito de rescisão nos termos previstos no n. 1 do artigo 6º.

8. O presente artigo não prejudica as disposições legislativas e regulamentares dos Estados-Membros que regulam a resolução, o não cumprimento ou a inexecução de um contrato ou o direito de um consumidor a cumprir as suas obrigações contratuais antes do prazo fixado no contrato à distância. Essas disposições são aplicáveis independentemente das condições e dos efeitos jurídicos da extinção do contrato à distância.

Artigo 7º
Pagamento do serviço prestado antes da rescisão

1. Sempre que o consumidor exercer o direito de rescisão que lhe é conferido pelo n.º 1 do artigo 6º, ficará vinculado apenas ao pagamento, o mais rápido possível, do serviço financeiro, efectivamente prestado pelo prestador ao abrigo do contrato à distância. O contrato só poderá ser executado após consentimento do consumidor. O montante a pagar:

- não pode exceder um montante proporcional à importância dos serviços já prestados relativamente ao conjunto das prestações previstas no contrato à distância,
- nunca pode ser tal que possa ser interpretado como uma penalização.

2. Os Estados-Membros podem prever que não seja devido nenhum montante pela resolução de um contrato de seguro.

3. O prestador não pode obrigar o consumidor a pagar um montante com base no n.º 1, excepto se puder provar que o consumidor foi devidamente informado do montante a pagar, nos termos do artigo 3º, n.º 1, ponto 3, alínea a). Todavia, o prestador só pode exigir esse pagamento se tiver dado início à execução do contrato antes do termo do prazo de rescisão previsto no n.º 1 do artigo 6º, sem um pedido prévio do consumidor.

4. O prestador fica obrigado a restituir ao consumidor, o mais rapidamente possível, e o mais tardar no prazo de 30 dias de calendário, quaisquer quantias dele recebidas nos termos do contrato à distância, com excepção do montante referido no n.º 1. Esse prazo começa a correr no dia em que o prestador receber a notificação da rescisão.

5. O consumidor restitui ao prestador, o mais rapidamente possível, e o mais tardar no prazo de 30 dias de calendário quaisquer quantias e/ou bens dele recebidos. Esse prazo começa a correr no dia em que o consumidor enviar a notificação da rescisão.

Artigo 8º
Pagamento por cartão

Os Estados-Membros devem garantir a existência de medidas adequadas para que:
- o consumidor possa pedir a anulação de um pagamento em caso de utilização fraudulenta do seu cartão de pagamento no âmbito de contratos à distância,
- no caso dessa utilização fraudulenta, as quantias pagas sejam de novo creditadas ou restituídas ao consumidor.

Artigo 9º
Serviços não pedidos

Sem prejuízo das disposições dos Estados-Membros relativas à renovação tácita dos contratos à distância, sempre que essas disposições a permitam, os Estados-Membros tomarão as medidas necessárias para:
- proibir a prestação de serviços financeiros a um consumidor que os não tenha previamente pedido, sempre que essa prestação inclua um pedido de pagamento imediato ou diferido,
- dispensar o consumidor de qualquer obrigação em caso de prestação não pedida, não constituindo consentimento a falta de resposta.

Artigo 10º
Comunicações não pedidas

1. A utilização por um prestador das seguintes técnicas de comunicação à distância exige o consentimento prévio do consumidor:
   a) Sistemas automatizados de chamadas sem intervenção humana (máquinas de chamada automática);
   b) Faxes.

2. Os Estados-Membros devem assegurar que, quando permitam uma comunicação individual, os meios de comunicação à distância diferentes dos referidos no n.º 1:
   a) Não sejam autorizados sem o consentimento do consumidor em causa, ou
   b) Só possam ser utilizados quando não existir oposição manifesta do consumidor.
3. As medidas referidas nos n.ºs 1 e 2 não devem implicar custos para o consumidor.

Artigo 11º
Sanções

Os Estados-Membros estabelecem sanções adequadas em caso de incumprimento pelo prestador das disposições nacionais adoptadas em execução da presente directiva.

Para o efeito, os Estados-Membros podem, nomeadamente, prever que o consumidor possa resolver o contrato a qualquer momento, sem despesas nem penalização.

Essas sanções devem ser eficazes, proporcionadas e dissuasivas.

Artigo 12º
Carácter imperativo das disposições da presente directiva

1. O consumidor não pode renunciar aos direitos que lhe são conferidos pela presente directiva.
2. Os Estados-Membros tomam as medidas necessárias para assegurar que o consumidor não perca a protecção que lhe é conferida pela presente directiva em caso de escolha da lei de um Estado terceiro como lei aplicável ao contrato, se este último tiver um vínculo estreito com o território de um ou mais Estados-Membros.

Artigo 13º
Recursos judiciais e administrativos

1. Os Estados-Membros devem assegurar a existência de meios adequados e eficazes para garantir o cumprimento do disposto na presente directiva no interesse dos consumidores.
2. Os meios referidos no n. 1 incluem disposições que permitam a um ou mais dos seguintes organismos, determinados pela legislação nacional, recorrer, nos termos desta, aos tribunais ou órgãos administrativos competentes para que sejam aplicadas as disposições nacionais adoptadas em execução da presente directiva:
   a) Organismos públicos ou os seus representantes;
   b) Organizações de consumidores que tenham um interesse legítimo na protecção dos consumidores;
   c) Organizações profissionais que tenham um interesse legítimo em agir.
3. Os Estados-Membros devem tomar as medidas necessárias para que, sempre que estejam em condições de o fazer, os operadores e prestadores de meios de comunicação à distância ponham termo às práticas declaradas não conformes com o disposto na presente directiva, com base numa decisão judicial ou administrativa ou de uma autoridade de controlo que lhes seja notificada.

Artigo 14º
Recurso a meios extrajudiciais

1. Os Estados-Membros devem promover a criação ou o desenvolvimento de procedimentos extrajudiciais, adequados e efectivos, de reclamação e recurso, para a resolução de litígios de consumo relativos à prestação de serviços financeiros à distância.
2. Os Estados-Membros devem, nomeadamente, incentivar os organismos responsáveis pela resolução extrajudicial de litígios a cooperarem na resolução de litígios transfronteiriços relativos à prestação de serviços financeiros à distância.

Artigo 15º
Ónus da prova

Sem prejuízo do n.º 3 do artigo 7º, os Estados-Membros podem dispor que o ónus da prova do cumprimento das obrigações de informação do consumidor impostas ao prestador, assim como do consentimento do consumidor em relação à celebração do contrato e, sendo caso disso, à sua execução, pode pertencer ao prestador. Qualquer cláusula contratual que determine que o ónus da prova do cumprimento pelo prestador da totalidade ou de parte das obrigações que para ele decorrem da presente directiva recai sobre o consumidor é considerada abusiva na acepção da Directiva 93/13/CEE do Conselho, de 5 de Abril de 1993, relativa às cláusulas abusivas nos contratos celebrados com os consumidores.

Artigo 16º
Medidas transitórias

Os Estados-Membros podem aplicar regras nacionais conformes com a presente directiva aos prestadores estabelecidos num Estado-Membro que ainda não a tenha transposto e cujo direito interno não preveja obrigações correspondentes às previstas na presente directiva.

Artigo 17º
Directiva 90/619/CEE

No n.º 1 do artigo 15.º da Directiva 90/619/CEE, o primeiro parágrafo passa a ter a seguinte redacção: "1. Cada Estado-Membro deve determinar que o tomador de um contrato individual de seguro de vida dispõe de um prazo de 30 dias, a contar da data em que lhe tenha sido confirmada a sua celebração, para renunciar aos efeitos desse contrato.".

Artigo 18º
Directiva 97/7/CE

A Directiva 97/7/CE é alterada do seguinte modo:
1. No artigo 3º, o primeiro travessão do nº 1 passa a ter a seguinte redacção: "– relacionado com qualquer serviço financeiro abrangido pela Directiva 2002/65/CE do Parlamento Europeu e do Conselho, de 23 de Setembro de 2002, relativa à comercialização à distância de serviços financeiros prestados a consumidores, e que altera as Directivas 90//619/CEE do Conselho, 97/7/CE e 98/27/CE.";
2. É revogado o anexo II.

Artigo 19º
Directiva 98/27/CE

No anexo da Directiva 98/27/CE é aditado o seguinte ponto: "11. Directiva 2002//65/CE do Parlamento Europeu e do Conselho, de 23 de Setembro de 2002, relativa à comercialização à distância de serviços financeiros prestados a consumidores, e que altera as Directivas 90/619/CEE do Conselho, 97/7/CE e 98/27/CE."

Artigo 20º
Reexame

1. Após a execução da presente directiva, a Comissão deve analisar o funcionamento do mercado único dos serviços financeiros em relação à comercialização desses serviços. A Comissão esforçar-se-á por analisar e identificar pormenorizadamente as dificuldades com que se confrontam ou podem confrontar, tanto os consumidores como os prestadores, nomeadamente as resultantes das diferenças entre as disposições nacionais referentes à informação e ao direito de rescisão.

2. O mais tardar em 9 de Abril de 2006, a Comissão apresenta ao Parlamento Europeu e ao Conselho um relatório sobre os problemas dos consumidores e dos prestadores na compra e venda de serviços financeiros, bem como, se necessário, propostas de alteração e/ou de uma maior harmonização das disposições sobre a informação e o direito de rescisão constantes da legislação comunitária aplicável aos serviços financeiros e/ou aos serviços referidos no artigo 3.º

Artigo 21º
Transposição

1. Os Estados-Membros devem pôr em vigor as disposições legislativas, regulamentares e administrativas necessárias para dar cumprimento à presente directiva o mais tardar em 9 de Outubro de 2004 e informar imediatamente a Comissão desse facto. Quando os Estados-Membros as adoptarem, essas disposições devem fazer referência à presente directiva ou ser dela acompanhadas aquando da sua publicação oficial. As modalidades dessa referência são aprovadas pelos Estados-Membros.

2. Os Estados-Membros comunicam à Comissão o texto das principais disposições de direito interno que adoptarem nas matérias reguladas pela presente directiva, bem como um quadro de correspondência entre as disposições da presente directiva e as disposições nacionais adoptadas.

Artigo 22º
Entrada em vigor

A presente directiva entra em vigor na data da sua publicação no Jornal Oficial das Comunidades Europeias.

Artigo 23º
Destinatários

Os Estados-Membros são os destinatários da presente directiva.
Feito em Bruxelas, em 23 de Setembro de 2002.

DIA 30 DE OUTUBRO DE 2002
14h 30m

TEMA II

EVOLUÇÃO E PERSPECTIVAS DE PROTECÇÃO DO SEGURADO

Presidência
Bastonário da Ordem dos Advogados representado
pelo *Vice-Presidente do Conselho Distrital do Porto*
Doutor Adriano Encarnação

Prelectores
Doutor Adriano Garção Soares
Advogado
Doutor Bernardo Marques
*Advogado e Responsável pelo Departamento de Sinistros
e Contencioso da Winterthnr*
Doutora Célia Pereira
Advogada
Prof. Doutor M. Costa Martins
*Professor Auxiliar da Universidade Lusíada
e Consultor Jurídico de Seguradoras*

A EVOLUÇÃO DECORRENTE DAS DIRECTIVAS COMUNITÁRIAS

Adriano Garção Soares

Advogado

A EVOLUÇÃO DECORRENTE DAS DIRECTIVAS COMUNITÁRIAS

Adriano Garção Soares

Advogado

1. Na comunicação que apresentamos no II Congresso de Direito dos Seguros, em 22 de Março de 2001, tivemos ocasião de fazer uma retrospectiva da evolução do direito relativo ao seguro obrigatório de responsabilidade civil automóvel impulsionada pelas Directivas que a Comunidade Europeia tem vindo a estabelecer e que, transpostas para a ordem jurídica interna dos diversos países membros têm vindo a contribuir para que se criem na matéria, de forma uniforme, regras de protecção dos cidadãos que, implicados ou não pela circulação automóvel, são sujeitos dessa regulamentação.

É nesse aspecto de protecção dos segurados e dos lesados por acidentes rodoviários que vamos continuar a debruçar-nos, acompanhando a posterior evolução do ordenamento comunitário e seus reflexos na ordem jurídica nacional.

Lembramos que com as três primeiras Directivas se obteve:
– a obrigação de que todos os veículos automóveis fossem cobertos por um seguro de responsabilidade civil, com montantes mínimos de capitais seguros;
– assegurou-se a livre circulação desses veículos, a coberto do seguro, em todo o território comunitário, extensivo aos países aderentes ao sistema de carta verde;
– garantiu-se que as vítimas de acidentes provocados por veículos não identificados ou sem seguro tivessem a possibilidade de ser indemnizadas;

– garantiu-se que todos os passageiros, mesmo familiares do condutor, pudessem beneficiar da cobertura do seguro (1)[1]

A Directiva do Parlamento Europeu e do Conselho de 16 de Maio de 2000 (2000/26/CE), Quarta Directiva Automóvel, visou contribuir para a protecção dos cidadãos comunitários que, transpondo as fronteiras do seu país de origem, se deslocarem a outro território comunitário ou mesmo terceiro e aí sejam vitimas de um acidente causado por um veículo com estacionamento habitual num país diferente do da residência desses cidadãos (2).[2]

Esta protecção era já, em certa medida, assegurada, por uma Convenção bilateral entre Gabinetes em matéria de protecção de visitantes estrangeiros, de Maio de 1994.

Com a 4.ª Directiva pretende-se assegurar às vítimas de acidentes ocorridos fora do seu país de residência – "visiting motorist" – uma regularização do sinistro semelhante à que elas teriam se o acidente tivesse ocorrido e fosse regularizado no seu país de residência.

O âmbito da protecção concedida pela Directiva acabou por ser alargado, por proposta do Parlamento Europeu, ao território dos países aderentes ao sistema de Carta Verde, desde que o veículo tenha o seu estacionamento habitual num Estado membro da União.

Como referimos na nossa anterior comunicação a 4.ª Directiva tem como aspectos fundamentais os seguintes:

a) Consagrar o princípio da acção directa do lesado contra a seguradora responsável, princípio desde há muito consagrado pela legislação portuguesa, que vai mais longe, tornando obrigatória a demanda exclusiva da seguradora (ou do Gabinete) quando o pedido se contiver dentro dos limites do seguro obrigatório (n.º 1, alínea a) do art. 29.º do Decreto-Lei n.º 522/85, de 31 de Dezembro);

b) A obrigatoriedade da designação pelas seguradoras, em cada Estado membro, de um seu representante responsável pela regularização de sinistros;

---

[1] Directiva 72/166/CEE, de 24/04/1972 (J.OC.E. L 103, DE 2/5/72, pp. 1 e ss, Directiva 84/5/CEE, de 30/12/1983 (J.OC.E. L 8, de 11/01/84, pp. 17 e ss) e Directiva 90/232/CEE, de 14/05/1990 (J.O.CE., L 129, de 19/05/90, pp 33 e ss)

[2] Directiva 2000/26/CEE, de 16/05/2000 (J.OC.E., L 181, de 20/07/2000, pp. 65 e ss)

c) A empresa de seguros ou o seu representante ficam obrigados a, no prazo de três meses a contar da data em que o lesado apresentou um pedido de indemnização, apresentar uma proposta fundamentada de indemnização, desde que a responsabilidade não seja contestada e os danos estejam quantificados;
d) Os Estados membros ficam obrigados a criar centros de informação destinados a manter um registo dos veículos com estacionamento habitual no país, com indicação das respectivas seguradoras;
e) Por último, a Directiva prevê a autorização para em cada Estado ser criado um organismo para se ocupar da regularização dos sinistros quando a seguradora ou o seu representante não tenha dado uma resposta fundamentada ao pedido de indemnização apresentado pelo lesado ou não exista um representante designado.

O organismo de indemnização poderá também intervir se não for possível identificar o veículo interveniente no acidente ou a sua seguradora.

A Directiva 2000/26/CE entrou em vigor em 20 de Julho de 2000, devendo cada Estado membro, seu destinatário, aprovar as disposições internas para a executar até 20 de julho de 2002, devendo estas ser aplicáveis, o mais tardar, a partir de 20 de Janeiro de 2003.

Não obstante ter decorrido já o prazo de transposição, Portugal ainda não procedeu a esta em termos de direito interno, embora haja notícia de um projecto nesse sentido elaborado pelo Instituto de Seguros de Portugal.

Através do diploma de transposição deverão ser alterados o Decreto-Lei n.º 522/85, de 31 de Dezembro, diploma base do seguro obrigatório de responsabilidade civil automóvel e o Decreto-Lei n.º 94-13/98, de 17 de Abril, alterado pelo Decreto-Lei n.º 8-A/2002, de 11 de Janeiro, que estabelece o regime de acesso e exercício da actividade seguradora.

Note-se que o regime previsto pela Directiva não prejudica nem substitui o Sistema de Carta Verde, o qual completa quanto à protecção das vitimas de acidentes em países visitados.

Com a emissão da 4.ª Directiva não parou, porém, a iniciativa das instâncias comunitárias no sentido de melhorarem a protecção assegurada pelos regimes de seguro obrigatório de responsabilidade civil automóvel.

Por isso existe já uma proposta do Parlamento Europeu e do Conselho para a emissão de uma 5.ª Directiva (3)[3].

Segundo o Ponto 1.3 dessa Proposta ela tem por finalidade conseguirem-se os seguintes objectivos:
1) actualizar e melhorar a protecção das vítimas de acidentes com automóveis proporcionada pelo seguro obrigatório;
2) colmatar as lacunas e clarificar determinadas disposições das directivas, por forma a garantir uma maior convergência na sua interpretação e aplicação pelos Estados membros;
3) prever soluções para os problemas que surgem com frequência no intuito de assegurar um mercado interno mais eficiente no domínio do seguro automóvel.

Concretamente a Proposta de Directiva contem, entre outras, as seguintes mais importantes recomendações:
a) Alteração da definição de "território onde o veículo tem o seu estacionamento habitual", de forma a incluir expressamente as chapas de matrícula temporárias;
b) Relativamente a veículos sem chapa de matrícula ou com uma chapa não correspondente deve ser considerado como território onde o veículo tem o seu estacionamento habitual o território do Estado membro onde ocorreu o acidente, para efeitos de regularização do sinistro;
c) Sem prejuízo da manutenção do princípio da abolição de fiscalização sistemática da existência de seguro são permitidos controlos não sistemáticos, desde que não sejam discriminados e não tenham por objectivo exclusivo a verificação do seguro (como, por exemplo, no caso de acidentes);
d) Deixa de existir a possibilidade de certos Estados membros derrogarem a obrigação do seguro relativamente a certos veículos (derrogação da alínea b) do art. 4.º da Directiva 72/166/CEE);
e) A proposta altera o n.º 2 do art. 1.º da Directiva 84/5/CEE e prevê um montante mínimo de cobertura de 1.000.000 Euros por vitima para os danos corporais e 500.000 por sinistro para os danos materiais, suprimindo-se o actual montante mínimo por

---

[3] Documento 2002/0244 (final) acessível em www.europa.eu.int-Eurlex (legislação em preparação – Relatório das propostas da Comissão – 06202010-Seguros.

sinistro por danos pessoais, no caso de haver mais de uma vítima, bem como o montante agregado para danos pessoais e materiais;
f) Prevê-se a revisão periódica obrigatória dos montantes mínimos do seguro, de cinco em cinco anos;
g) É afastada a possibilidade de exclusão da garantia do seguro pelo facto de os passageiros deverem conhecer ou conhecerem a circunstância de o condutor do veículo estar sob a influência do álcool ou substâncias intoxicantes no momento do acidente;
h) Estabelece-se que o seguro deve cobrir os danos não patrimoniais sofridos por peões e ciclistas, independentemente da responsabilidade do respectivo condutor;
i) O seguro deve manter-se durante o prazo de vigência global do contrato independentemente de qualquer estadia do veículo noutro Estado membro;
j) As seguradoras, findo o contrato, devem entregar ao tomador do seguro uma declaração relativa aos sinistros ocorridos ou ausência deles nos últimos cinco anos;
l) A proposta de indemnização fundamentada prevista na Directiva 2000/26/CEE deve ser alargada a todos os tipos de acidentes de viação.

Estes os aspectos mais relevantes da Proposta.

As medidas avançadas neste projecto de Directiva são mais um passo positivo na protecção de segurados e sobretudo das vítimas de acidentes de viação.

Todavia, continua a estar por alcançar a desejável uniformidade dos regimes indemnizatórios dos diversos países, bem como continuam a criar dificuldades no recurso mais fácil aos tribunais as regras internas sobre competência internacional, normalmente orientadas no sentido de considerarem como competentes para as acções judiciais os tribunais do país onde ocorreu o acidente (lex loci delicti comissi).

Saliente-se, no entanto, que o facto de a Directiva se imiscuir, de certo modo, no campo do direito da responsabilidade civil interno, ao estabelecer uma responsabilidade objectiva do condutor quando as vítimas sejam peões ou ciclistas, é mais um indício de que, a pouco e pouco, se quer atingir a harmonização dos regimes indemnizatórios.

À obrigatoriedade do procedimento de oferta de indemnização, previsto pela 4.ª Directiva, junta-se agora mais este aspecto, claramente inspirado, como aquele, na legislação vigente em França (Lei n.º 85-677, de 5 de Julho de 1985 – Lei Badinter).

Note-se que, uma vez transposta a Directiva, passará a ser aplicável as todos os tipos de acidentes de viação a regra da obrigatoriedade da oferta de indemnização, abrangendo-se portanto os acidentes em que não intervenham veículos matriculados no estrangeiro.

Para tanto, prevê-se que o representante para regularização de sinistros previsto pela 4.ª Directiva se deva também poder ocupar de qualquer tipo de acidente rodoviário, o que expressamente se considera compatível com o funcionamento dos Gabinetes Nacionais de Carta Verde.

2. Na nossa anterior comunicação ao II Congresso de Direito dos Seguros demos noticia do Acórdão do Tribunal de justiça das Comunidades Europeias de 14 de Setembro de 2000 (4)[4].

Recordemos que uma das respostas do Tribunal às questões prejudiciais que lhe haviam sido submetidas pelo Tribunal da Comarca de Setúbal era do seguinte teor:

"os artigos 1.º, n.º 2 e 5.º, n.º 3, na redacção que lhe foi dada pelo Anexo I, Parte IX, F, que tem por epígrafe "Seguros" do Acto relativo às condições de adesão do Reino de Espanha e da República Portuguesa e às adaptações dos Tratados à Segunda Directiva obstam à existência de uma legislação nacional que prevê montantes de indemnização inferiores aos montantes mínimos de garantia fixados por esses artigos quando, não havendo culpa do condutor do veículo que provocou o acidente, só haja lugar a responsabilidade civil pelo risco."

Na sequência deste Acórdão, o Tribunal judicial de Setúbal, proferiu sentença no processo nacional em 14 de Maio de 2001.

Nessa sentença, o Senhor Juiz aceitou que, conforme a jurisprudência do T J.C.E., o efeito directo das Directivas só se produz em relação aos Estados membros, que são os seus destinatários e não em relação aos particulares.

Conforme se escreve na sentença, citando o Acórdão Marshal, de 26/02/86, "uma directiva não pode, só por si, criar **obrigações** na esfera

---

[4] CJ.T.J., 2000, pag. 1-06711 – Proc. 348/98. Boletim de Actividades do TJ.C.E. n.º 23/2000.

jurídica de um particular e que uma disposição de uma directiva não pode, portanto, ser invocada, enquanto tal, contra essa pessoa."

No entanto, recorrendo ao princípio da necessidade de o direito nacional ser interpretado conformemente com os princípios que as directivas visam consagrar, independentemente do seu efeito directo, o tribunal nacional concluiu que o juiz nacional "não só fica obrigado a interpretar o seu direito interno de modo a torná-lo conforme às disposições de uma directiva não transposta, como fica impedido de optar por uma solução de interpretação desconforme à directiva, na medida em que lhe seja possível formar duas ou mais soluções de interpretação possíveis."

E nesta lógica, o Juiz nacional veio a concluir que entre o n.º 1 do art. 508.º do Código Civil (na redacção do Decreto-Lei n.º 190/85, de 24 de Junho) e o art. 6.º do Decreto-Lei n.º 522/85, de 31 de Dezembro, que estabeleceu limites mínimos do seguro obrigatório, existia um problema de incompatibilidade, afigurando-se-lhe possíveis duas soluções: "ou o art. 508.º, n.º 1 do Código Civil é uma norma especial, relativamente ao aludido art. 6.º do Decreto-Lei n.º 5522/85, ou então este último revogou tacitamente aquele outro, após as sucessivas redacções que lhe foram conferidas..."

Entendendo que a solução de considerar tacitamente revogado pelo art. 6.º do Decreto-Lei n.º 522/85 o n.º 1 do art. 508.º do Código Civil Juiz nacional que com esta interpretação cumpria o dever de interpretar o direito interno em conformidade com a Directiva, optou por esta solução, assim o declarando e vindo a proferir decisão em que os limites da responsabilidade pelo risco estabelecidos pelo n.º 1 do art. 508.º do Código Civil se mostraram excedidos, por virtude desses limites passarem a ser os estabelecidos pela directiva comunitária para o seguro obrigatório de responsabilidade civil automóvel, vigente na ocasião do acidente a que se reportavam os autos.

Esta decisão da Primeira Instância veio a ser revogada pelo Tribunal da Relação de Évora, em Acórdão de 17 de Janeiro de 2002, em virtude de, contrariamente ao que se considerava nela, o transporte efectuado não ter sido considerado oneroso e, por isso, sendo transporte gratuito, não existir obrigação de indemnizar, uma vez que o acidente ocorreu antes da nova redacção dada ao art. 504.º, n.º 2 do Código Civil pelo Decreto-Lei n.º 14/96, de 6 de Março.

Não conheceu, por isso, o Acórdão da Relação de Évora da questão da inaplicabilidade do n.º 1 do art. 508.º do Código Civil.

Todavia, a questão veio a ser conhecida, aliás em sentidos divergentes, noutras decisões dos nossos Tribunais Superiores.

Assim, e reportando-nos à jurisprudência que tem vindo ao nosso conhecimento, podemos referir que o Tribunal da Relação do Porto, em Acórdão de 21 de Novembro de 2001, acolheu a tese da revogação do art. 508.º, n.º 1.

Mas o mesmo Tribunal, em Acórdão de 14 de Março de 2002, decidiu em sentido contrário.

Por outro lado, o Tribunal da Relação de Guimarães, em decisões de 19 e 26 de Junho de 2002, inclinou-se para plena vigência do art. 508.º, n.º 1.

O Acórdão da Relação do Porto de 21 de Novembro de 2001, veio, porém, a ser revogado pelo Acórdão do Supremo Tribunal de justiça de 9 de Maio de 2002 (Relator Conselheiro Ribeiro Coelho).

O Supremo Tribunal de justiça pronunciou-se sobre a questão noutros Acórdãos: de 14 de Março de 2002 (Relator Conselheiro Moitinho de Almeida) de 28 de Maio de 2002 (Relator Conselheiro Duarte Soares) e de 19 de Setembro de 2002 (relator Conselheiro Oliveira Barros), ao que, até ao momento, conhecemos.

No Acórdão de 9 de Maio de 2002 escreveu-se:

"... o entendimento segundo o qual a Segunda Directiva obsta à vigência do art. 508.º n.º 1 apenas terá em Portugal reflexos quando se proceder à sua devida transposição para o direito interno, o que ainda não foi feito, ou quando um lesado buscar em eventual acção de indemnização contra o Estado por deficiente exercício da função legislativa e deficiente cumprimento da obrigação de transposição da directiva a sua aplicabilidade directa vertical."

O Acórdão contem, assim, duas propostas ou pistas de orientação.

Uma dirigida ao Estado Português, convidando-o a dar cumprimento à Segunda Directiva, adaptando à mesma a sua legislação civil interna.

Outra aos particulares lesados, no sentido de que vão buscar ao Estado a eventual diferença existente entre o valor das indemnizaçóes a que tenham direito e os limites que sejam impostos a esses valores pela vigência do n.º 1 do art. 508.º do Código Civil.

Neste Acórdão, como aliás nos demais, o Supremo Tribunal de justiça tomou posição no sentido de que não é possível invocar-se o efeito directo horizontal nem vertical da Directiva, por não se tratar de diferendos entre particulares, apesar de, no caso concreto, o demandado ser o Fundo de Garantia Automóvel.

Também no Acórdão de 19 de Setembro de 2002, o Supremo Tribunal, buscando argumentação já apresentada no Acórdão de 9 de Maio de 2002, considera que

" ... os arts. 508.º, n.º 1 do Código Civil e 6.º do Decreto-Lei n.º 522/85, de 31 de Dezembro, se inserem em planos diferentes: tendo as normas sobre responsabilidade civil em vista a definição dos direitos do lesado sobre o lesante, as normas sobre seguro, ainda que obrigatório, visam, por sua vez, estabelecer em que moldes uma terceira entidade responde para com o lesado por virtude da responsabilidade do lesante."

Isto para se concluir que, situando-se as normas citadas em planos diferentes, nada impede que uma cobertura no âmbito do seguro tenha montante diverso do valor dos danos a indemnizar.

Mas parecendo esquecer, nesta consideração, que o montante da indemnização, que segundo o TJCE não pode ser inferior aos valores fixados para o seguro obrigatório, acaba por ser limitado no caso da responsabilidade pelo risco, a valores inferiores aos estabelecidos para este seguro.

Seja como for, a jurisprudência do nosso mais alto Tribunal parece firmemente decidida a não considerar aplicáveis à responsabilidade pelo risco os limites do seguro obrigatório, antes se mantendo dentro dos fixados pelo art. 508.º do Código Civil.

A não ser que se depare um caso em que o responsável seja o Estado Português já que, nesta hipótese, não lhe valerá argumentar com a inexistência de efeito directo horizontal da Directiva, já que o caso será de efeito directo vertical.

E este, o efeito directo vertical, tem sido amplamente admitido pelo Tribunal Comunitário, como aliás reconhece a jurisprudência do S.T.J.

O Estado Português está, no entanto, obrigado a fazer a transposição completa da Directiva no sentido apontado pelo T.J.C.E..

A adaptação do n.º 1 do art. 508.º do Código Civil levanta, porém, alguns problemas de política legislativa.

É que se o Estado Português se limitar a fazer a transposição da Directiva através da criação de normas que apenas abranjam as indemnizações devidas no âmbito do seguro obrigatório de responsabilidade civil resultante da circulação de veículos automóveis, não alterando, no seu todo, o art. 508.º do Código Civil, cria-se uma enorme disparidade entre os limites máximos indemnizatórios da responsabilidade pelo risco emergente daquela circulação e o das restantes actividades originadoras de responsabilidade pelo risco, como seja o caso das instalações destinadas à condução ou entrega de energia eléctrica ou do gás e respectivas instalações (art. 509.º do Código Civil).(5) [5]

Quando é certo que o art. 510.º, do Código Civil torna aplicáveis a esta responsabilidade os limites estabelecidos pelo n.º 1 do art. 508.º.

A questão que, a nosso ver, se pode pôr é a de saber se os limites máximos da indemnização pelo risco em acidentes da circulação devem ser os mesmos que existam nos outros casos de responsabilidade objectiva.

Se se mantiver o princípio da equiparação insito no art. 510.º citado, uma vez elevados os limites do art. 508.º, para os limites do seguro obrigatório automóvel a igualdade será automática.

E não se nos afigura haver razões justificativas de que esses limites venham a ser substancialmente doferentes.

O que, de qualquer modo, temos como patente é que os actuais limites fixados pelo art. 508.º, n.º 1, por força da errada indexação que se fez deles à alçada dos Tribunais da Relação, são indecorosamente insuficientes.

Tenha-se presente que, sendo a Alçada dos Tribunais da Relação de 3.000.000$00 (art. 24.º da Lei n.º 3/99, de 13 de Janeiro) a indemnização máxima, no caso de morte ou lesão de uma pessoa, é de 6.000.000$00, com o limite de 18.000.000$00 no caso de morte ou lesão de várias pessoas em consequência do mesmo acidente, com elevação ao triplo dos montantes máximos se o acidente for causado por veículo utilizado em transporte colectivo e ao décuplo se for causado por caminho de ferro (n.º 3 do art. 508.º).

É manifesto que a aplicação destes limites, especialmente do que circunscreve a 6.000.000$00 (cerca de 30.000 Euros) a indemnização por vítima, deixa frequentemente sem contrapartida indemnizatória danos relevantíssimos.

Bastará atentar que, de acordo com parâmetros actualmente usados pela jurisprudência, só a indemnização pela perda do direito à vida pode exceder, e bastante, este valor.

Torna-se, pois, imperioso que o Estado Português, reconhecendo a situação de incumprimento em que se encontra relativamente à correcta transposição da 2.ª Directiva Automóvel altere a sua legislação interna, atenuando, assim, por essa via, as situações de injustiça que a manutenção em vigor dos limites indemnizatórios estabelecidos pelo art. 508.º do Código Civil vem criando.

Aliás, foi com esta mesma conclusão que encerramos a nossa comunicação ao 2.º Congresso Nacional de Direito dos Seguros mas, pelo visto, a situação de incumprimento, que, a nosso ver existe, mantém-se.

Porto, 30 de Outubro de 2002

ALGUMAS FORMAS DE RESOLUÇÃO EXTRAJUDICIAL DE CONFLITOS

Bernardo Marques

Advogado

ALGUMAS FORMAS DE RESOLUÇÃO EXTRAJUDICIAL DE CONFLITOS

Bernardo Marques

Advogado

I – INTRODUÇÃO

É por todos reconhecido que o contrato de seguro é um dos contratos que maior conflitualidade provoca entre as partes. Aliás, não é por acaso que a frase *no seguro, o único seguro é o pagamento do prémio*, é constantemente chamada à colação.

Efectivamente, o seguro caracteriza-se por ser um contrato em que uma das partes (o Tomador do Seguro) paga antecipadamente a sua contraprestação (o prémio), ao passo que o Segurador assume a obrigação de indemnizar ou satisfazer um capital, uma renda ou outra prestação convencionada quando se produz o sinistro. Enquanto este se não verifique, o tomador limitar-se-á a pagar regularmente o prémio. É com a ocorrência do evento objecto de cobertura, momento em que surge a obrigação do Segurador, que o contrato revela a máxima tensão entre as partes.

Foi esta natureza problemática que propiciou uma constante preocupação na procura de métodos de resolução extrajudicial de conflitos, perante a constatação da insatisfação do recurso aos órgãos jurisdicionais, nomeadamente atendendo aos elevados custos e à morosidade.

Dedicaremos breves linhas sobre algumas formas de resolução extrajudicial de litígios, com especial incidência no domínio dos acidentes de viação.

II – O PROVEDOR DO CLIENTE

O Provedor do Cliente é uma instituição que provém do direito sueco, onde foi criada para proteger os consumidores no âmbito do mercado segurador. Do direito escandinavo foi-se difundindo a outros países. As Seguradoras, conscientes dos problemas que podem surgir na interpretação e execução de um contrato de seguro celebrado com um consumidor, estabeleceram um sistema para a resolução das controvérsias.

Com especial interesse temos a experiência britânica. Na Grã-Bretanha foi criado, em 1981, *The Insurance Ombudsman Bureau*. O *Ombusdman* pode desempenhar funções de assessoria, conciliação, liquidação ou arbitragem. As suas decisões são adoptadas de acordo com a legislação aplicável, com as regras do "bom segurador" e com os *Statements of Insurance Practice* e *Codes of Practice* realizados pela *Association of British Insurers* e a *Life Assurance and Unit Trust Regulatory Organisation*.

As razões que determinaram a relevância adquirida por esta instituição na defesa dos interesses dos consumidores foram e são as seguintes:
   a) O *The Council of Bureau* é uma instância incorporada no sistema desta instituição, que tem por finalidade assegurar a sua independência. Está composto, na sua maioria, por representantes de interesses públicos e dos consumidores;
   b) As decisões do *Ombusdman* apenas vinculam as Companhias de Seguros, ficando aberto, em qualquer caso, o recurso à via judicial para o Segurado;
   c) As Companhias de Seguros estão obrigadas a remeter a informação que lhes for solicitada pelo *Ombusdman*;
   d) O serviço é completamente suportado e patrocinado pelas Seguradoras aderentes a este sistema;
   e) O procedimento seguido perante o *Ombusdman* é caracterizado por uma grande simplicidade.

Seguindo a tendência do mercado segurador europeu, algumas Companhias de Seguros em Portugal e Espanha constituíram também, de forma voluntária, diferentes serviços de Provedor do Cliente.

Mas com uma significativa diferença: contrastando com a independência de que goza o Provedor do Cliente em outros países europeus, na Península Ibérica cada Seguradora organizou o seu próprio sistema de Provedor do Cliente. Tentou alcançar-se a pretensão de independência através da nomeação de pessoas de reconhecido prestígio, sem subordinação às hierarquias das Seguradoras.

Configurar um Provedor do Cliente interno, ainda que constituindo um órgão independente na estrutura da empresa, assemelha-se perigosamente a uma simples segunda instância dentro da mesma seguradora.

Seria desejável que o Provedor do Cliente fosse externo às Seguradoras e que os seus membros e na sua composição estivessem representantes das associações de consumidores e de interesses públicos. São estes membros que hão-de conferir e preservar a independência e isenção do Provedor do Cliente.

Em Espanha, uma recente alteração legislativa impõe como requisito prévio para a admissão de uma reclamação na Direcção General de Seguros – o homólogo espanhol do Instituto de Seguros de Portugal – o comprovativo de ter sido apresentada uma reclamação escrita ao Provedor do Cliente ou, caso este órgão não exista, ao serviço de apoio a clientes ou aos departamentos centrais da Seguradora. A avaliação desta solução é claramente negativa, porquanto:
   a) Por força da reforma introduzida limita-se a possibilidade de requerer a intervenção da tutela administrativa, à qual não pode recorrer-se directamente;
   b) Retira-se a natureza voluntária de recurso a esta via, dada a obrigatoriedade de recorrer ao Provedor do Cliente (ou equivalente), caso se pretenda apresentar uma reclamação administrativa.

III – A ARBITRAGEM E, EM ESPECIAL, O CENTRO DE INFORMAÇÃO MEDIAÇÃO E ARBITRAGEM DE SEGUROS AUTOMÓVEIS (CIMASA)

O recurso à arbitragem comporta diversas vantagens face a um procedimento judicial:

1 – <u>Especialização</u>: as partes podem eleger as pessoas mais aptas para resolver o conflito;

2 – <u>Flexibilidade</u>: as partes e os árbitros têm liberdade para organizar as fases do procedimento, longe da rigidez própria dos processos judiciais;

3 – <u>Eficácia</u>: a atmosfera amigável da instituição arbitral favorece as soluções consensuais, dado existir, pelo menos, um acordo entre as partes para solucionar as suas divergências por uma via extrajudicial;

4 – Confidencialidade: os procedimentos e os laudos não se tornam públicos, salvo acordo entre as partes;
5 – Rapidez: os prazos de um procedimento arbitral são curtos;
6 – Economia: um procedimento arbitral é mais barato do que um processo judicial.

A mediação e a arbitragem têm-se revelado uma alternativa ágil, célere, eficaz, económica e mais próxima do cidadão na resolução de conflitos.

A este respeito, teceremos algumas considerações sobre um centro nascido de um Protocolo assinado, em 17.04.2000, pela Presidência do Conselho de Ministros, Ministério da Justiça, Associação Portuguesa de Seguradores, DECO e Automóvel Club de Portugal: o CIMASA.

CIMASA é a sigla pela qual é conhecido o Centro de Informação, Mediação e Arbitragem de Seguros Automóveis, cujo objecto é promover a resolução de litígios emergentes de acidentes de viação, através da informação, mediação, conciliação e arbitragem.

Os pressupostos para a intervenção do CIMASA são os seguintes:
a) Acidentes de viação ocorridos após 17.04.2000 (data da assinatura do Protocolo de constituição do CIMASA);
b) De que resultem apenas danos materiais;
c) Que não envolvam mais do que 3 veículos;
d) Ter sido apresentada uma reclamação de danos junto de uma Seguradora;
e) Não terem decorrido mais de 6 meses desde a última posição escrita assumida pela Seguradora reclamada.

Garantias do processo submetido ao CIMASA:
a) Sujeição ao princípio da legalidade;
b) As partes são tratadas com absoluta igualdade;
c) Rigorosa observância do princípio do contraditório em todas as fases do processo;
d) Simplificação das formalidades processuais com respeito pelas que se afiguram essenciais à protecção dos direitos das partes;
e) Possibilidade de as partes designarem quem as represente ou assista, sendo obrigatória a constituição de advogado na fase de arbitragem, nas causas com valor superior à alçada do tribunal de primeira instância;

f) Independência dos conciliadores, profissionais independentes indicados pelas entidades promotoras do Centro e sujeitos aos deveres de imparcialidade e sigilo;
g) As resoluções tomadas pela via conciliatória ou arbitral possuem o valor de sentença de primeira instância, sendo passíveis de recurso e execução;
h) A designação do Juiz Árbitro pelo Conselho Superior de Magistratura;
i) Participação de entidades públicas e privadas, representativas dos condutores, dos consumidores e das empresas seguradoras;
j) Existência de uma pequena comparticipação financeira das partes na arbitragem, capaz de assegurar previamente alguma convicção nas pretensões apresentadas ou contestadas;
k) Adesão muito significativa das seguradoras.

O procedimento de um litígio submetido ao CIMASA pode ter três fases, a saber:

1 – **INFORMAÇÃO E MEDIAÇÃO**: serviço de carácter técnico-administrativo, composto por juristas com formação específica na área dos seguros, com as seguintes funções:
– Prestar informações e apoio jurídico;
– Promover os contactos tendentes à fixação e à eventual aproximação das posições das partes com vista à resolução do litígio;
– Assegurar a instrução dos processos com vista às fases conciliatória e arbitral.

2 – **CONCILIAÇÃO**: serviço assegurado por uma rede de profissionais com formação jurídica, os Conciliadores, que promove uma reunião entre as partes, propondo plataformas de entendimento que viabilizem o acordo;

CONCILIAÇÃO
(Quadro gentilmente cedido pelo Cimasa)

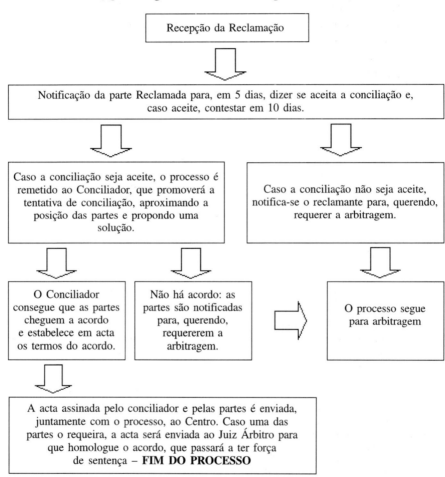

3 – **ARBITRAGEM**: o Tribunal Arbitral é composto por um Juiz Árbitro, magistrado judicial, designado pelo Conselho Superior de Magistratura.
- Os prazos do processo arbitral apenas se suspendem aos sábados, domingos e feriados nacionais, não se suspendendo durante o período de férias judiciais;

- Apenas são admitidos na arbitragem os meios de prova já apresentados na conciliação;
- O Juiz Árbitro pode, por sua iniciativa, recolher qualquer outro meio de prova, desde que tal se afigure necessário para a boa solução da causa; e
- A audiência só pode ser suspensa uma vez, mas nunca por um período superior a 10 dias.

ARBITRAGEM
(Quadro gentilmente cedido pelo Cimasa)

Recepção da Reclamação, por não aceitação da conciliação ou por falta de acordo, com verificação dos serviços jurídicos do Centro do preenchimento dos requisitos necessários.

Notificação da parte Reclamada para, caso seja necessário, aderir à arbitragem, contestar e pagar guias.

A parte reclamada tem 10 dias para contestar e constituir advogado, caso seja necessário.

Caso haja recusa na adesão à arbitragem, notifica-se o Reclamante de que não pode proceder-se à arbitragem e que, persistindo na sua pretensão, pode recorrer a um Tribunal Judicial.

As partes e os condutores dos veículos envolvidos no acidente são notificados para a audiência.

O Juiz Árbitro decide no final da audiência, excepto se a complexidade do caso não o permitir, devendo nesse caso fazê-lo no prazo de 10 dias.

Até ao final da audiência as partes podem conciliar-se, terminando o processo por transacção, devidamente lavrada em acta e homologada pelo Juiz Árbitro.

O processo arbitral no CIMASA foi concebido para que as partes encontrassem um mecanismo económico de resolver os seus litígios, pelo que o tratamento das reclamações é gratuito até à fase de arbitragem.

A passagem à fase de arbitragem implica o pagamento por cada parte de uma quantia correspondente a três por cento do valor do pedido, com um mínimo de € 38 e um máximo de € 500.

IV – O CONTRATO DE SEGURO DE PROTECÇÃO JURÍDICA

O contrato de seguro de protecção jurídica foi objecto de atenção no II Congresso Nacional de Direito dos Seguros, realizado no ano passado, em Lisboa.

A noção, o âmbito, os requisitos e as consequências práticas deste contrato de seguro, ainda em fase de maturação no nosso país, foram tratados, aliás com muito brilho, pelo Prof. Dr. Pedro Ribeiro e Silva, pelo que não iremos deter-nos muito na sua análise, se bem que não possamos deixar de mencioná-lo, porquanto:

a) Representa uma forma, alternativa ao apoio judiciário, de dar execução ao comando constitucional consagrado no art. 20.º da Constituição da República Portuguesa, que, sob a epígrafe *Acesso ao direito e tutela jurisdicional efectiva*, dispõe o seguinte:

1 – A todos é assegurado o acesso ao direito e aos tribunais para defesa dos seus direitos e interesses legalmente protegidos, não podendo a justiça ser denegada por insuficiência de meios económicos.

2 – Todos têm direito, nos termos da lei, à informação e consultas jurídicas, ao patrocínio judiciário e a fazer-se acompanhar por advogado perante qualquer autoridade.

De facto, da mesma forma que se encarou o recurso às Seguradoras para suprir as falências do Serviço Nacional de Saúde, tal como o próprio Estado, através de benefícios fiscais, encoraja os cidadãos a recorrer aos seguros de capitalização e reforma, também cumpre ao Estado encorajá-los a subscrever contratos de seguro de Protecção Jurídica, como forma de suprir a impotência funcional de, por si só, garantir o acesso efectivo à justiça.

b) A institucionalização do seguro de protecção jurídica e a sua utilização por parte dos Segurados contribui para a redução efectiva de acções judiciais, cujo aumento exponencial nos últimos anos tem provocado congestionamentos no funcionamento dos tribunais, com a consequente morosidade dos processos.

Com efeito, tanto o Segurado como a Seguradora de Protecção Jurídica têm interesse em regularizar amigavelmente um sinistro: por um lado, pela celeridade que a solução extrajudicial encerra, em contraste com a referida morosidade dos tribunais; por outro lado, pelos recursos económicos que se poupam, nomeadamente com honorários de advogado e despesas judiciais.

c) É uma forma de dar expectativa de carreira aos inúmeros licenciados em Direito que acabam os seus cursos e se deparam com um mercado de trabalho esgotado, que não os procura por deles não necessitar;
Desta forma, iremos abordar, apenas, dois aspectos que nos parecem da maior importância:
– Os mecanismos de defesa do Segurado perante a sua Seguradora de Protecção Jurídica em caso de conflito de interesses antre ambos;
– As principais coberturas garantidas por este tipo de contratos e que são comuns às Seguradoras que exploram este ramo.

A respeito do primeiro ponto e no que concerne à exploração do contrato de seguro de protecção jurídica, não podemos deixar de manifestar a nossa preferência pela adopção do sistema de gestão de sinistros de protecção jurídica por empresas jurídicamente distintas.
Neste sentido, a evolução registada na Alemanha, país europeu com maior tradição neste ramo, diz-nos que das 46 Seguradoras que exploram este ramo, 32 são especializadas em protecção jurídica e apenas 14 são multi-ramos, isto é, 70% do mercado é composto por empresas especializadas.
Para além desta, as outras duas soluções alternativas possíveis, previstas no art. 3.º, n.º 2, da Directiva 87/344/CEE do Conselho, de 22 de Junho de 1987, e no art. 15.º, n.º 2, pelo Decreto-Lei n.º 176/95, de 26 de Julho (diplomas que enformam o contrato de seguro de protecção jurídica) são as seguintes:
– Gestão de sinistros por pessoal distinto.

Relativamente a esta, a opção pelo sistema de gestão por empresas juridicamente distintas confere maior isenção no tratamento dos conflitos, nomeadamente naqueles que opõem os Segurados à sua própria Seguradora, diminuindo a conflitualidade.

Pensemos naqueles casos em que, em consequência de um acidente de viação, os dois veículos intervenientes estão seguros na mesma Companhia; ou naquelas situações de regularização ao abrigo de convenções celebradas entre Seguradoras que, embora não vinculando os Segurados, podem prejudicar a resolução de um litígio.

Por outro lado, o Segurado fica com uma imagem distorcida de promiscuidade, em que aqueles que deviam estar do seu lado pugnam pela sua condenação. Como sabemos, *à mulher de César não basta ser séria é preciso parecê-lo*, sobretudo num produto que, conjugando Seguradoras e Advogados, fazem dele um cocktail explosivo.

– A livre escolha de Advogado.

Este é o sistema da Seguradora-Pagadora, que supõe um custo económico-financeiro muito gravoso para as Seguradoras que a ele adiram, sobretudo naquelas situações de fácil resolução, que não justificam o recurso, *ab initio*, a um advogado.

Em caso de conflito de interesses entre o Segurado e a sua Seguradora de Protecção Jurídica (ou desacordo quanto à resolução de um litígio), a lei prevê os seguintes mecanismos de defesa do Segurado:

– Recurso a um processo de arbitragem;
– Intentar uma acção ou interpor um recurso a expensas próprias, embora desaconselhado pela empresa de seguros, sendo no entanto reembolsado das despesas suportadas na medida em que a sentença ou o acórdão lhe for favorável;
– Escolher livremente um Advogado.

No que respeita às principais coberturas garantidas pelos seguros de protecção jurídica, temos a destacar as seguintes:
– Coberturas de Reclamação:
  – Reclamação de danos materiais;
  – Reclamação de danos emergentes de danos corporais;
  – Reclamação em caso de venda ou reparações defeituosas do veículo seguro;
– Coberturas de defesa:
  – Defesa em processo penal;
  – Defesa em processo contra-ordenacional por infracção às regras de trânsito;
  – Defesa civil.

Do que ficou exposto, resulta que o seguro de protecção jurídica é um seguro na verdadeira acepção da palavra, enquanto contrato aleatório destinado a fazer face a acontecimentos futuros e imprevistos, mas simultaneamente uma prestação de serviços, que visa dar a conhecer aos Segurados a integral extensão dos seus direitos, a forma de exercê-los, promovendo a realização das diligências para a resolução amigável de um litígio, se necessário, através da via judicial.

Lisboa, 06 de Janeiro de 2003

EVOLUÇÃO E PERSPECTIVAS DE PROTECÇÃO DO SEGURADO ARBITRAMENTO DE REPARAÇÃO PROVISÓRIA

Célia Sousa Pereira

Advogada

EVOLUÇÃO E PERSPECTIVAS DE PROTECÇÃO DO SEGURADO ARBITRAMENTO DE REPARAÇÃO PROVISÓRIA

Célia Sousa Pereira
Advogada

A razão de ser da abordagem do tema da Providência Cautelar de Arbitramento de Reparação Provisória no âmbito deste Congresso está relacionada com o facto de este instituto processual estar intimamente ligado com o Direito dos Seguros, uma vez que, por força da transferência da responsabilidade civil para as Companhias de Seguros, são estas que, predominantemente, figuram como a parte contra a qual é requerida esta medida cautelar. Daí a importância acrescida em delinear os pontos essenciais do seu regime jurídico e em suscitar possíveis dúvidas acerca da sua aplicação concreta.

A providência cautelar de arbitramento de reparação provisória encontra-se prevista nos arts. 403.º a 405.º do CPC e a sua regulamentação específica é uma novidade da reforma do CPC ocorrida em 1995/96.

Estamos perante uma providência cautelar de conteúdo claramente antecipatório e as razões que estiveram na base da sua regulamentação específica são diversas, evidenciando-se, desde logo, a inexistência de decisões jurisprudenciais que se traduzissem no decretamento de uma providência cautelar não especificada de conteúdo antecipatório e simultaneamente pecuniário, a relevância prática e social que as acções de indemnização fundadas em morte ou lesão corporal têm no volume de processos judiciais e a necessidade de proteger o lesado ao nível das suas necessidades mais elementares.

A providência cautelar de arbitramento depende de uma acção de indemnização. No entanto, dada a abrangência e vastidão do direito de indemnização, o legislador considerou que nem toda e qualquer indemnização merece uma tutela especial. Daí que, de acordo com o disposto no art. 403.º, n.ºs 1 e 4, do CPC, tenha restringido o deferimento da providência de arbitramento de reparação provisória apenas a algumas situações fácticas geradoras da obrigação de indemnizar.

Deste modo, é possível recorrer à providência quando a pretensão indemnizatória se funde em morte ou lesão corporal, destacando-se com interesse para a actividade seguradora as acções destinadas a exigir a responsabilidade objectiva emergentes de danos causados por veículos de circulação terrestre (cfr. arts. 503.º e segts. do CC) ou por outros veículos, nomeadamente embarcações de recreio, navios, aeronaves e ultraleves.

É ainda possível recorrer à inovadora providência cautelar se o dano causado se repercutir intensamente na esfera económica do lesado, a ponto de o colocar numa situação que o incapacite de trabalhar por forma a sustentar-se, ou que não lhe permita fazer uso da sua residência, não dispondo de outro local para habitar.

A título meramente exemplificativo, como susceptíveis de integrar este tipo de danos, podem destacar-se as acções destinadas a exigir a responsabilidade civil com fundamento em contratos de seguro para cobertura de riscos inerentes à habitação, ao estabelecimento comercial ou industrial, ou ao exercício de uma actividade geradora de rendimentos (v.g. seguro de incêndio e seguro multi-riscos).

Diferentemente do que sucede nos casos em que a acção se funde em morte ou lesão corporal, em que, por regra, os eventos susceptíveis de colocarem o lesado nessa situação se enquadram na responsabilidade civil extracontratual, é possível que eventos geradores de responsabilidade civil contratual possam colocar o lesado numa verdadeira situação de necessidade, colocando em causa o seu sustento ou habitação.

A este propósito, a principal dúvida que se tem colocado reside em saber se o âmbito de aplicação da providência, nos casos em que se funde em dano susceptível de pôr seriamente em causa o sustento ou a habitação do lesado, pode ser alargado às situações emergentes de responsabilidade civil contratual.

É muito reduzida a doutrina acerca desta questão de direito e apenas um dos acórdãos publicados[1] se debruçou sobre esta problemática, tendo

---

[1] Cfr. Acórdão da Relação de Lisboa, de 05/02/98, *in* CJ, Ano XXIII, 1998, Tomo I, pág. 109.

optado por restringir o âmbito de aplicação da providência aos casos de responsabilidade civil extracontratual, baseando a sua posição essencialmente no facto de o n.º 1 do art. 403.º do CPC, ao definir o fundamento da providência, se referir expressa e directamente ao art. 495.º, n.º 3, do CC, o qual se encontra inserido neste código na subsecção respeitante à responsabilidade por factos ilícitos.

Salvo melhor opinião, ainda que tal interpretação possa ser defensável, julgo que a referência ao art. 495.º, n.º 3, do CC, bem como a sua inserção sistemática, não implica necessariamente que se faça uma interpretação restritiva do n.º 4 do art. 403.º do CPC. Da interpretação conjunta das normas previstas nos n.ºs 1 e 4 do art. 403.º do CPC parece antes resultar que apenas nos casos em que esteja em causa uma pretensão indemnizatória emergente de responsabilidade civil extracontratual podem os lesados indicados no art. 495.º, n.º 3, do CC obter a reparação provisória dos danos sofridos, o mesmo já não podendo ocorrer quando se esteja perante uma pretensão indemnizatória emergente de responsabilidade civil contratual. Neste caso, apenas e só o titular imediato do direito de indemnização poderá recorrer a esta medida cautelar, uma vez que no âmbito da responsabilidade civil contratual não tem aplicação a norma constante do art. 495.º, n.º 3, do CC.

Além do mais, seria um contra-senso o legislador ter limitado o recurso a esta providência às situações emergentes de responsabilidade civil extracontratual quando, por aplicação da norma geral do art. 381.º, n.º 1, do CPC poderia permitir a sua aplicação aos casos de responsabilidade civil contratual, uma vez que aquela norma geral não impõe restrições quanto à natureza ou origem do direito ameaçado.

Assim, embora a existência de norma específica acerca da questão retirasse as dúvidas de interpretação que a sua inexistência veio criar, parece-me perfeitamente viável a aplicação da providência aos casos de responsabilidade civil contratual.

A concessão da providência de arbitramento está ainda dependente da verificação cumulativa de determinados requisitos legais. São eles:
a) a existência de uma situação de necessidade;
b) a existência de um nexo causal entre os danos sofridos pelo lesado e a situação de necessidade em que este se encontra;
c) a existência de indícios da obrigação de indemnizar a cargo do requerido.

A lei fala expressamente numa *situação de necessidade* mas não fixa em concreto o conteúdo desta expressão legal.

De acordo com as razões que se encontram na base da criação da providência, este requisito é essencialmente de cariz económico e financeiro. Neste sentido, a situação de necessidade deve traduzir-se numa efectiva redução dos ganhos do lesado, que afecte seriamente e de forma definitiva a possibilidade de este satisfazer as suas necessidades básicas, bem como daqueles que directamente de si dependem.

No entanto, o conceito de necessidade é mais amplo nos casos em que a acção de indemnização se funde em morte ou lesão corporal, uma vez que pode igualmente abarcar componentes ligadas à diminuição do bem estar em geral, do vestuário ou da instrução, e não apenas elementos relacionados com o sustento ou a habitação, como sucede nos casos em que a pretensão indemnizatória se funde em danos susceptíveis de pôr seriamente em causa estes bens.

Atendendo ao sentido dado à expressão, apenas os danos patrimoniais sofridos pelo lesado relevam para o efeito de decretamento da providência de arbitramento, não devendo ser atendidos no cômputo da fixação da renda mensal a ser atribuída os danos morais sofridos pelo lesado.

A exigência da verificação de um nexo causal entre a actual situação de necessidade do lesado e os danos por si sofridos em consequência do facto danoso permite afastar a aplicabilidade desta medida cautelar nos casos em que a existência de uma situação de necessidade económica já é anterior ao momento da ocorrência do facto gerador da responsabilidade, ou nos casos em que é posterior a esse momento mas não é consequência directa desse facto.

Uma situação previsível que a lei não configurou especificamente reporta-se à possibilidade de a providência ser decretada quando haja um agravamento da situação de necessidade pré-existente, sendo este agravamento resultado dos danos sofridos em consequência do facto lesivo.

Nestes casos julgo que, desde que esse agravamento seja imputável ao evento danoso pelo facto de esse evento ter contribuído para uma maior dificuldade na superação das suas necessidades e o lesado consiga provar em julgamento o aumento da sua debilidade económica, encontra-se preenchido o requisito do nexo causal que a lei impõe para que se tutelem provisória e antecipadamente os danos do sofridos pelo lesado.

O facto de a lei se bastar com a verificação de indícios da obrigação de indemnizar está intimamente relacionado com o grau de prova exigível no âmbito dos procedimentos cautelares. A urgência inerente a estes procedimentos não se coaduna com a certeza absoluta, a qual apenas é apurada em sede de acção principal. Pelo que, basta que o julgador através dos factos alegados e provados consiga prever, com probabilidade e alguma segurança, que o requerido será responsabilizado para que considere o referido requisito preenchido.

No que respeita à apreciação da prova, há quem considere que o julgador deve ser mais exigente na apreciação da prova relativa à obrigação de indemnizar do que na apreciação da prova relativa à necessidade económica do lesado, devendo ser-lhe exigível uma quase certeza da sua existência, por forma a evitar que a Seguradora para a qual o lesante transferiu a responsabilidade civil se transforme na Segurança Social do lesado, essencialmente nos casos em que a decisão final da acção principal não atribua qualquer indemnização ao requerente.

Esta posição resulta, de certa forma, do facto de a verificação do requisito da existência da obrigação de indemnizar, nos casos em que a acção de indemnização se funde em responsabilidade civil decorrente de acidente de viação, só em muito poucas situações não se encontrar preenchido, nomeadamente quando seja flagrante a culpa do próprio requerente na produção do evento danoso. Isto porque, de acordo com o disposto no art. 503.º do CC, há que contar com as regras de responsabilidade objectiva ou pelo risco.

É incontestável que o juíz, ao basear a sua tomada de decisão em meros indícios, não pode assegurar que a decisão a ser proferida na acção principal seja coincidente com o conteúdo da providência decretada. No entanto, tal como acontece com as restantes providências cautelares, ao fazê-lo o legislador considerou que as situações carecidas de tutela cautelar exigiam que se prescindisse desse grau de certeza absoluta relativamente à existência do direito do requerente, sob pena de não se conseguir assegurar a efectividade do direito ameaçado.

Pelo que, só se o legislador não tivesse previsto qualquer forma de restituição das quantias recebidas, ou se não fizesse depender o decretamento da providência de arbitramento de um requisito relativo à existência do respectivo direito, é que se poderia considerar que a posição do requerido não se encontrava suficientemente salvaguardada.

Sendo certo que a providência cautelar em apreço está dependente da propositura de uma acção de indemnização, a identificação dos interessados a quem a lei possibilita o recurso a esta medida cautelar vai ter necessariamente de coincidir com os titulares do direito de indemnização.

A este propósito importa essencialmente referir que, embora na maioria das vezes quando alguém sofre uma incapacidade que o torna dependente de outras pessoas, é a vida destas terceiras pessoas que é gravemente afectada, por verem aumentadas as suas despesas ou reduzidos os seus rendimentos, estas pessoas não podem vir requerer o decretamento da providência, uma vez que a titularidade desse direito pertence ao próprio lesado. Tais consequências devem antes ser atendidas na determinação do *quantum* indemnizatório, não devendo ser objecto de um direito de indemnização autónomo.

A única ressalva da lei respeita aos titulares do direito a que se refere o art. 495.º, n.º 3, do CC, ou seja, "os que podiam exigir alimentos ao lesado ou aqueles a quem o lesado os prestava no cumprimento de uma obrigação natural".

Ainda relativamente à legitimidade activa, o direito de recorrer à providência de arbitramento de reparação provisória está limitado às pessoas singulares.

Esta limitação impõe-se necessariamente se atendermos a que a acção de indemnização se funda em danos ligados à vida e à integridade física e que o decretamento da providência visa satisfazer necessidades básicas decorrentes de uma situação de necessidade em que os lesados se encontram em consequência do evento lesivo, nomeadamente relativas ao sustento e habitação. Nesta medida, uma vez que a reparação provisória dos danos está direccionada para a salvaguarda da própria condição humana, não vemos de que forma possa uma pessoa colectiva fazer uso desta medida cautelar.

Quanto à legitimidade passiva, o requerido será aquele que legalmente se encontra obrigado a indemnizar os danos causados ao lesado. Desta forma, por regra, será o autor do facto gerador da lesão sofrida pelo lesado.

No entanto, uma vez que a providência cautelar de arbitramento de reparação provisória tem o seu âmbito de aplicação privilegiado em casos de responsabilidade civil decorrentes de acidentes de viação, por força da transferência obrigatória dessa responsabilidade para uma seguradora o requerido será, na maioria desses casos, a respectiva Companhia de Seguros. No entanto, não se exclui a possibilidade de ser o Fundo de Garantia Automóvel, ou até mesmo o Gabinete Português de Carta Verde,

Evolução e Perspectivas de Protecção do Segurado... 161

a ocuparem essa posição, nos casos em que legalmente estas entidades devem ser parte na respectiva acção de indemnização.

Em termos de critério legal para a fixação do montante da renda mensal, o julgador privilegiou a equidade, procurando adaptar a renda a fixar às necessidades concretas do requerente. Desta forma, o julgador deverá atender não só aos meios que o requerente tenha para prover à sua subsistência mas também àqueles que o requerido dispõe para prover à satisfação de carências do lesado.

Neste mesmo contexto, o juiz não está vinculado à quantia requerida pelo requerente, podendo fixar um montante de renda mensal inferior à requerida, se a julgar excessiva face às necessidades do requerente. Pelo contrário, em obediência ao princípio do dispositivo, por estar limitado pelo efeito jurídico da pretensão do requerente, não é possível ao juiz arbitrar uma renda mensal de montante superior à quantia requerida, quando a considere insuficiente.

Em conformidade com esta posição, e atendendo a que, na maioria das vezes, as quantias requeridas são excessivas e inflacionadas relativamente às necessidades do requerente, não se tem vislumbrado, na prática jurisdicional, a atribuição de quantias superiores às requeridas.

No caso de a providência de arbitramento ser deferida, as quantias recebidas antecipadamente a título provisório serão imputadas na indemnização definitiva a ser fixada em sede de acção principal. Isto significa que o valor das rendas mensais recebidas pelo requerente até ao trânsito em julgado da sentença que fixa a indemnização devida em consequência dos danos sofridos pelo lesado é imputado ao valor fixado a título de indemnização final, devendo o requerente receber a diferença entre o valor total da indemnização e o valor já pago a título de reparação provisória.

Uma questão de elevado interesse reside em saber se a lei processual admite ou não a possibilidade de a providência de arbitramento ser substituída por caução a pedido do requerido, ou ser imposta pelo juiz ao requerente, nos mesmos termos em que é permitido no âmbito do processo cautelar comum.

A melhor interpretação a dar aos artigos em referência traduz-se na impossibilidade, tanto de o requerente como de o requerido prestarem caução.

Quanto ao requerente, tal possibilidade é-lhe vedada expressamente através da previsão constante do n.º 2 do art. 392.º do CPC. E, ainda que assim não fosse, não era aceitável que tal acontecesse, uma vez que a razão pela qual o requerente recorre à providência em apreço é não ter dinheiro que lhe permita suportar os danos sofridos em consequência da lesão, pelo que se o requerente não tem possibilidade de se sustentar, com toda a certeza também não terá meios económicos para caucionar.

Quanto ao requerido a existência dessa possibilidade seria completamente antagónica à finalidade que a inovadora providência visa prosseguir.

A intenção do requerente ao recorrer à providência em apreço não é garantir que o requerido lhe pague a indemnização quando for proferida a sentença condenatória mas antes antecipar os efeitos da sentença final a ser proferida na acção principal. Pelo que, uma vez que tal substituição não satisfaz imediatamente as necessidades daquele que carece de uma reparação provisória dos danos sofridos, a sua admissibilidade não pode deixar de ser colocada completamente de parte.

É a propósito do regime especial de caducidade previsto para a providência de arbitramento que pode ser levantada uma das questões mais interessantes e com relevantes implicações práticas para o requerido.

Relativamente aos casos de caducidade não foi introduzida qualquer novidade. Desta forma, tal como sucede com as restantes providências cautelares, a caducidade da providência de arbitramento de reparação provisória, já decretada, poderá ocorrer perante situações de inércia do requerente (cfr. teor das alíneas a), b) e d) do n.º 1 do art. 389.º do CPC), no caso de a acção principal, da qual depende, ser julgada improcedente por decisão transitada em julgado (cfr. teor da alínea c) do mesmo artigo), ou no caso de o direito que o requerente pretende acautelar se extinguir (cfr. teor da alínea e) do mesmo artigo).

No art. 390.º, n.º 1, do CPC, na secção relativa ao procedimento cautelar comum, estabelece-se expressamente que se a providência for considerada injustificada ou vier a caducar por facto imputável ao requerente este responde pelos danos culposamente causados ao requerido, quando não tenha agido com a prudência normal, ou seja, quando tenha existido dolo ou negligência por parte do requerente. Desta forma, esta indemnização é fixada de acordo com as regras gerais da responsabilidade civil.

A aplicabilidade desta norma à providência de arbitramento traduzir-se-ia no pagamento do valor integral das prestações recebidas, independentemente de o requerente já as ter consumido, bem como de outros prejuízos que, em consequência desse pagamento, tenha causado ao requerido. No entanto, de acordo com o disposto no n.º 1 do art. 392.º do mesmo Código, a sua aplicação subsidiária só ocorrerá se a lei, ao regular esta providência, não tiver prevenido especificamente este tipo de situação.

Com efeito, a norma constante do art. 405.º do CPC, previu especialmente este tipo de situação, estabelecendo expressamente que, no caso de a providência decretada caducar, o requerente tem o dever de restituir ao requerido todas as prestações recebidas, nos termos do enriquecimento sem causa, independentemente da causa que esteve na origem da caducidade da providência. Desta forma, face ao direito constituído parece que não deve ter-se por aplicável a norma do art. 390.º, n.º 1, do CPC à providência de arbitramento.

Aplicando concretamente o regime previsto para o enriquecimento sem causa à providência de arbitramento, tendo em conta a situação de necessidade em que o requerente tem de se encontrar para que a mesma seja deferida, facilmente se conclui que as prestações auferidas são imediatamente consumidas para fazer face às necessidades que estiveram na origem do seu decretamento. Pelo que, tendo em conta a medida da obrigação de restituição, dificilmente a mesma se traduzirá numa restituição integral, salvo nos casos em que os factos que estiveram na base da verificação do requisito da necessidade não sejam verdadeiros.

Desta forma, nos termos do enriquecimento sem causa, não é imposta ao requerente a obrigação de restituir as quantias recebidas, mas já consumidas, mas apenas o dever de devolver o valor das prestações que ainda não foram utilizadas.

A diferença de regime resultante da aplicação dos arts. 390.º, n.º 1, e 405.º, n.º 1, ambos do CPC é notória.

A inovadora providência cautelar impõe o dever de restituição das prestações recebidas indevidamente para todos os casos de caducidade, independentemente de se averiguar se o requerente agiu ou não culposamente e os termos e a forma como se opera a restituição das quantias prestadas é igualmente distinta daquela que resulta da aplicação do art. 390.º, n.º 1, do CPC.

Nos termos do art. 390.º, n.º 1, do CPC é a título de indemnização que o requerido é ressarcido dos prejuízos sofridos, tendo direito ao pagamento integral das prestações pagas ao requerente por aplicação das normas constantes nos arts. 563.º e segts. do CC. Diferentemente, através da aplicação do art. 405.º, n.º 1, do CPC tal restituição é feita nos termos do enriquecimento sem causa, devendo a obrigação de restituição coincidir com a medida de locupletamento.

Desta forma, para a providência de arbitramento, em razão da situação de necessidade subjacente ao seu decretamento, o legislador sujeitou o requerente a um regime jurídico mais favorável do que aquele que resulta do art. 390.º, n.º 1, do CPC, impondo ao requerido um maior sacrifício.

Defendendo uma posição distinta, importa referir o pensamento do Prof. Lebre de Freitas[2].

O Professor defende que a norma prevista no art. 405.º, n.º 1, do CPC não afasta a aplicação do regime de responsabilidade previsto no art. 390.º, n.º 1, do mesmo Código, à providência de arbitramento, uma vez que, através de uma interpretação conjunta das normas em referência, se pode concluir que as mesmas se aplicam em situações distintas.

De acordo com a sua tomada de posição, por força da natureza subsidiária da obrigação de restituição prevista nos arts. 473.º e segts do CC, o regime previsto para o enriquecimento sem causa apenas deve ser aplicável nos casos em que não é imputável ao requerente a verificação da caducidade da providência de arbitramento. Isto porque considera que nos casos em que o facto gerador da caducidade for imputável ao requerente, a lei processual, através da norma do art. 390.º, n.º 1, do CPC, conferiu ao requerido o direito a ser indemnizado pelos prejuízos sofridos, nos termos gerais da responsabilidade civil.

É incontestável que, teoricamente, através da aplicação do regime da responsabilidade civil, o requerido estaria melhor protegido, na medida em que lhe era reconhecido o direito a ser indemnizado da totalidade das mensalidades prestadas. No entanto, não me parece que a indemnização fixada nos termos da responsabilidade civil, se aplicável à providência de arbitramento, se pudesse traduzir numa tutela mais eficaz do requerido. Isto porque se de facto o requerente não se encontrava numa situação de necessidade, quando a providência foi decretada, pode não ter consumido as prestações recebidas e, neste caso, terá de restituí-las na íntegra ao requerido, tal como aconteceria se fosse aplicável o regime previsto no art. 390.º, n.º 1, do CPC. Pelo contrário, se o requerente não tem condições

---

[2] In *Código de Processo Civil Anotado*, Volume 2.º, Coimbra Editora, Coimbra, 2001, págs. 115 e segts..

económicas nem é titular de quaisquer bens que lhe permitam efectuar o pagamento das suas dívidas, independentemente da aplicação de qualquer um dos regimes jurídicos em referência, o requerido não conseguirá reaver as quantias prestadas.

No entanto, ainda assim, julgo que o legislador poderia ter tutelado diferentemente os casos em que a caducidade ocorre por culpa ou negligência do requerente ou resulta da improcedência da acção principal. Isto porque me parece justo que seja aplicável à obrigação de restituição um regime mais favorável ao requerido, penalizando-se consequentemente o requerente, quando a caducidade da providência ocorre por facto que lhe é imputável.

É neste contexto que julgo ser justa a posição defendida pelo Prof. Lebre de Freitas, embora, face ao direito constituído, julgue que a mesma não é defensável.

Outra das especialidades do art. 405.º do CPC vem prevista no seu n.º 2 e diz igualmente respeito à obrigação de restituição.

De acordo com este preceito, quando a decisão final proferida na acção principal não dê razão ao requerente da providência, ou atribua uma indemnização consubstanciada numa quantia inferior àquela que foi arbitrada a título de reparação provisória, será o juiz que, oficiosamente, na própria sentença, mesmo se o réu na acção principal não tiver pedido a condenação do autor na restituição das quantias já pagas, condenará o requerente da providência cautelar na restituição dessas mesmas quantias, servindo a própria sentença condenatória de título executivo se o requerente da providência não proceder voluntariamente ao cumprimento da mesma.

A especificidade desta norma tem-se por inteiramente justificada uma vez que, em termos de celeridade processual e, essencialmente, de justiça não faria qualquer sentido que no caso de o requerido ter direito à restituição das prestações pagas por ter sido julgada improcedente ou parcialmente improcedente a acção principal, ainda tivesse que propor nova acção para se ver ressarcido do dinheiro pago indevidamente. Esta situação, a verificar-se, seria penalizante para o requerido, se tivermos em conta o período de tempo em que este pagou indevidamente rendas mensais ao requerente e se viu impossibilitado de satisfazer necessidades próprias.

No entanto, ressalve-se, desde já, que apenas nos casos de caducidade por improcedência da acção principal será o lesado condenado oficiosamente a restituir as prestações recebidas, ainda não consumidas. Nas restantes situações de caducidade previstas no art. 389.º, n.º 1, do CPC, uma vez que não há proferimento de uma decisão final na acção principal, esta condenação nunca poderia ocorrer, daí que o requerido tenha de propor a respectiva acção de restituição, por forma a ser ressarcido dos danos sofridos com o pagamento antecipado das prestações mensais.

Embora pudessem ser levantadas muitas outras questões acerca desta providência cautelar, o tempo não me permite suscitá-las. No entanto, fica aqui delineado genericamente o regime jurídico da providência cautelar com maior aplicação prática no âmbito do Direito dos Seguros.

Porto, 30 de Junho

CONTRIBUTO PARA A DELIMITAÇÃO DO ÂMBITO DA *BOA-FÉ* NO CONTRATO DE SEGURO

Manuel da Costa Martins

Prof. Auxiliar da Universidade Lusíada
Advogado
Coordenador do Congresso

CONTRIBUTO PARA A DELIMITAÇÃO DO ÂMBITO DA *BOA-FÉ* NO CONTRATO DE SEGURO

Manuel da Costa Martins

Prof. Auxiliar da Universidade Lusíada
Advogado
Coordenador do Congresso

1 – Introdução

A abordagem de qualquer tema sobre a *"boa fé"* para ser completa, pressuporia, necessariamente, um estudo muito aprofundado e exaustivo sobre os seus contornos quer gerais quer especiais. Basta, apenas, referir que A *BOA-FÉ*, foi, exactamente, o tema de tese de Doutoramento do Ilustre Professor Doutor Meneses Cordeiro [1].

Este nosso pequeno trabalho tem apenas como modesto objectivo tentar delimitar, de uma forma sucinta, o âmbito do *princípio geral da boa fé* nos contratos de seguro em geral, sem especificar qualquer modalidade em especial, na sua fase preliminar, durante a vigência do contrato e no momento da verificação do sinistro.

1.1. Parâmetros gerais

Estudar os contornos da *boa fé no contrato de seguro* é tarefa essencial nos dias que correm, tanto mais importante, quanto mais necessário, no combate, em última instância, à *fraude*.

---

[1] Menezes Cordeiro, António Manuel da Rocha, **Da boa fé no Direito Civil**, Coimbra – Almedina, 2001 (Reimpressão).

Basta lembrar que, em cada cinco processos de sinistro abertos, um, terá carácter fraudulento. E, se tomarmos em linha de conta o fundamento mutualista do seguro, estima-se que se não houvesse fraudes, o consumidor de seguros pagaria, menos, 20% do prémio de seguro [2].

A questão da violação dos limites da boa fé, não se resume, contudo, às fraudes ou às tentativas de fraude cometidas contra as seguradoras. Também estas praticam condutas atentatórias à boa fé [3]. Todos sabemos, que, com ou sem razão, as seguradoras estão entre as primeiras no ranking das reclamações efectuadas, pelos consumidores e demais interessados, às instâncias competentes.

A *boa fé* vigora na ordem jurídica portuguesa, como *cláusula geral* de todo o sistema do direito positivo. Trata-se de um instituto presente na moldura de qualquer contrato, assumindo, em cada um, tendo em conta as suas características, aspectos específicos dignos do maior relevo nas diversas fases da sua concretização.

Encontramos no *Código Civil* diversas normas com referência à boa fé (arts. 227.º n.º 1, 334.º, 437.º n.º 1 e 762 n.º 2 – responsabilidade pré-contratual, abuso de direito, resolução ou modificação do contrato por alteração das circunstâncias, cumprimento das obrigações, respectivamente).

Encontramos, também, este principio consagrado na *lei das Cláusulas Contratuais Gerais*, nomeadamente nos arts. 10.º, 11.º e 15.º [4].

---

[2] Sobre **as fraudes** em seguros: COSTA MARTINS, Manuel – II Congresso Nacional de Direito dos Seguros, *Memórias*, Coimbra – Almedina, 2001 p. 142 e ss.

[3] Veja-se o Ac. do **Trib. Rel. Lisboa** de 30.06.1998 sobre o abuso de direito de uma seguradora: " **II** – *Actua com abuso de direito a seguradora que detém a apólice originária do contrato em que assumia a responsabilidade por danos causados na explosão, liquidando e recebendo por tal um acréscimo de valor do prémio, aceita o contrato durante seis anos sem nenhum reparo, reformula o contrato por imposição do ISP sem mencionar alguma hipótese de supressão de cobertura de riscos acrescidos, não pratica qualquer acerto no cálculo do valor do prémio, por via de eventual alteração do seguro e só, acontecia a explosão do estabelecimento do segurado, vem defender a exclusão da sua responsabilidade*". Ac. Rel. Coimbra, 1998, Tomo III, pág. 36

[4] Trata-se do DL n.º 446/85 de 25.10, alterado pelo DL 220/95 de 31.08. È pacífico na doutrina e na Jurisprudência que o regime das Cláusulas Contratuais Gerais se aplica ao contrato de seguro. Entre outros Acórdãos que apelam à aplicação desse regime, citamos o **Ac. da Rel. do Porto** de 14.01.1997 *"I – Na interpretação de cláusulas contratuais gerais inseridas no contrato de seguro deve recorrer-se, em primeira análise, à teoria da impressão do destinatário (art. 10.º do DL n.º 446/85 de 25 de Outubro"*... Col. Jur. 1997 – Tomo I pág. 204.

Entre outros, o Ac. do **Supremo Tribunal de Justiça** de 20.06.2002, " I – Con-

No *Código Comercial*, por seu turno, encontramos diversas disposições que configuram *o principio da boa fé especificamente destinado ao contrato de seguro*: art. 426.º parágrafo único n.º 8, 429.º, 433.º, 434.º, 435.º, 437.º n.º 3, 440.º, 444.º e 446.º entre outros [5], atento o facto, de existir uma *especial relação de máxima confiança* de ambos os lados da relação jurídica. E ainda, nos arts. 8.º e ss do DL 176/95 de 26 de Julho relativo ao *Regime jurídico do contrato de seguro*, bem como, os arts. 176, 179.º, 180.º, 181.º e 182.º do Dl 94-B/98 de 17 de Abril sobre *acesso e exercício da actividade seguradora e resseguradora* [6].

Por essa razão, se costuma dizer que o contrato de seguro, atenta a sua natureza, suas características, funções e objectivos será um contrato onde se torna fundamental existir a *máxima boa fé* (*uberrimae bonae fide*) entre as partes da relação jurídica [7].

---

sideram-se excluídas do contrato de seguro as cláusulas contratuais gerais, contendo as definições de incêndio, queda de raio e explosão, não comunicadas ao segurado.

II – Constando da apólice do contrato de seguro multi-riscos/estabelecimentos, a cobertura de "greves, tumultos, alterações de ordem pública, terrorismo, vandalismo e malicioso sabotagem", "tempestades e inundações", danos por água, furto ou roubo", não se alcança, por interpretação, que sejam cobertos danos causados a equipamento, tectos e paredes do estabelecimento por um pico de tensão induzido por electricidade atmosférica na linha telefónica e de energia". Col Jur. 2002 – Tomo II pág.117.

[5] Por exemplo o art. 436.º do Cód. Comercial que, não mencionando a má fé, como um dos seus pressupostos a jurisprudência tem entendido que *"a nulidade do contrato de seguro, nos termos do art. 436.º do Cód. Comercial, só opera nos casos em que se demonstre que o segurado agiu com má fé ou reserva mental"*. **Ac. Rel. Porto** de 06.05.1999 in Col. Jur.,1999, Tomo III, pág. 180

[6] JOSE VASQUES, **Contrato de Seguro**, Coimbra Editora 1999 – pág. 160 e ss. *"O princípio da máxima boa fé surpreende-se no contrato de seguro em vários momentos e em diversos títulos.*

Exige-se a boa fé, desde logo, na empresa de seguros, na medida em que, chamada a contratar em massa, sobre ela impende a obrigação de redigir de forma clara e não abusiva as cláusulas contratuais.

A lei se encarregou de contribuir, em geral, para esta clarificação, permitindo, por um lado, que, em determinadas circunstâncias, haja lugar a uma fiscalização tutelar e, por outro lado, ao regular especificamente as clausulas contratuais gerais impondo, designadamente o dever de comunicação das cláusulas contratuais gerais de modo adequado ao seu conhecimento completo e efectivo; e no âmbito específico da actividade seguradora, além de, tendo introduzido importantes aspectos de transparência através do DL 176/95, de 26 de Julho, ter consagrado a tendência jurisprudêncial do favorecimento do segurado"

[7] No **Ac. do S.T.J** de 06.02 de 1997 a propósito doe seguro de vida, pode ler-se *" I – Os contratos de seguro, como contratos de adesão que são, devem ser submetidos*

A actividade seguradora necessita da colaboração leal de todos os intervenientes para poder, com a certeza que cada caso exige, garantir, plenamente, o princípio da ressarcibilidade. Esse objectivo tornar-se-á, cada vez mais possível, quando e sem, a actuação dos contraentes não extravasarem os limites impostos pela boa fé negocial.

2 – Sentido objectivo da boa fé

Chegados a este ponto, devemos realçar que a vertente do conceito de *boa fé*, analisado à luz dos pressupostos subjacentes do contrato de seguro, deve ser em *sentido objectivo* e não no sentido *subjectivo*.

Neste – *no sentido subjectivo* – a pessoa age sem conhecimento de que a sua conduta poderá prejudicar terceiros. Está em causa, o seu estado interior, psicológico, relativo ao conhecimento ou desconhecimento, intencionalidade ou falta de intencionalidade sobre as consequências de certos actos praticados.

O que releva é assim o seu estado psicológico e a sua predisposição para a prática de actos de acordo com a sua forma de sentir e de agir.

O *sentido objectivo da boa fé* consubstancia os deveres de ambas as partes na relação jurídica. O conteúdo desses deveres, compreendem, os comportamentos exteriorizados dos contraentes, nas diversas vertentes do negócio, pressupondo, sempre, que a actuação de ambas as partes sejam reciprocamente fieis ao cumprimento integral do negociado [8].

---

a controlo judicial não só ao nível da tutela da vontade do segurado como também ao nível da fiscalização do conteúdo das condições gerais do contrato. II – Ao nível da tutela da vontade do segurado, há que ter em conta (por força dos art.s 10.º e 11.º do Decreto Lei n.º 446/85 de 25 de Outubro) os critérios interpretativos dos artigos 237.º e 236.º, ambos do Código Civil. III – Ao nivel da fiscalização do conteúdo das condições gerais do contrato, ha que ter em conta as normas de ordem pública (art. 280.º do Código Civil) e as cláusulas gerais da boa fé (art.s 227.º n.º 1 e 762.º n.º 2, ambos do código Civil). Assim, constando de uma cláusula de um seguro de vida, que se considera acidente "todo o acontecimento fortuito, súbito, violento e anormal devido a causa exterior e estranha à vontade da pessoa segura e que nela origine danos corporais", qualquer segurado medianamente prudente e sagaz entenderia tratar-se de "acidente" uma morte resultante de homicídio voluntário; tanto mais que, noutra cláusula do mesmo contrato, se exclui dos riscos seguros a morte por suicídio da pessoa segura e/ou por vontade do beneficiário do seguro". Col de Jur. 1997, Tomo I, p.99.

[8] A este propósito o **Ac. do STJ** de 07.01.1993 "... *III – Assim, as exigências da boa fé levam a entender, com segurança, que não é possível à seguradora e à tomadora*

Trata-se, de um modelo de conduta social, *arquétipo jurídico*, segundo o qual cada pessoa deve ajustar a sua própria conduta a esse *modelo standart*, agindo na relação jurídica, como agiria um homem médio, normal: com honestidade, com lealdade e probidade.

Este princípio, na vertente objectiva, tem clara manifestação em ambos os lados da relação jurídica contratual – no contrato de seguro:

a) Do *lado do Tomador do Seguro*, porque ele está numa especial posição, relativamente ao conhecimento integral e efectivo do risco ou do conjunto de riscos que pretende segurar. Por isso, deste *as negociações preliminares ou pré contratuais* na *conclusão* do negócio e, posteriormente, deve tomar uma atitude de total clareza e de verdade relativamente ao objecto material do contrato de seguro. Durante a sua vigência deverá, tomar todas as *medidas necessárias* para que não se verifique o sinistro ou não se agrave os danos em consequência do mesmo. Uma vez ocorrido o sinistro, o Tomador do Seguro deverá procurar encontrar soluções de modo a que *o dano seja o menor possível* [9].

b) Do *lado da seguradora*, o princípio da máxima boa fé encontra análoga amplitude, nomeadamente, no *dever de informação* [10],

---

alterarem os termos do seguro sem que seja dado imediato conhecimento das alterações às pessoas seguradas, pelo que a Autora terá direito a que a sua situação de invalidez seja apreciada à luz das condições contratuais vigentes à data em que aderiu ao seguro de grupo".

[9] JOSE VASQUES, ob. cit. p. 161 citando JORGE FERREIRA SINDE MONTEIRO *"É em homenagem à boa fé que a lei obriga o proponente e, mais tarde, o segurado a participar à seguradora todos os factos e circunstâncias relativas ao risco: um dever pré-contratual de fornecer à contra-parte informação sobre todos os aspectos relevantes para a sua decisão, incluindo mesmo aqueles que a possam levar a afastar-se do projecto negocial, não pode ser afirmado com um carácter geral (como) resulta, em regra da existência de interesses contrapostos, o dever de dar a conhecer ao segurador todos os factos relevantes advém daqui de que muitos deles estão no exclusivo conhecimento do Tomador ou segurado, sendo de outra forma impossível àquele obter os factos necessários para o cálculo do risco que há-de assumir."*

[10] **Ac. Rel. de Coimbra** de 22.01. 2002: " I – A lei faz recair sobre a seguradora o encargo de comunicar e informar na integra à contra-parte as cláusulas contratuais gerais, afim de que estas possam ser integradas no contrato singular, sendo irrelevante que o cliente se encontra em situação de poder ou dever saber, se a chaga a invocar. II – Sobre a seguradora impende o ónus de prova do cumprimento desse encargo, com a consequência de não o fazendo, a cláusula ou cláusulas em causa se terem por excluídas do contrato singular.", Col. Jur., 2002, Tomo I, pág. 16

no respeito dos princípios da hermenêutica contratual especificamente aplicável, ou seja, no modo como deve ser feita *interpretação* das *Condições Gerais, Especiais* e *Particulares* do contrato de seguro em causa e no modo como deve ser regularizado um sinistro coberto pela respectiva Apólice [11].

Podemos concluir, pois, que, o contrato de seguro, para além da sua *função social* inquestionável [12], em alguns casos, motivada por exigências de *natureza normativa*, como é o caso da contratualização dos seguros obrigatórios, noutros, meramente de *natureza contratual*, como é o caso da contratualização dos seguros facultativos, é, em qualquer caso, um contrato regido pelos princípios de direito privado, onde o princípio da boa fé assume uma função essencial, muito relevante, antes, durante e por ocasião do sinistro.

Esse *sentido objectivo* da boa fé, materializa-se, nos interesses negociais em presença a cada momento e nos deveres jurídicos, fundamentais, dos contraentes, na relação jurídica pretendida.

De entre muitos dos deveres que justificam uma atitude de boa fé negocial no contrato de seguro, destacamos os que consideramos ser, os mais importantes [13].

---

[11] **Ac. do S.T.J.** de 11.01.1985 " *Tendo-se preceituado em determinada cláusula de apólice de seguro que o segurado transfere para a seguradora e esta assume, de acordo com a legislação em vigor e nos termos desta apólice, a responsabilidade pelos encargos provenientes de acidentes de trabalho e doenças profissionais em relação aos trabalhadores ao serviço daquele abrangidos pelo presente contrato, há que interpretar semelhante cláusula, atento o disposto no artigo 236.º n.º 1 do Código Civil e 427.º do Código Comercial e o princípio da boa fé que essa interpretação deve presidir, no sentido de que a entidade patronal transferiu, por força da dita cláusula, para a seguradora, toda a responsabilidade legal que para si pudesse advir de acidentes de trabalho sofridos por trabalhadores ao seu serviço*" BMJ 343, 292

[12] A propósito da *"função social do seguro"*: COSTA MARTINS, Manuel – **I Congresso Nacional de Direito dos Seguros**, *Memórias*, Coimbra – Ed. Almedina, 2001. p

[13] *O dever de informação* da Seguradora é tema deste Congresso, razão pela qual, para lá remetemos os interessados.

3 – O dever pré-contratual de declaração do risco [14]

A *exacta descrição* do risco pelo Tomador do Seguro é pressuposto essencial, necessário, para uma adequada ponderação dos interesses em

---

[14] A este respeito ter em conta o tema *"O dever de informação do Tomador do seguro na fase pré-contratual"*, tema levado ao **II Congresso de Direito de Seguros**, pelo Sr. Professor Doutor JÚLIO GOMES, *Memórias*, Coordenação de António Moreira e M. Costa Martins, Coimbra – Ed. Almedina, 2002 p.75 e ss.; JOSE VASQUES, ob. cit. pág. 219 e ss.

Achamos, contudo, pertinente, tecer algumas considerações de ordem prática sobre o "risco".

Na terminologia de seguros o conceito de "risco" é utilizado em dois sentidos, *risco* como *objecto seguro*, *risco* como *possível ocorrência de um acontecimento economicamente negativo no património de alguém garantido, em termos indemnizatórios, por uma apólice de seguro*. Este último será o sentido tecnicamente mais adequado. Daí habitualmente falar-se de "risco de morte", "risco de incêndio", risco de "maior gravidade" risco de "menor gravidade" etc. etc..

As *características* do risco que, normalmente, se apontam, são as seguintes:
a) *Incerto* ou *aleatório*: o risco poderá ocorrer ou não. Em alguns casos, sabe-se que ocorrerá, não se sabe, no entanto, quando;
b) O risco tem de ser *possível*: Há-de existir a possibilidade de risco, quer dizer, o sinistro deve "poder suceder". Esta possibilidade tem, contudo, limitações: a *frequência* e a *impossibilidade*;
c) O risco tem de ser *concreto*: o risco deve poder ser analisado quantitativamente e qualitativamente. Só desta forma se poderá decidir sobre a conveniência ou inconveniência da sua aceitação e em caso afirmativo, fixar o prémio de seguro;
d) O risco tem de ser *lícito*: em termos de normalidade, o risco tem de ser adequado a uma possibilidade legal de existir;
e) O risco tem de ser *fortuito*: em princípio, o risco de ter origem num acontecimento alheio à vontade humana;
f) O risco tem de ter um *conteúdo económico*: A realização do sinistro há-de produzir uma necessidade económica que seja possível, satisfazer com a indemnização correspondente.

A *classificação* dos riscos é muito variável segundo o modo como se aborda o problema, podendo, no entanto, dividir-se em grandes classes de riscos. As principais classes são as seguintes:
a) Segundo o princípio da segurabilidade o risco pode ser *segurável* ou *insegurável*;
b) Segundo o "objecto" sobre que recai o risco pode ser *patrimonial* ou *não patrimonial*;
c) Segundo a sua regularidade estatística o risco pode ser *ordinário* ou *extraordinário*;
d) Segundo o seu grau de intensidade o risco pode ser *variável* ou *constante*;
e) Segundo a sua proximidade física com outros riscos, o risco pode ser *distinto, comum, contíguo* ou *próximo*;

presença, suas consequências contratuais e oportuna formação do contrato de seguro.

Importa, por isso, traçar, alguns dos seus contornos.

O Tomador do Seguro tem o dever prévio à conclusão do contrato de declarar à seguradora todas as circunstâncias conhecidas que possam influir na analise do risco, tal como pressupõe art. 429.º do Cód. Comercial.

Só que esta disposição é muito vaga e, uma interpretação menos adequada pode deitar por terra o sentido mais adequado. Impõe-se, por isso, que a sua interpretação seja actualizada aos novos modelos de procedimentos contratuais.

Nos termos da Directiva 88/357/CEE que versou sobre liberdade de serviços e sobre actualização de legislação de seguros, o Tomador de Seguro deve ficar desonerado do dever de declaração do risco *se a seguradora não o questionou sobre o mesmo*, ou, ainda que o haja questionado, se trate de circunstâncias que pudessem influir na valorização do risco e que não foram compreendidas no questionário previamente apresentado.

No nosso ordenamento jurídico, não temos, uma norma adequada a esta exigência, ao contrário, por exemplo da lei espanhola, onde a este propósito, se declara que o tomador do seguro tem o dever de declarar à seguradora, de acordo com o *questionário* que esta lhe apresenta, todas as circunstâncias por ele conhecidas que possam influir na valoração do risco, prosseguindo, com a transcrição da norma da Directiva já assinalada [15].

Sem prejuízo do exposto, a *declaração do risco* nas suas diversas vertentes é, sempre, um dever pre-contratual, pois surge nos actos preparatórios que conduzem à conclusão do contrato de seguro. Por outro lado, o dever de declaração do risco *não é uma obrigação* do tomador do seguro. É um *dever*. Representa, em suma, um *ónus* do tomador do seguro e como a seguradora não tem a possibilidade de exigir o seu

---

f) Segundo a sua ocorrência temporal, o risco pode ser *progressivo* ou *regressivo*;

Existem, ainda, outras classes de riscos, como por exemplo, *o risco atómico, especulativo, constante, corrido, em curso, extra-profissional, profissional, financeiro, industrial, material, moral, normal objectivo, subjectivo, ocupacional etc. etc.*.

[15] Actualmente vigora, para o efeito, o disposto no art. 17.º n.º 2 do DL 176/95 de 26 de Julho: "... considera-se como proposta de seguro o formulário normalmente fornecido pela seguradora para a contratação do seguro", conjugado com o disposto n.º 429.º do Cód. Comercial.

cumprimento forçoso, as consequências contratuais, nunca poderão ser analisadas à luz do incumprimento das obrigações.

Por isso, a violação do dever de informar a seguradora – como pressuposto essencial para a existência e eficácia do contrato – terá, necessariamente, de afectar, o *pagamento total* ou *parcial* da indemnização ou, em última instância, *a própria validade do contrato*, com todas as consequências legais daí resultantes.

Quando a qualidade de Tomador de Seguro e de Segurado não coincidam, entendemos que o dever de declaração de risco deve também, quando conhecido, ser um dever deste último, sem prejuízo, do dever que impende, sempre, sobre o mediador do contrato de, também, *informar a seguradora dos riscos a cobrir e das suas particularidades*, bem como, *a informar a seguradora das alterações nos riscos já cobertos de que tenha conhecimento e que possam influir nas condições do contrato* (DL 388/91 de 10 de Outubro, art. 8.º al.c. e d.).

Acontece, porém que, em certos contratos de seguro, a infracção do *dever de informar*, por parte *do Segurado*, quando não coincida a sua qualidade com a de Tomador de Seguro, não tem consequências jurídicas, práticas, à luz da actual legislação de seguros.

Contudo, sempre se dirá que essa conduta negativa pode ser analisada no âmbito da responsabilidade civil extracontratual, desde que a sua actuação tenha sido culposa e tenha causado danos à seguradora.

Já quanto ao *dever de informar do mediador*, o mesmo tem enquadramento na actual lei da mediação, e no próprio contrato de mediação. Trata-se, aqui, no caso de violação desse dever, de um eventual incumprimento contratual, com as necessárias e legais consequências.

4 – Âmbito do dever pré-contratual de declaração do risco[16]

O dever de declaração do risco terá, forçosamente, alguns *limites contratuais gerais*.

---

[16] O **art. 429.º do Cód. Comercial** dispõe, a este respeito, o seguinte: *"Toda a declaração inexacta, assim como toda a reticência de factos ou circunstâncias conhecidas pelo segurado ou por quem fez o seguro, e que teriam podido influir sobre a existência ou condições do contrato tornam o seguro nulo.*

Parágrafo Único: Se da parte de quem fez as declarações tiver havido má fé o segurador terá direito ao prémio."

O **art. 436.º do Cód. Comercial,** por seu turno, refere que *" O seguro é nulo, se*

Como primeiro nota, não parece adequado poder-se exigir do Tomador do Seguro, um *conhecimento técnico-científico* do risco que pretende ver seguro, equivalente, aos conhecimentos que deve apresentar a Seguradora na analise dos riscos em geral e das suas consequências concretas, num determinado contrato de seguro. Esta, por força da sua especialização, estará, concerteza, muito mais acompanhada de conhecimentos científicos que resultam da prática dos técnicos que normalmente contrata para o efeito.

A determinação do âmbito do dever de declaração pressupõe, pelo contrário, uma avaliação ponderada, em função duma realidade *concreta e objectiva*, que seja caracterizada pelo conhecimento que um *homem médio, normal,* teria dos factos, em determinado momento.

Daí ser defensável que a seguradora, detentora dos conhecimentos técnicos de analise de riscos, tenha de – por intermédio do questionário apresentado – precisar, quais as circunstâncias concretas, relevantes, para caracterização cientifica do risco, em cada caso concreto.

Esse questionário, deve ser, a nosso ver, o mais possível completo e pormenorizado, de maneira que, se apresentem ao Tomador do Seguro, os parâmetros de todas as alternativas possíveis. A não ser assim, será, eventualmente, questionável no plano jurídico, fora dos casos de manifesta má fé, a eficácia das *omissões* ou *reticências do Tomador do Seguro* que não tenham, no questionário, nenhuma hipótese de resposta.

Por conseguinte, o Tomador de Seguro tem o dever de fornecer uma informação verdadeira, de acordo com o seu conhecimento prático, formalmente, exteriorizada nas suas respostas ao questionário pré-contratual, apresentado pela Seguradora, o qual pode ser um modelo pré--definido quando se esta perante a contratação de *seguro de massas*, como acontece, por exemplo, na contratação de seguros de responsa-

---

quando se concluiu o contrato, o segurador tinha conhecimento de haver cessado o risco, ou se o segurado, ou a pessoa que fez o seguro, o tinha da existência do sinistro.

Parágrafo Único: *No primeiro caso deste artigo o segurador não tem direito ao prémio, no segundo não é obrigado a indemnizar o segurado, mas tem direito ao prémio."*

O **art. 446.º do Cód. Comercial**, refere ainda que " *O segurador pode declarar sem efeito o seguro, desde que o edifício ou objectos segurados tiverem outro destino ou lugar que os tornem mais expostos ao risco por forma que o segurador não os teria segurado, ou exigiria outras condições, se tivessem esse destino ou lugar antes de efectuar o seguro..."*

bilidade civil automóvel ou um modelo elaborado especialmente para a contratação de um contrato de seguro não enquadrável naquela designação, como acontece, por exemplo, na contratação de um contrato de seguro de responsabilidade civil exploração.

Como segunda nota, entendemos que o dever de informar abrange, apenas, as informações que possam *influir na avaliação técnica do risco ou na analise das suas consequências*, porquanto, só assim, a seguradora pode declarar se está disponível para aceitar ou não os termos do negócio tal como eles estão configurados nas respostas ao questionário e pode calcular na devida altura e correctamente, o respectivo prémio de seguro a pagar pelo Tomador do Seguro. Por conseguinte a omissão de factos ou as declarações inexactas, conhecidas após a conclusão do negócio, que não ponham em causa esse objectivo, devem ser ineficazes quanto à *invalidade do contrato*, podendo, no entanto, admitir-se *modificação* ou *redução* do negócio, em face das circunstâncias novas, conhecidas, ou até, mesmo a *denuncia* do mesmo, de acordo com as disposições contratuais.

Postas estas considerações, importa realçar os *limites objectivos especiais*, do dever de informação do risco.

Esse dever poderá ser entendido de duas maneiras:
a) como um *dever espontâneo, genérico, independente* do tomador do seguro ou,
b) como um *dever de resposta* ás perguntas solicitadas, normalmente, compreendidas, num documento anexo à proposta de seguro, ou nela inseridas, como acontece, normalmente, nos seguros standart.

No primeiro sentido, poder-se-á entender que o *dever de declaração do risco é amplo* e representa a concretização de que tudo deve ser declarado atento o principio da *máxima boa fé* e, portanto, tudo o que foi dito se presume, na realidade, como tudo o que há a dizer, na apreciação daquele risco em concreto.

O questionário, serviria apenas, como ponto de partida, como ponto de referência declarativa, ou melhor, como ponto de enquadramento da declaração, a qual, poderia ser mais extensa do que as respostas ao mesmo, como também poderia ser mais restrita [17].

---

[17] Neste sentido, JOSÉ VASQUES, ob. cit. pág. 220: *"Com o objectivo de auxiliar o tomador do seguro a evidenciar os actos relevantes para a apreciação do risco, usam as seguradoras fornecer-lhe um questionário, que o guie nas suas declarações. No entanto,*

A existência de questionário seria meramente circunstancial, não se trataria de uma exigência substantiva.

Optando pelo segundo sentido, poder-se-á entender que *o dever de declaração deverá, apenas, circunscrever-se à resposta clara e precisa do questionário* inserido na *proposta de seguro* ou em *documento* anexo [18].

Estaríamos, aqui, perante um *dever de resposta, mas limitado* ao que é perguntado, pela seguradora, no questionário. Ou seja, vigoraria, aqui, o *princípio de adesão*, tal como existe, na adesão ás condições contratuais propostas pela seguradora.

Fugiria à lógica de qualquer destas duas perspectivas aqueles contratos de seguro celebrados por intermédio de contratações automáticas que se perfeccionam por intermédio de máquinas automáticas sem, a existência de qualquer questionário prévio. Nestes casos, deveríamos entender que a seguradora, prescindiu do conhecimento de outras circunstâncias, eventualmente relevantes, valendo-se, apenas, do conhecimento do risco genérico, técnica e estatisticamente tratado. Por isso, não poderá, em caso algum, invocar, a seu favor, a eventual falta de declaração do tomador de seguro.

A nossa lei não determina qual o caminho a seguir, nem nada refere acerca da necessidade de um questionário prévio. Pelo contrário, fica-se um uma exigência de ordem geral.

A jurisprudência, porém, tem vindo a delimitar-lhe o seu alcance, no sentido de que o dever de declaração de risco deve ser *objectivo* e *coerente* com os princípios da *máxima boa fé* e da *reciprocidade* atento o facto de ser exigível, também, da Seguradora, uma actuação profissio-

---

a existência do questionário, por mais exaustivo que seja, não exime o tomador do seguro da obrigação de comunicar à seguradora outros factos e circunstâncias com influência sobre o risco. Pese embora as criticas que esta última tese recebe – principalmente fundadas no facto de que, não sendo o tomador um técnico de seguros, difícil lhe será identificar aspectos relevantes que tenham escapado à seguradora que elaborou o questionário – parece que, sendo o questionário um elemento de facilitação concedida pela seguradora ao segurado, não é justo que possa redundar num prejuízo daquela; o equilíbrio há-de encontrar-se em dever o tomador do seguro declarar todos os factos e circunstâncias dele conhecidas e que cuja relevância para a formação do contrato esteja ao alcance de um segurado diligente com capacidade normal. E com estas considerações há-de conjugar-se o facto de a boa fé do tomador do seguro não validar o seguro se o segurado estava de má fé".

[18] É a solução do direito espanhol, no art. 10 da Ley 50/1980 de 8 de Outubro, com o aditamento da Ley 21/1990 de 19 de Dezembro.

nal que indique ao Tomador de Seguro as circunstâncias relevantes para a avaliação do risco e do prémio e seguro a pagar[19].

Neste sentido, a jurisprudência, pende para o entendimento de que os limites do *dever de declarar deve aferir-se por um critério objectivo* retirado do âmbito das respostas que o Tomador do Seguro fornece à Seguradora, antes de esta aceitar o seguro [20].

Esta opção – que perfilhamos – implica que, se, a Seguradora, não questiona o *oportuno* e o *necessário* para obter do Tomador do Seguro a declaração correcta acerca do risco segurável, não pode, mais tarde, sustentar que o dever de declaração do risco, em toda a sua plenitude, não foi respeitado.

Neste sentido, o questionário, ou a proposta de seguro ou ambos os documentos, devem ser elaborados pela seguradora, com a máxima *clareza*, deve ser evitada a *resposta induzida* ou a *interpretação implícita* da declaração do risco, contando que, o preenchimento ou o reconhecimento das respostas dadas, foi tarefa do Tomador do Seguro ou de alguém por ele mandatado [21].

---

[19] **Ac. do S.T.J.** de 19.10.1993 " *I – A seguradora, perante dúvidas quanto às declarações iniciais do segurado no momento da celebração do contrato, deve esclarecê--las e não impugnar tais declarações apenas no momento em que lhe é solicitado o pagamento, depois do sinistro. II – Não é qualquer pormenor formalmente incompleto do escrito no contrato que o pode invalidar. III – È sobre a seguradora que impende o ónus de provar o conhecimento pelo segurado da circunstância omitida ou alterada.*" Col. de Jur., 1993, Tomo III – p. 142

[20] Ac. do **Trib. Rel. Porto** de 14-06-1988: "*O segurador não tem de fazer a prova de que a declaração inexacta teria podido influir sobre a existência ou condições do contrato. A apreciação do facto declarado, para esse efeito, deve basear-se num critério objectivo, designadamente na sua inclusão na proposta – questionário do seguro e dos seus próprios termos, conjugados com a natureza do seguro*". Col. Jur. 1988, tomo III, pág. 239

[21] **Ac. Trib. Rel. Lisboa** de 05.02.1982: " *O artigo 429.º do Cód. Comercial equipara e responsabiliza, ambas as partes, pelas informações inexactas ou pelas reticências na declaração inicial do risco. Assim, a seguradora é igualmente responsável pelo não exercício dos seus poderes de informação e controlo fiscalizador sobre se as perguntas formuladas no questionário da proposta de seguro foram ou não preenchidas pelo segurado*". Col. Jur. 1982, tomo I pág. 171

Ac. Trib. Rel. Lisboa de 25.11.1997: " *II – A declaração inexacta a que se refere o art. 429.º do Cód. Comercial abrange não só a declaração falsa feita com má fé ou dolo, como também aquela que é produzida por via de mero erro involuntário. III – Do mesmo modo, a reticência tanto pode derivar de má fé como de mera negligência. III – Figurando na proposta que o risco se iniciava no Chile e terminava em Lisboa (armazém*

Todas as respostas devem ser interpretadas tecnicamente dentro dos conhecimentos científicos disponíveis em cada momento, partindo do texto, e, em caso de dúvida, a *interpretação da declaração do risco deve salvaguardar a posição do aderente – o Tomador do Seguro* – conforme exige a lei das cláusulas contratuais gerais.

O Tomador do Seguro deve declarar quanto sabe sobre as respostas e não se pode alargar este dever ao ponto de se exigir que declare o que, sem uma atitude negligente, ignora, sob pena de, cairmos, numa enorme incerteza sobre o âmbito da declaração negocial exigível, em cada caso concreto. A omissão de circunstâncias realmente desconhecidas, que colocariam a eficácia do contrato celebrado numa incerteza permanente, não podem qualificar-se nem como *reserva* declarativa, nem como *omissão* ou *reticência* [22].

Não será justo, salvo melhor opinião, impor ao Tomador do Seguro um dever de conteúdo indefinido, abstractamente referenciado, ou que realize uma actividade extraordinária para declarar o que, aparentemente e no caso concreto, não lhe é, razoavelmente, exigível.

Essa exigência, seria de todo incoerente á luz da boa fé negocial, tanto mais que, no momento da pre-contratualização o tomador do seguro, desconhece, parte das condições de aceitação ou de exclusão dos riscos da futura apólice.

De *jure constituendo* muito há a fazer. Esperamos que a futura reforma do Direito dos Seguros, consagre estes princípios, para uma maior certeza e segurança do direito, há muito exigências da própria União Europeia e já consagrados noutros ordenamentos jurídicos [23].

---

a armazém), a reticência de que o ponto de destino era Bilbau e não Lisboa constitui uma omissão de elemento essencial para a apreciação do risco que a seguradora se dispunha a cobrir".

[22] Quando se fala em *omissões* ou *reticências* que se traduz, contratualmente, em *declarações inexactas* prevê-se, normalmente, aquelas circunstâncias, caracterizadas por *falta de verdade* nas declarações a respeito dos factos conhecidos e que poderiam influir na análise do risco, ou então, a *ocultação maliciosa* efectuada pelo tomador ou pelo segurado sobre a natureza ou sobre as características dos riscos que se pretende cobrir, com o objectivo de conseguir uma diminuição no prémio de seguro.

Para José Vasques, ob. cit. pág. 222 " *As declarações inexactas consistem na declaração de factos ou circunstâncias que não correspondem à realidade. A reticência consiste em silenciar o que se sabia e se tinha o dever de dizer, é a omissão de factos e circunstâncias que servem para a exacta apreciação do risco."*

4.1 Efeitos do incumprimento do dever pré-contratual de declaração do risco

O Código Comercial prevê o regime de *anulação* do contrato [24], quando a descrição do risco tido em conta no momento da conclusão do contrato é diverso do risco real, ou seja, quando exista divergência entre a situação representada no contrato de seguro e a situação real [25].

Aqui, o regime mais equilibrado no plano da relação contratual podia ser o da *rescisão* do contrato, tal como acontece noutros ordenamentos jurídicos – por exemplo, o Espanhol – apesar de, por vezes, o

---

[23] O DL 94B/98 de 17.04 que revogou o DL 102/94 de 20.04, veio regular o regime de acesso e exercício da actividade seguradora. Pretendeu este diploma introduzir no ordenamento jurídico português, os princípios comunitários em vigor com vista à concretização do mercado único de seguros. Nesse sentido, impunha-se introduzir regras mínimas por forma a consubstanciar a transparência exigida nas relações contratuais.

Embora ainda se aguarde uma lei sobre o contrato de seguro, urgia, já nessa altura, edificar a base desta nova era – "O princípio da informação" – e introduzir alguns procedimentos no "modus-faciendi" do contrato de seguro que permitissem desde logo iniciar uma nova fase do regime contratual. Neste espirito, devemos ter em conta as exigências introduzidas pelo DL 176/95 de 26.07. Conforme refere o preambulo deste diploma *"A diversidade de coberturas, exclusões e demais condições, com maior ou menor grau de explicitação no contrato, justifica que, à semelhança do que se verificou no sector bancário, se introduzam regras mínimas de transparência nas relações pré e pós-contratuais"*

Assim, no que respeita à formação do contrato é imperioso que no prazo de **quinze dias** após a recepção da proposta de seguro, a seguradora notifique o proponente da aceitação ou recusa da proposta, ou ainda no caso de seguros dependentes de exame médico, da necessidade de realização destes para a avaliação do risco. Decorridos quinze dias após a recepção da proposta de seguro sem que a seguradora notifique o proponente, o contrato considera-se celebrado nos termos propostos (art. 17.º DL 176/95 de 26.07).

A resolução do contrato de seguro, a sua não renovação ou a proposta de renovação em condições diferentes das contratadas devem ser comunicadas por escrito por uma das partes à outra parte, com a antecedência mínima de **trinta dias** em relação à data de resolução ou do vencimento (art. 18.º DL 176/95 de 26.07).

[24] Apesar de, literalmente, constar o regime de nulidade.

[25] Trata-se da corrente jurisprudêncial dominante. Entre outros, o **Ac. do Trib. Rel. Lisboa** de 28.02.1991 in Col. Jur. 1992, Tomo I – pág. 172 *"Não obstante a literalidade do artigo 429 do Cód. Comercial, este normativo prescreve a simples anulabilidade do contrato de seguro, por via da declaração inexacta ou de reticência de factos ou circunstâncias, pelo segurado, conforme relevância concreta dessa incorrecção"* e o **Ac. Trib. Rel. Porto** de 14.01.1997 in Col. Jur., 1997, Tomo I, pág. 204 à frente transcrito.

Para maiores desenvolvimentos, JOSÉ VASQUES, ob. cit. pág. 223 e ss.

regime de *anulabilidade* e *rescisão* se apresentar discutível e não ser nítida a linha divisória dos efeitos de uma e de outra.

Não obstante, parece claro que na *anulabilidade* a ineficácia do negócio provem da existência de algum vício intrínseco que afecta o contrato na sua validade, e no regime da *rescisão*, os contratos são validamente celebrados mas com consequências lesivas para uma das partes.

Nesta situação, como a falta de declaração exacta do risco produz, consequências na esfera contratual da seguradora, esta, deverá ter a *faculdade de anular o contrato* e não a faculdade de rescindir o contrato, aplicando-se, quanto ao regime da anulação, subsidiariamente, o previsto no Código Civil.

5 – O dever de comunicação do agravamento do risco [26]

Tal como acontece no dever de declaração do risco, o dever de comunicação do agravamento do risco é um dever em sentido técnico--jurídico [27].

A única diferença reside no momento do seu exercício: o *dever de comunicação ocorre durante a vigência do contrato de seguro*. Daí que o seu fundamento seja o de evitar um desequilibro qualitativo nas prestações contratuais, que não foi previsto pelos contraentes – porque não podia ser – no momento da conclusão do contrato. Desequilíbrio que, quantitativamente, afecta de forma inevitável, o princípio de *equivalência* de prestações. De modo que a alteração superveniente das circunstâncias contratuais que presidiram à base negocial, é justificável, porquanto, se alteraram os legítimos interesses que as partes acordaram regular no inicio do contrato.

---

[26] JULIO GOMES Prof. Doutor, ob. cit. pág. 108 e ss. Ver ainda, art. 446.º do Código Comercial

Entende-se por *agravamento do risco* a situação que se produz quando, por força de determinados acontecimentos alheios à vontade do tomador do seguro ou do segurado, o risco coberto inicialmente, adquire uma maior perigosidade.

[27] Quando o risco não permanece constante, tal como foi declarado inicialmente, durante a vida do contrato de seguro, torna-se necessário adaptar as condições do contrato à nova realidade. Essa adaptação pode ocorrer no sentido de *agravamento* do risco, ou *diminuição* do risco. Qualquer destas situações implica uma consequente alteração do prémio de seguro para mais ou para menos, respectivamente.

Este dever consiste no seguinte: o tomador do seguro ou o segurado devem, durante o tempo de duração do contrato, comunicar à seguradora, logo que tenham conhecimento, todas as *circunstâncias* que *agravem*, qualitativamente, *o risco* e sejam de tal natureza que, se fossem conhecidas pela seguradora no momento da perfeição do contrato, esta não o teria celebrado, ou então, te-lo-ia celebrado em condições mais gravosas.

As circunstâncias que agravam o risco coberto devem distinguir-se de outras circunstâncias laterais, que não cabem no âmbito do dever de comunicar.

Por isso, torna-se necessário delimitar, também, esse dever.

Em primeiro lugar, do dever de comunicar o agravamento de risco carece de sentido quando esse *agravamento* seja de consequência de factos susceptíveis de conhecimento comum, *notórios por qualquer ser humano normal,* e a seguradora tenha conhecimento deles por qualquer meio, antes da declaração do sinistro. Por isso, não deve ser exigível uma declaração do Tomador do seguro, quando a diligência profissional normal da seguradora exija o conhecimento efectivo do agravamento do risco.

Em segundo lugar, o dever de comunicar o agravamento do risco, não abrange a existência superveniente de um qualquer risco em consequência da aparição de circunstâncias novas, que estejam previstas no âmbito das *Exclusões Contratuais.*

Como sabemos as *Exclusões Contratuais* estão previstas nas Condições Gerais da Apólice e, eventualmente, nas Condições Especiais, desde o inicio do contrato de seguro, abrangendo, não só, exclusões de riscos pré – existente, como aquelas circunstâncias que venham a existir durante a vigência da apólice e que possam ser consubstanciadas numa qualquer exclusão já prevista inicialmente.

Em terceiro lugar, tratando-se de seguros de coisas, o dever de comunicar também não deve abranger a *valorização quantitativa* dos bens seguros.

Com efeito, o agravamento da valorização das coisas seguras não produz um agravamento do risco em sentido técnico. Antes, produz, apenas, um eventual aumento do valor indemnizável que será, porventura, relevante, apenas, no momento do cálculo da indemnização a liquidar pela seguradora, tendo em conta, *a aplicação da regra proporcional,* legalmente prevista [28].

---

[28] A **regra proporcional** é uma norma geral de indemnização. Tratando-se de um sinistro parcial, e nos casos em que o valor declarado na apólice de seguro for inferior

Em quarto lugar, o dever de comunicar o agravamento do risco, pressupõe que as circunstâncias agravantes sejam de tal natureza que, *a serem conhecidas pela seguradora, esta, haveria de celebrar o contrato*

ao valor real dos bens seguros, considera-se que o próprio tomador segurado participa, na proporção em que se dá a insuficiência de cobertura. O que equivale a dizer que o tomador ou segurado terá de assumir por sua conta algumas das consequências económicas do sinistro, calculadas de acordo com essa base proporcional. Por conseguinte, para se aplicar a regra proporcional, têm de se verificar os seguintes **pressupostos**:
   a) O valor do seguro tem de ser, objectivamente, inferior ao valor real dos objectos seguros e danificados;
   b) A falta de cobertura deverá ocorrer no momento imediatamente anterior ao sinistro;
   c) O sinistro tem de produzir, apenas, danos parciais, nos objectos seguros, pois, se o dano é total, o valor a indemnizar terá como valor máximo, o valor constante da apólice, relativo a esse bem.

A aplicação da regra proporcional tem *caracter dispositivo*, ou seja, pode ser afastada por vontade dos contraentes: refere o art. 433.º do Cód. Comercial que "*se o seguro contra riscos for inferior ao valor do objecto, o segurado responde,* **salvo convenção em contrário**, *por uma parte proporcional das perdas e danos*". O caracter dispositivo pressupõe um acordo, ou seja, não releva a simples declaração unilateral de um dos sujeitos da relação jurídica. Por exemplo, a vontade do tomador do seguro, por si só, não é suficiente para afastar a regra proporcional.

Obviamente que, em determinadas modalidades de seguros, como é o caso dos seguros de responsabilidade civil, a exclusão da aplicação da regra proporcional está implícita.

Esta exclusão pode, ainda, verificar-se, nas seguintes situações:
   a) Nos seguros em *primeiro risco*. Trata-se de contratos de seguros cobrindo uma pluralidade de valores, na mesma apólice, mas com inerentes riscos diferentes. Se os valores seguros correspondem a riscos diferentes os contraentes podem fixar um valor seguro que permita a cobertura do valor mais elevado, de forma que, havendo um sinistro, o segurado será pago pela totalidade do dano.
   b) Nos seguros, onde exista a *cláusula de tolerância*. Nestes casos a seguradora, compromete-se, a não aplicar a regra proporcional, e, portanto, a não alegar existência de infra-seguro, sempre que este não exceda determinada percentagem.
   c) Na *apólices estimadas*. Aqui, os contraentes fixaram o valor que se deve ter em conta para o cálculo da indemnização em caso de sinistro.
   d) Nos seguros que contemplem o *valor em novo*. Neste caso, os contraentes acordaram fixar que em caso de indemnização o valor da indemnização será fixado tendo em conta o valor do bem seguro, como se fosse novo. A formula a aplicar poderá ser, nestes casos, fixada em cláusulas de revalorização automática;
   e) Nos seguros com a cláusula de *reversibilidade* ou de *relação de excedentes*. Está em causa o contrato de seguro em que se seguram diversos bens de valores

em condições mais gravosas para o tomador do seguro, ou seja, com o pagamento de um prémio de seguro superior.

Quer dizer que, se as circunstâncias supervenientes não forem mais gravosas para o tomador do seguro ou segurado, está claro que a comunicação da alteração do risco tem um alcance irrelevante.

Em quinto lugar, as circunstâncias que devem ser objecto da comunicação devem ser *novas*, tendo em conta, a celebração do contrato e devem ser *relevantes*.

Quer dizer que, se dos factos supervenientes não resultar consequências contratuais previsíveis, tendo em conta, o âmbito de probabilidade possível ou não resultar consequências indemnizatórias previsíveis de um sinistro não existe dever de comunicação.

Assim, os factos que agravem o risco de uma forma efémera ou aqueles que possam ser considerados como agravamentos naturais do risco não devem estar compreendidos no dever de comunicação, pois a seguradora teria, de os ter, sempre, em conta, no momento do cálculo do prémio de seguro.

Por último, apenas, duas referências mais, quanto à *forma* como deve revestir essa comunicação e quanto ao *prazo* em que o mesmo deve ser exercido.

A lei não estabelece nenhuma *forma* especial. Daí que se poderá sustentar o princípio de que, neste aspecto, vale qualquer meio de comunicação.

Contudo, a liberdade de comunicação pode trazer vários problemas de ordem probatória e, para evitar tais inconvenientes, será sempre de

---

distintos e a liquidação do sinistro faz-se de forma separada para cada objecto sem que exista compensação de valores entre os objectos seguros por valores inferiores aos valores declarados na apólice e os objectos seguros por valores superiores.

A este propósito, diz o Senhor Juiz Desembargador BETTENCOURT DE FARIA *"Juridicamente, parece-nos que a regra da proporcionalidade assenta na vontade das partes. Na verdade, se alguém segurou por 100 contos o prédio que valia 150 contos, isso significa que quis que um terço do máximo do prejuízo possível ficasse a descoberto por sua conta. Deste modo, se se vem a verificar prejuízos no valor de 60 contos, a seguradora manterá, na mesma, a obrigação de indemnizar dois terços do valor dos danos, ou seja, 40 contos. Mantém-se o princípio da cobertura da totalidade, apenas definida por percentagem dos danos que se quis segurar... se a seguradora pagasse por inteiro os 60 contos, haveria da parte do segurado um lucro, não uma indemnização, pois estava a ser indemnizado a 100%, para além, pois, do limite da percentagem de prejuízos contra a qual se quis precaver."* in Col. Jur. Ano III – Tomo III – 1978 p.791

incluir, nas condições gerais do contrato, uma *cláusula contratual* impondo ao tomador do seguro e ao segurado que o dever de comunicação de agravamento de risco se processe de determinada forma, por exemplo, por escrito, ou por carta registada [29].

A comunicação *deve ser efectuada logo que se tenha conhecimento* do agravamento do risco.

Não vigora um regime jurídico que estabeleça um prazo peremptório para o efeito. Na nossa opinião, nem faz muito sentido que exista, porque as circunstâncias de cada caso podem pressupor a salvaguarda de interesses diferentes. O que interessa averiguar é se os sujeitos do dever de comunicar, aplicaram a diligência devida, no sentido de proceder à comunicação após terem conhecimento do agravamento do risco e das suas consequências ou se, pelo contrário, agiram de má fé, fraudulentamente, ou num momento desapropriado, de tal modo que causaram prejuízos económicos à seguradora.

Não ocorrendo nenhum prejuízo económico *o dever de comunicação existe durante todo o tempo de duração técnica do contrato*, iniciando-se a partir do conhecimento dos factos agravantes do risco e, mesmo, em caso de renovação, esse dever não caduca, porque o dever de comunicar as circunstâncias de agravamento do risco são sempre actuais [30].

Pensamos que, a informação produzirá os seus efeitos imediatamente ou, na falta de estipulação contratual, se recebida nas instalações da seguradora ou por seu representante, nada for comunicado ao proponente da alteração, no prazo de 8 dias [31]. Caso se pretenda que o contrato

---

[29] Refere o **Ac. do S.T.J.** de 26.09.1990 que " ... *VIII – No seguro infortunístico nominal, o objecto do seguro é definido inter partes na própria apólice, prevendo-se a sua alteração por comunicação escrita do segurado e a sua recepção pela seguradora, com subsequente alteração da apólice, ao passo que no seguro infortunístico com prémio variável, o objecto do seguro é definido por remessa par folha de férias onde se identificam os trabalhadores a que corresponde a massa salarial a fim de ser calculado o prémio*" in B.M.J. 399,385

[30] Nos termos do art. 13.º do DL 176/95 de 26 de Julho, das condições gerais e ou especiais dos contratos de seguro dos ramos "não vida" devem constar entre outros, os seguintes elementos:.- e) Direitos e obrigações do tomador do seguro em caso de agravamento do risco

j) Obrigações e direitos das partes em caso de sinistro.

[31] Aplicação do **art. 446.º parágrafo 1.º** do Código Comercial " *O segurado, logo que ocorra qualquer das circunstâncias indicadas neste artigo, deve participá-lo ao segurador dentro de oito dias, para que ele possa em igual prazo, a contar dessa participação, usar da faculdade que lhe confere este artigo*".

Parágrafo 2.º "*Na falta de participação pelo segurado ou de declaração pelo* produza efeitos inerentes aos agravamentos de risco mas apenas a partir da data de renovação do contrato, então, aí, tal comunicação terá de ser feita até 30 dias antes da data de vencimento da apólice [32].

Obviamente, que, perante um sinistro parcial, em certo tipo de seguros, verifica-se, o chamado *infra-seguro* e, nesse caso, salvo convenção em contrário, ter-se-á de aplicar a regra proporcional. Para além de que, havendo prejuízos em consequência da comunicação tardia, poderá, sem-

---

segurador nos prazos marcados no parágrafo antecedente resulta respectivamente a anulação ou a conservação do seguro"

Na nossa opinião, o regime aqui consagrado difere do art. 17.º n.º 1 do DL 176/95 de 26 de Julho, relativo à formação do contrato e deve ser esse – o previsto no Cód. Comercial – o aplicado. Contudo, trata-se de uma norma que não produz um efeito automático, porquanto a natureza jurídica dos comportamentos subjacentes são meras faculdades. Por outro lado, o seguro pode sempre subsistir, ainda que, em caso de sinistro se aplique a regra da proporcionalidade.

Há contudo, aspectos inerentes ao risco que o podem tornar mais gravoso, sem que tal aspecto, permita a aplicação dessa regra. Neste caso, a seguradora terá sempre a faculdade de anulação do contrato, contando que, se proceda a um juízo de ponderação entre o risco efectivamente coberto pela apólice e as condições contratuais possíveis, no caso da seguradora ter tido a possibilidade de conhecer o risco real.

Veja-se, por exemplo, o caso referido no **Ac. da Rel. do Porto** "...**II** – *Se num contrato de seguro de uma casa contra incêndio e outros riscos a seguradora formula ao proponente a questão "qual o número de dias, seguidos ou alternados, que a casa poderá estar desabitada em cada período de um ano" e este responde, escrevendo à frente da pergunta "trinta dias" tem que se entender, em conformidade com aquela teoria (teoria da impressão do destinatário), que a desabitação permanente da casa foi, no contrato, considerada factor de agravamento do risco."*

Como resulta, ainda, desse Acórdão "... **IV** – *O agravamento do risco contratual, desde que conhecido do segurado, deve ser comunicada à seguradora em prazo curto, designadamente no de oito dias fixado pelo parágrafo único do art. 446.º do Cód. Comercial, sob pena de anulação do contrato.* **V** – *A anulabilidade (ou nulidade do contrato de seguro) prevista no art. 429.º do Cód. Comercial advém, não somente da violação do dever que o segurado tem de declarar o risco na altura da celebração do contrato, como também nos casos em que, durante a vigência desse contrato, surja alguma modificação que aumente o risco, conhecida do segurado e desconhecida da seguradora e aquele não fizer a esta a declaração desse facto".* In Col. Jur. 1997 – Tomo I – p. 204

[32] Aplicação do **art. 18.º n.º 1 do Dl 176/95** de 26 de Julho: " *A resolução do contrato de seguro, a sua não renovação ou a proposta de renovação em condições diferentes das contratadas devem ser comunicadas por escrito por uma das partes à outra parte com antecedência mínima de 30 dias em relação à data da resolução ou do vencimento"*

pre, a seguradora exigir a sua reparação, por aplicação do art. 440.º do Cód. Comercial desde que, tal premissa, resulte das condições gerais do contrato [33].

Havendo *fraude* por parte do Tomador, do segurado ou do beneficiário com cumplicidade do Tomador, a seguradora poderá resolver o contrato e terá direito, conforme diz a lei, a uma indemnização equivalente às suas perdas e danos. [34]

5.1. Efeitos contratuais, havendo declaração de agravamento do risco.

Perante a recepção da comunicação do efectivo agravamento do risco a seguradora tem duas opções:

---

[33] A situação de *infra-seguro,* nos termos do **art. 433.º do Cód. Comercial**, verifica-se nos casos em que o valor declarado na apólice de seguro relativamente a certo bem é inferior àquele que, realmente possui no momento da declaração do sinistro, ou seja, quando não exista uma correspondente equivalência entre o valor real do objecto e a quantia segura. Trata-se de um regime legal, apenas aplicável, aos seguros de danos, excluindo, pela sua própria natureza os seguros de responsabilidade civil e desde que o *sinistro seja parcial.* Se o sinistro for *total,* a seguradora responde até ao valor declarado na apólice.

Podemos distinguir três tipos de infra-seguro, em *sentido técnico,* consoante o momento em que se produz:

    a) O *infra-seguro inicial* como aquele que existe no momento da conclusão do contrato ou desde o momento da celebração do contrato;

    b) O *infra-seguro sucessivo* como aquele que se verifica, num certo momento da duração técnica do contrato de seguro;

    c) O *infra-seguro final* como aquele que se verifica no momento do sinistro.

Outra classificação, esta, em *sentido subjectivo,* porque depende da vontade das partes, permite-nos distinguir o *infra-seguro voluntário* do *infra-seguro involuntário.*

O *infra-seguro voluntário* ocorre quando as partes por sua vontade não pretendem cobrir o valor real das coisas seguras. O normal é esta situação ocorrer por vontade do tomador de seguro, desejando com isso pagar menos prémio de seguro. Também pode ocorrer por vontade da Seguradora, que não aceita segurar o valor real do objecto, ou porque pretende que o tomador de Seguro ou Segurado participe numa quota parte do risco, como forma de os estimular à prevenção do sinistro. Essa iniciativa da seguradora, desincentiva, ainda, a produção do sinistro por parte dos beneficiários.

O *infra-seguro involuntário* tem lugar sempre que exista da parte do tomador de Seguro, desconhecimento sobre o valor real dos bens, ou sobre a valorização desses bens pelo decurso do tempo ou ainda, por força de factores externos ao contrato, como por exemplo acontece, com uma desvalorização monetária.

[34] Art. 18.º n.º 4 do DL176/95 de 26 de julho.

a) Aceitar o agravamento do risco e modificar o contrato de seguro, ou
b) Rescindir o contrato.

Na primeira hipótese, e na falta de lei especial sobre o modo como deve ocorrer a modificação do contrato, devem aplicar-se, as regras contratuais, ou na falta destas, supletivamente, o regime previsto no Código civil quanto á eficácia das declarações negociais.

Como segunda possibilidade a seguradora tem a faculdade de rescindir o contrato por entender não aceitar o agravamento do risco.

Trata-se de uma faculdade da seguradora que é exercida através duma declaração de vontade em alternativa à possibilidade de modificar o contrato.

Qualquer destas faculdades devem ser efectuadas por escrito, em analogia com o caracter formal do contrato de seguro, produzindo-se os efeitos, a partir de um prazo razoável que pressuponha a possibilidade do tomador do contrato poder celebrar um novo contrato de seguro. Esses efeitos deverão ter, por isso, uma eficácia ex nunc, ou seja, não devem ter eficácia retroactiva.

Se, entretanto ocorrer um sinistro, a seguradora, terá de pagar a indemnização, calculada á luz das condições de aceitação do risco contratualmente assumido antes da comunicação de agravamento [35].

Uma vez resolvido o contrato a seguradora deve devolver a parte proporcional do prémio já recebido, tendo em conta o tempo ainda não decorrido, entre a data da resolução e o termo do período técnico do contrato.

5.2 Efeitos contratuais não havendo comunicação do agravamento do risco

As consequências que resultam do incumprimento do dever de comunicação requerem que, nem o tomador nem o segurado hajam

---

[35] **Ac. da Rel. de Lisboa** de 10.12.1992 relativamente ao seguro de grupo refere que *"No contrato de seguro de grupo, em que há uma seguradora, uma entidade tomadora do seguro e, por outro lado pessoas seguradas, a alteração de uma cláusula contratual, operada entre a seguradora e a tomadora do seguro, sem conhecimento oportuno, nem aceitação, de pessoa segurada que aderira ao contrato é, em relação a esta, inoponível, à luz do princípio da boa fé contratual".* Col. de Jur. 1992 Tomo V p.142

realizado a respectiva comunicação, mas também, que tais circunstâncias sejam desconhecidas da seguradora.

A falta do dever de comunicação pode ser voluntário ou involuntário. Só releva para o efeito, a primeira.

A falta voluntária resulta de uma omissão do tomador do seguro ou do segurado, em não comunicar o agravamento do risco quando o deveria ter feito.

Nestas circunstâncias, se houver uma intencionalidade de prejudicar a seguradora, o mesmo é dizer, se qualquer deles actuar de má fé, à seguradora não se poderá exigir o cumprimento da obrigação de indemnizar, em analogia, com a situação de ter o sinistro sido provocado pelo tomador ou segurado quando estes tenham agido de má fé.

Se não existe má fé na omissão da declaração do tomador do seguro ou do segurado, ou se a omissão for involuntária, o contrato produzirá efeitos, embora diferentes em certas modalidades de seguro, por força da aplicação da regra proporcional consubstanciados na *redução proporcional da indemnização* [36].

Como sabemos, a aplicação da regra proporcional nos termos da lei, tem como base proporcional o valor real das coisas seguras e o valor do seguro. Mas também poderia ser aplicada, tendo em conta a base proporcional em referência ao prémio de seguro efectivamente pago e aquele que devia ser pago, com o agravamento.

6 – Faculdade de comunicar a diminuição do risco [37]

Se o agravamento do risco faculta à seguradora a possibilidade de alterar ou rescindir o contrato, é correcto considerar que igual faculdade deve pertencer ao tomador do seguro caso haja diminuição do risco.

Todavia a nossa lei, não acolhe o princípio da equivalência das prestações contratuais, com total nitidez, quando exista a diminuição do

---

[36] Nos termos do **art. 433.º do Cód. Comercial** "*Se o seguro contra riscos for inferior ao valor do objecto, o segurado responderá, salvo convenção em contrário, por uma parte proporcional das perdas e danos...*"

[37] Entende-se por *diminuição de risco* a situação que se produz, quando por determinados factores alheios à vontade do tomador de seguro ou segurado, o risco coberto inicialmente por uma apólice de seguro adquire, a partir de certo momento, uma perigosidade inferior à inicialmente prevista.

risco. Apenas prevê a possível situação de sobre-seguro de modo muito insuficiente [38].

A nossa lei, não é sensível na defesa do princípio da equivalência das prestações, prevendo um regime geral sobre esta matéria.

Tendo em atenção o regime geral do sobre-seguro que considera que o valor indemnizável a cargo da seguradora *não deverá exceder o valor real dos objectos*, ou ainda, certos regimes especiais legalmente previstos – como é o caso da chamada lei Sócrates – ou ainda, certos regimes contratualmente consagrados, a nossa opinião é de que, as consequências práticas do exercício desta faculdade são, contudo, reduzidas [39].

Apenas se reflectem na possibilidade o tomador de seguro, receber, a parte proporcional do prémio de seguro já pago, mesmo considerando o seu pagamento antecipado e a sua indivisibilidade, excepto se outra for a previsão contratual e esta não for contrária aos limites impostos pela lei.

Por exemplo, não repugna, nem podemos considerar abusiva a clausula contratual que limita a produção de efeitos, apenas, a partir da data de vencimento da apólice, baseando-se esta possibilidade no facto das seguradoras terem já criado as expectativas estatísticas de sinistralidade, criado as reservas financeiras adequadas a essas projecções e programado as medidas de gestão adequadas para a anuidade em curso, não obstante, sabermos não ser esta a tendência, mais recente, da nossa jurisprudência [40].

Neste sentido, a comunicação pelo tomador do seguro de que o risco assumido inicialmente diminuiu, deve produzir, no mínimo o efeito de reduzir o futuro prémio de seguro de modo equivalente à redução do risco.

---

[38] Para se poder considerar relevante uma situação concreta de sobre-seguro deverão verificar-se os seguintes requisitos:
 a) Relação de desconformidade entre o risco seguro e o risco segurável
 b) Inexistência de outros seguros que cobram os mesmos riscos;
 c) Desconformidade considerável entre o valor seguro e o valor real.

[39] Temos que ter em atenção, nestes casos, a natureza do respectivo contrato de seguro. Contudo, dispõe o **art. 435.º do Cód. Comercial** que *"excedendo o seguro o valor do objecto segurado, só é válido até à concorrência desse valor"*.

[40] Ac. do **Supremo Tribunal de Justiça** de 4 de Julho de 2002: *"A cláusula Penal estabelecida num contrato de seguro que permite à seguradora, quando a resolução seja da iniciativa do segurado, reter 50% do prémio correspondente ao período de tempo não decorrido é desproporcionada aos danos a ressarcir, sendo por isso, nula (art. 19.º al. c. Do DL 446/85)"*. Col. Jur. STJ. Ano X – Tomo II – p. 149

Princípio fácil de enunciar mas, por vezes, de difícil aplicação prática, como acontece, por exemplo, quando as tarifas se alteraram no decurso do contrato.

As condições gerais do contrato podem, contudo, prever um regime de protecção específico, partindo do princípio de que a seguradora é quem melhor conhece os critérios que serviram de base à fixação de um determinado prémio de seguro.

A prática orienta-se no sentido de conceder bonificações nos prémios de seguro, como, acontece, por exemplo, na ausência de sinistralidade.

7 – Deveres em caso de sinistro

Verificado um sinistro, nascem um conjunto de deveres, de direitos e obrigações, para ambas as partes no contrato de seguro.

Diremos que, aqui, o princípio da máxima boa fé assume um cariz especial, porquanto, é neste momento que se verifica mais a propensão para falsear os dados, para cometer fraudes.

A fim de podermos delimitar as suas facetas objectivas, o *dever de colaboração* recíproco, subjacente ao principio da boa fé negocial se pode subdividir em três deveres:

a) dever de comunicação do sinistro;
b) dever de comunicação das circunstancias envolventes;
c) dever de salvamento.

7.1. Dever de comunicação do sinistro[41]

O fundamento deste dever tem três vertentes:
a) a seguradora deve estar informada de que ocorreu um sinistro e adoptar as medidas que julgue convenientes;
b) a seguradora deve preparar a liquidação técnica do sinistro, com a colaboração, se necessário, de peritos;
c) a seguradora deve provisionar o sinistro;

---

[41] O dever de comunicação do sinistro é um pressuposto essencial do dever de indemnizar por parte da seguradora. Aplica-se aqui o disposto no art. 440 do Cód. Comercial.

Como se vislumbra, este dever é de extrema importância, na medida em que só há possibilidades de ressarcimento dos danos, se tiver havido sinistro e a seguradora dele tiver perfeito conhecimento.

Tanto o tomador do seguro, como o segurado ou o beneficiário têm o dever de comunicar à seguradora ou ao mediador, o sinistro. O cumprimento por uma delas libera desse dever os restantes.

A comunicação deve ser feita dentro do prazo previsto nas Condições Gerais da Apólice.

Não existe nenhuma forma especial que se tenha de respeitar, muito embora, seja de toda a conveniência que a comunicação deva ser escrita.

Existe incumprimento deste dever quando a comunicação do sinistro se efectue de tal modo que coloque a seguradora numa posição de desvantagem. Essa posição de desvantagem contratual pode manifestar-se das seguintes formas:

a) Falta de declaração do sinistro;
b) Declaração do sinistro tardia;
c) Declaração de sinistro defeituosa;

A seguradora, nestes casos, pode exigir o pagamento de todos os prejuízos que tenha tido em consequência dessa falta, nos termos das condições gerais da apólice [42].

7.2 Dever de informação sobre as circunstâncias do sinistro

Dever diferente deste, por força do seu regime especial, mas com ele conexo é o *dever de informação das circunstâncias* e *consequências* do sinistro.

Aqui o tomador do seguro, segurado ou simples beneficiário terá de agir com verdade, descrevendo os factos ocorridos, sem os falsear.

---

[42] Nos termos do **art. 440 do Cód. Comercial** *"O segurado é obrigado, sob pena de responder por perdas e danos, a participar ao segurador o sinistro dentro de oito dias imediatos àquele em que ocorreu ou àquele em que do mesmo teve conhecimento".*
Ac. do STJ de 02.10.1997 *"...III – O art. 440.º do Cód. Comercial é de natureza imperativa e, por isso, a sanção para o não cumprimento por parte do segurado da obrigação de avisar o segurador dentro de 8 dias, é apenas a de responder por perdas e danos.".* Col. Ac. STJ, 1997, Tomo III, pág. 45

A sua actuação pressupõe, numa primeira análise, a presunção de que o sinistro terá ocorrido da forma como está relatado. Trata-se de facilitar à seguradora todos os dados necessários para individualizar as causas do sinistro e, também, para precisar o alcance do mesmo de modo a ajustar o valor da indemnização.

As consequências do incumprimento deste dever, no que concerne à falta de informação sobre as *circunstâncias* e *consequências do sinistro*, são diversas do simples dever de *comunicação do sinistro*, pois, à seguradora é licito recusar o pagamento da indemnização, tal como resulta das condições gerais da apólice, se o declarante tiver agido com dolo ou culpa grave no incumprimento do mesmo.

Para além de, ser legitimo à seguradora, rescindir o contrato de seguro, com eficácia retroactiva a partir do momento anterior ao incumprimento desse dever.

7.3 Dever de salvamento

Tanto o segurado como o tomador do seguro, ou pessoas suas dependentes, tais como, trabalhadores ao ser serviço, devem empregar todos os meios razoáveis – pessoais e materiais – ao seu alcance para minorar as possíveis consequências prejudiciais do sinistro, ainda que essas medidas não hajam sido recomendadas pela seguradora. Hão-de adoptar as medidas que adoptaria todo o homem prudente e diligente situado em condições semelhantes. Nisto, consiste o *dever de salvamento*.

Por conseguinte, não serão exigíveis medidas totalmente inapropriadas para a diminuição dos danos, ou medidas excessivamente onerosas tendo em relação à diminuição e às consequências das lesões.

Para melhor compreensão deste dever, devemos distinguir o *sinistro* como um eventual acontecimento e as *consequências danosas da sua ocorrência*, resultantes de lesões de interesses, cujo alcance pode ser mais ou menos amplo. Pois bem, aqui pretende-se delimitar o dever de atenuar ou diminuir o dano, que emerge, após a ocorrência do evento.

O fundamento deste dever pode ser visto numa dupla vertente:

   a) na defesa do segurado e dos seus interesses, atenta a boa fé subjacente já que o segurado não deve permanecer inactivo, antes, deve adoptar todas as medidas de salvamento que adoptaria se não existisse seguro. Trata-se da aplicação do princípio *venire contra factum proprium*;

b) na defesa da seguradora, no sentido de que o segurado não deve deixar que se agrave as consequências do sinistro, pois tais consequências são, sempre, segundo as leis da estatística difíceis de avaliar.

O dever de salvamento impõe uma conduta activa, mas o seu incumprimento não está devidamente regulado na lei, devido às suas especificidades.

Quanto a nós importa distinguir:

a) se o segurado ou o tomador do seguro actuar de forma *dolosa*, ou seja, com intenção manifesta de prejudicar ou enganar a seguradora.

Neste caso, parece-nos, que a seguradora não se constitui na obrigação de indemnizar o sinistro.

b) Se o segurado ou o tomador do seguro actuar, apenas, de uma forma culposa, causando prejuízos à seguradora.

Neste caso, parece-nos, ser de admitir a redução proporcional da indemnização, atento o facto, do prejuízo da seguradora ter como causa e medida a obrigação de indemnizar um dano superior àquele que seria produzido se o segurado adoptasse as medidas razoáveis de salvamento.

8 – Nota final

A boa fé é um dos princípios básicos do contrato de seguro. Este princípio manifesta-se, objectivamente, nos deveres que a lei e o contrato determinam e impõe a ambas as partes uma actuação honesta.

O segurado deve descrever com clareza e precisão a natureza do risco assim como deve ser verdadeiro em todas as declarações posteriores, nomeadamente relativas a alterações do risco ou quando da ocorrência do sinistro.

A seguradora, por seu turno, deve informar os termos exactos do contrato, deve redigir as suas cláusulas de forma clara e deve pagar atempadamente as indemnizações.

A boa fé não é, nunca, um tema esgotado.

A sua importância entronca no próprio fundamento e natureza do contrato de seguro, mais de que em qualquer outro.

Para além de algumas referências normativas, não temos no nosso ordenamento jurídico o regime apropriado para regular as várias facetas do princípio da boa fé, tal como, acontece noutros ordenamentos jurídicos. Citamos, a propósito, o ordenamento Espanhol, Alemão, Italiano e Francês.

O nosso ordenamento é impreciso, disperso e confuso.

Tem sido a jurisprudência e a doutrina a determinar a moldura da boa fé, a cada situação em concreto.

O apelo que aqui deixamos é que, de uma vez por todas, a nossa legislação sobre o contrato de seguro tem de ser alterada, adequando-a às novas exigências económicas e sociais.

Não será por falta de projectos de lei, pois, segundo sabemos, existem, pelo menos três acumulados nas gavetas ministeriais à espera duma iniciativa político-legislativa.

Recordamos que o anterior Secretário de Estado da Justiça afirmou, no II Congresso de Direito de Seguros, que iria fazer tudo o que estivesse ao seu alcance para que o projecto de Código de Seguros fosse discutido e aprovado.

Já passaram 3 anos sobre a data de apresentação do último projecto e até hoje, continuamos a marcar passo, ao contrário dos restantes países europeus.

DIA 31 DE OUTUBRO DE 2002
10 horas

TEMA III

O FUTURO DO SEGURO
DE RESPONSABILIDADE CIVIL

Presidência
Juiz Desembargador Doutor José da Cunha Barbosa
Tribunal da Relação do Porto

Prelectores
Prof. Doutor Júlio Gomes
Universidade Católica
Prof. Doutor Pedro Ribeiro e Silva
Director do Gabinete Jurídico da Mapfre
Doutora Maria Helena Pimenta
Consultora Jurídica de Seguradoras e Advogada
Doutor Passos de Sousa
Advogado e Director do Ramo Automóvel da Generalli

REGRESSO E CONDUÇÃO SOB INFLUÊNCIA DE ÁLCOOL NA ACTIVIDADE SEGURADORA

Pedro Ribeiro e Silva

REGRESSO E CONDUÇÃO SOB INFLUÊNCIA DE ÁLCOOL NA ACTIVIDADE SEGURADORA

Pedro Ribeiro e Silva[1]

1. Notas preliminares

Por satisfação pessoal, necessidade permanente de actualização e, ao mesmo tempo, inerência de funções, deparei com o Diário da República que continha a Jurisprudência n.º 6/2002, de 18 de Julho, do Supremo Tribunal de Justiça, cujo sumário é o seguinte:

> "A alínea c) do artigo 19.º do Decreto-Lei n.º 522/85, de 31 de Dezembro, exige para a procedência do direito de regresso contra o condutor por ter agido sob influência de álcool o ónus da prova pela seguradora do nexo de causalidade adequada entre a condução sob o efeito do álcool e o acidente"

Se bem que tenha havido da minha parte o inevitável suspiro de alívio por, desta forma, se pôr termo à controvérsia doutrinal e, sobretudo, jurisprudencial desta matéria, embrenhei-me, por manifesta avidez, na leitura do acórdão em busca da fundamentação que levou os Senhores Conselheiros a proferirem tão douta conclusão.

Li uma vez, reli outra e revi várias vezes o texto, até que parei para conversar comigo. O primeiro pensamento que me assolou, que me avisa continuamente, foi o da necessidade de voltar aos bancos da Faculdade e de voltar de novo a aprender Direito. O segundo, bem mais árduo, foi

---

[1] Advogado, Assistente Universitário, Mestre em Direito, Responsável pelo Departamento de Assessoria Jurídica da Mapfre Seguros Gerais, S.A..

o da descrença ou, melhor, do desânimo pelo algum descrédito que começo a ter do poder judicial, pelo menos pela disparidade de julgados que sobre a mesma matéria de facto somos confrontados, como que o poder jurisdicional passasse a ser uma aplicação de direito nómada e os seus sujeitos passivos tivessem que passar a contar com o factor sorte na prolação das decisões judiciais. O terceiro pensamento, de cariz mais filosófico, senão mesmo sociológico, foi, então, o de tentar reaprender e voltar a crer perceber o que me ensinaram sobre a função social do Direito e, no caso em apreço, sobre a própria função social do contrato de seguro.

É, pois, com este espírito incandescente, inebriante e de permanente desassossego, que se seguem as minhas deambulações jurídico-existenciais de pendor particularmente interpretativo sobre esta temática.

2. O direito de regresso

Não vou ser exaustivo em todas as vertentes do tema, nem analisar muito exaustiva e minuciosamente as frentes de batalha opinativas deste específico direito de regresso.

Importa, no entanto, lembrar, para os mais novos, que a consagração deste direito de regresso encontrou eco no Decreto-Lei n.º 408/79, de 25 de Setembro, cujo artigo 19.º, alínea c) dispunha que *satisfeita a indemnização, o segurador tem direito de regresso e/ou reembolso, conforme os casos, nos termos da lei geral e ainda <u>contra o condutor, se este não estiver legalmente habilitado ou tiver agido sob a influência do álcool</u>* (…). (sublinhado nosso)

Posteriormente, o Decreto-Lei n.º 522/85, de 31 de Dezembro, revogou aquele diploma estabelecendo em igual alínea c) de um mesmo artigo 19.º que *satisfeita a indemnização, a seguradora apenas tem direito de regresso contra o condutor, se este não estiver legalmente habilitado ou tiver agido sob a influência do álcool, estupefacientes ou outras drogas ou produtos tóxicos, ou quando haja abandonado o sinistrado*.

Sem grandes particularidades teóricas, este direito de regresso, previsto no diploma do seguro obrigatório de responsabilidade civil automóvel, corresponde ao poder atribuído ao devedor/lesante que satisfez integralmente a prestação ao credor/lesado, de exigir de um outro devedor a prestação que efectuou.

Ou seja, a seguradora ao pagar ao lesado cumpre uma obrigação própria[2] ficando com o poder de, nos casos previstos no art. 19.º do Decreto-Lei n.º 522/85, de 31 de Dezembro, vir a exigir de outrem, expressamente identificado, aquilo que pagou. O direito de regresso nasce, assim, *ex novo* na titularidade da seguradora que extinguiu, no todo ou em parte, um crédito anterior[3].

A sua natureza emerge, pois, da relação contratual derivada do seguro e, por isso, visa *"levar o tomador de seguro, enquanto contraente relapso a suportar as consequências danosas do seu incumprimento contratual"* [4].

Deste modo, a causa de pedir nas acções de regresso é, em primeira mão, o contrato de seguro e, secundariamente, o próprio acidente, a maneira como decorreu, para que se possa fundamentar a obrigação do responsável. Trata-se, mais uma vez, tal como acontece nas acções em que se visa efectivar a responsabilidade civil emergente de acidentes de viação, de uma causa de pedir de natureza complexa[5].

3. O modo de exercício deste direito de regresso

Chegados aqui, importa descortinar como se desenvolve hoje, não ontem, este particular direito de regresso.

A letra da alínea c) do art. 19.º do citado diploma vai no sentido de que o condutor tenha agido sob a influência de álcool.

---

[2] Cfr. a diferença entre direito de regresso e sub-rogação no acórdão da Relação de Coimbra de 2.12.1992 (in *Colectânea de Jurisprudência*, 1992, Tomo V, pp. 66-7).

[3] Acórdão da Relação de Lisboa de 14.01.1993 in *Colectânea de Jurisprudência*, 1993, Tomo I, pp.114-5.

[4] Cfr. acórdão do S.T.J. de 14.01.1997 in *Colectânea de Jurisprudência*, Acórdãos do Supremo Tribunal de Justiça, 1997, Tomo I, p. 57. Veja-se ainda o acórdão da Relação do Porto de 17.11.1991 in B.M.J., 410, p. 875. Sobre a *ratio* das situações que legitimam esse direito, veja-se o acórdão da Relação do Porto de 1.07.1993 in Colectânea de Jurisprudência, 1993, Tomo III, p. 223 e o acórdão do S.T.J. de 23.11.1999 in *Colectânea de Jurisprudência*, Acórdãos do Supremo Tribunal de Justiça, 1999, Tomo III, p. 92.

Contudo, tem sido entendido que o art. 19.º do citado diploma prevê também situações de sub-rogação legal – cfr. acórdão da Relação do Porto de 28.03.1999 in *Colectânea de Jurisprudência*, 1989, Tomo II, p. 57.

[5] Veja-se a posição do Desembargador AMÉRICO MARCELINO (in *Acidentes de viação e responsabilidade civil*, 5.ª ed. revista e ampliada, Lisboa: Livraria Petrony, 2001, p. 521) que, salvo o devido respeito, confunde direito de regresso com sub-rogação.

É, pois, aqui que tudo entronca, pelo que não podemos, em caso algum, olvidar a regra de interpretação contida no art. 9.º, n.º 1 do Código Civil, a qual, muito lamentavelmente, o acórdão uniformizador não ousou referir:

> "A interpretação não deve cingir-se à letra da lei, mas reconstituir a partir dos textos o pensamento legislativo, tendo sobretudo em conta a unidade do sistema jurídico e as condições específicas do tempo em que é aplicada."

Isto é: não podemos, para já, pecar por excessos subjectivistas que prescindem por completo da letra da lei e esta exige, para efectivação do direito de regresso, que o condutor tenha agido sob a influência do álcool, ou seja, que o acidente tenha como <u>causa adequada</u> o álcool ingerido pelo condutor ou que, pelo menos, essa ingestão de álcool tenha sido uma das causas do acidente, em abono da tese da causalidade adequada consagrada no nosso Código Civil no domínio da responsabilidade civil.

É evidente que, por agora, esta tomada de posição marginaliza, desde já, o entendimento daqueles para quem o reembolso da seguradora é sempre devido porque representa o desvalor da acção, uma vez que o risco contratualmente assumido não se compadece com condutores que agem sob o efeito do álcool e que preconizavam o efeito automático da existência do direito de regresso[6].

Para estes, o direito de regresso basta-se com a alegação e a prova de uma condução com taxa de alcoolemia superior à legalmente permitida, bem como da culpa exclusiva ou concorrencial do condutor-lesante na produção do evento.

Todavia, se bem que concordemos na sua maioria com os fundamentos desta posição, a conclusão extraída quanto ao efeito automático do direito de regresso não encontra apoio na letra da lei.

---

[6] Em abono desta tese, vejam-se os acórdãos da Relação do Porto de 1.06.1993 in *Colectânea de Jurisprudência*, 1993, Tomo III, pp. 223-5 e de 15.04.1995 in B.M.J., 446, p. 357, da Relação de Évora de 14.01.1999 in B.M.J., 483, p. 288 e do S.T.J. de 4.04.1995 in *Colectânea de Jurisprudência*, Acórdãos do Supremo Tribunal de Justiça, 1995, Tomo III, p. 151, de 17.04.1997, in B.M.J., 466, p. 485 e de 29.04.1999 in B.M.J., 486, p. 307. Veja-se, ainda, a Declaração de voto à Jurisprudência n.º 6 de 18.07.2002 do Conselheiro Francisco Manuel Lucas Ferreira de Almeida. Também AMÉRICO MARCELINO, *op. cit.*, pp. 522-7.

Porém, no âmbito do seguro facultativo, no qual vigora o princípio da liberdade contratual, sem prejuízo da comunicação do seu clausulado ao Instituto de Seguros de Portugal, este entendimento é de perfilhar, devendo as seguradoras eximirem-se ao pagamento de indemnizações relativas a coberturas facultativas sempre que os clausulados das suas condições gerais expressamente excluam a cobertura de sinistros resultantes da condução sob influência de álcool[7].

Vejamos agora qual o segundo critério interpretativo imposto pelo n.º 1 do art. 9.º do Código Civil: *reconstituição a partir dos textos do pensamento legislativo, tendo sobretudo em conta a unidade do sistema jurídico, as circunstâncias em que a lei foi elaborada e as condições específicas do tempo em que é aplicada.*

E prossegue o n.º 3 daquele preceito: *na fixação do sentido e alcance da lei, o intérprete presumirá que o legislador consagrou as soluções mais acertadas e soube exprimir o seu pensamento em termos adequados.*

Importa, então, face ao critério de uma interpretação actualista, apurar, no que respeita à condução sob a influência de álcool, qual é a unidade do nosso sistema jurídico, sendo certo que já o art. 1.º da Lei n.º 3/82, de 29 de Março, era peremptório ao afirmar que *é proibida a condução de veículos... em via pública, por indivíduos sob a influência do álcool*, ao mesmo tempo que o art. 2.º do Decreto-Lei n.º 124/90, de 14 de Abril, enquadrava essa conduta na tipologia dos "actos-crime".

E cumprirá questionar: para o nosso ordenamento o que é conduzir sob a influência de álcool? Segundo o n.º 2 do art. 81.º do Código da Estrada, na redacção recente da Lei n.º 20/2002, de 21 de Agosto, **considera-se sob a influência de álcool o condutor que apresente uma taxa de álcool no sangue superior a 0,5 g/l ou que, após exame realizado nos termos previstos no presente Código e legislação complementar, seja como tal considerado em relatório médico.**

E a nossa lei sanciona com coima de € 240 a 1.200 o condutor que apresente uma taxa de álcool no sangue igual ou superior a 0,5 g/l e

---

[7] Neste sentido, vejam-se os acórdãos da Relação de Évora de 4.06.1996 in *Colectânea de Jurisprudência*, 1996, Tomo III, p. 291, da Relação de Lisboa de 6.07.1998 in B.M.J., 479, p. 718 e da Relação de Coimbra de 2.10.2001 in *Colectânea de Jurisprudência*, 2001, Tomo IV, pp. 20-3. Contra, o acórdão da Relação de Lisboa de 28.06.1991 in *Colectânea de Jurisprudência*, 1991, Tomo III, p. 178.

inferior a 0,8 g/l, a que faz corresponder uma contra-ordenação grave[8]; bem como sanciona com coima de € 360 a 1.800 o condutor que apresente uma taxa de álcool igual ou superior a 0,8 g/l, a que faz corresponder uma contra-ordenação muito grave[9].

Por seu turno, o nosso Código Penal, no seu artigo 292.º, consigna que *quem, pelo menos, por negligência, conduzir veículo, com ou sem motor, em via pública ou equiparada, com uma taxa de álcool no sangue igual ou superior a 1,2 g/l, é punido com pena de prisão até 1 ano ou com uma pena de multa até 120 dias, se pena mais grave não lhe couber por força de outra disposição legal*[10].

Ou seja, o nosso sistema jurídico sanciona com medidas de polícia os condutores que apresentem uma taxa de álcool no sangue igual ou superior a 0,5 g/l e com um tipo de crime para os que apresentem uma taxa igual ou superior a 1,2 g/l.

Fica demonstrado que o nosso ordenamento pune implacavelmente os condutores sob a influência de álcool, porquanto se tratam de condutores de risco que têm contribuído desmesuradamente para o surto da alta sinistralidade existente no nosso país.

Daí que a proibição de conduzir sob a influência de álcool esteja conexa muito mais com a prevenção, pelo risco sério que por si próprio constitui de consequenciar condutas violadoras de outras normas da lei estradal, do que com a reparação e penalização dos danos que directamente causar.

Como exercitar, então, a sanção civil prevista no art. 19.º, al. c) do Decreto-Lei n.º 522/85?

Apurado que a condução sob influência do álcool tem o significado que lhe é atribuído nos textos legislativos já examinados que versam, precisamente, sobre a condução sob a influência do álcool, isto em abono de uma interpretação sistemática que o acórdão recusou fazer, a resposta à questão desdobra-se agora numa dupla vertente:

– por um lado, saber se um específico nexo de causalidade entre a

---

[8] Arts. 81.º, n.º 5, al. a) e 146.º, al. m) do Código da Estrada.
[9] Arts. 81.º, n.º 5, al. b) e 147.º, al. i) do Código da Estrada.
[10] Trata-se, como classifica MAIA GONÇALVES no seu *Código Penal Português Anotado e Comentado*, 10.ª ed., Coimbra: Almedina, 1996, p. 813, de um crime de perigo abstracto, pois que nele a lei "supõe" *iuris et de iure* a existência de perigo de lesão de bens jurídicos pessoais e patrimoniais significativos decorrente da circulação de veículo em estado de embriaguez, dados os consabidos efeitos negativos da alcoolemia na condução.

condução sob influência de álcool e o acidente constitui facto constitutivo do direito de regresso da seguradora;
– por outro, em caso afirmativo, saber a quem cabe o ónus da prova desse específico nexo de causalidade.

Em resposta à primeira questão, há que dizer que resulta cientificamente provado que uma certa percentagem de álcool no sangue do condutor perturba-lhe o seu estado, criando-lhe uma imoderada confiança em si próprio, ao mesmo tempo que lhe diminui a rapidez dos reflexos.

Há, pois, à partida, um nexo de causalidade específico.

Quanto à segunda questão, é hoje jurisprudência praticamente uniforme, a menos que venha a surgir outra revista alargada, a de que, demonstrada a prática pelo condutor de uma infracção estradal, se presume a sua culpa na produção do acidente.

Ou seja, temos que nos socorrer de uma modalidade de valoração da prova de primordial importância nos eventos que, pela sua rapidez e carácter dinâmico, acarretam dificuldades salientes nos meios de prova.

É a chamada prova *prima facie* ou presunção judicial[11], sintetizada pelo acórdão da Relação de Coimbra de 21.05.1985 [12] nos seguintes termos:

"Nas acções de indemnização por facto ilícito, embora caiba ao lesado a prova da culpa do lesante, essa sua tarefa está aliviada com o recurso à chamada prova de primeira aparência (presunção simples). Em princípio, procede com culpa o condutor que, em contravenção, aos preceitos estradais, causa danos a terceiro. Se a prova "prima facie" ou presunção judicial, produzida pelo lesado, apontar no sentido da culpa do lesante, cabe a este o ónus da contraprova, ou seja, caber-lhe-á a prova do facto justificativo ou de factos que façam criar a dúvida no espírito do Juiz."

Aliás, aplicando este princípio, o acórdão da Relação de Lisboa de 19.10.1995[13], afirmava que *tendo um condutor de automóvel circulado de*

---

[11] Sobre prova *prima facie* ou presunção judicial, veja-se PAULO DUARTE TEIXEIRA, *Direito Rodoviário. Breve análise jurisprudencial* in *Sub Judice*, n.º 17, 2000, p. 176.

[12] In *Colectânea de Jurisprudência*, 1985, Tomo III, p. 81. Nos mesmos termos, o acórdão da Relação do Porto de 15.06.1999 in www.come.to/trp.pt.

[13] In *Colectânea de Jurisprudência*, 1995, Tomo IV, p. 124.

forma a desencadear um acidente de viação, se a sua taxa de alcoolémia era superior à legalmente permitida, tem o ónus de prova de que esse excesso de álcool não concorreu para o acidente.

Trata-se, no fundo, de recorrer ao meio de prova presunções legais, previsto no art. 350.º do Código Civil, segundo o qual quem tem a seu favor a presunção legal escusa de provar o facto a que ela conduz, podendo, todavia, ser ilidida mediante prova em contrário.

No caso de não fazer tal prova há presunção de culpa e de concorrência com a manobra violadora de uma lei estradal (qualquer que ela seja: velocidade excessiva, ultrapassagem indevida, condução fora da mão de trânsito, etc., etc.) que constitui a causa última e mais próxima do acidente.

Por outro lado, a par das presunções *juris tantum*, não se poderá deixar de considerar que a condução de um veículo em estado de embriaguez corresponde a uma actividade perigosa por natureza, nos termos do art. 493.º, n.º 2 do Código Civil.

Aqui, sim, andou bem o acórdão do Supremo Tribunal de Justiça de 7.12.1999[14] ao referir *que é a própria lei a reconhecer inequivocamente que a condução sob o efeito do álcool constitui uma actividade perigosa pela sua própria natureza, por potenciadora dos riscos próprios da condução.*

De notar ainda, tal como refere o Conselheiro Ferreira de Almeida, um dos 14 vencidos, que *paradigmática é a hipótese vertente em que o condutor circulava com uma taxa de alcoolemia de 1,10 g/l !... a proporcionar, segundo certos estudos, "reflexos muito lentos", "muito deficiente coordenação psicomotora" e "visão dupla"!..., nas raias do ilícito criminal, não deixando aqueles efeitos de representar "facto notório" que a lei isenta de alegação e prova (cf. o art. 514.º do Código Civil) !...*

Por público e notório pode ainda afirmar-se que os acidentes de viação, por culpa no acto de conduzir, constituem uma verdadeira calamidade pública em Portugal. Quem conduz pelas estradas deste país, não fica com dúvidas a esse respeito, sem embargo da existência de outros factores a que os condutores são alheios.

Também a Jurisprudência n.º 6/2002, de 18 de Julho, esqueceu, como ajuda interpretativa, a natureza do contrato de seguro obrigatório de responsabilidade civil automóvel.

---

[14] In *Colectânea de Jurisprudência*, Acórdãos do Supremo Tribunal de Justiça, 1999, Tomo III, p. 231.

É que este contrato de seguro foi celebrado tendo em vista o risco resultante da condução normal do veículo, sendo em função desse risco que foi estabelecido o pagamento de um prémio.

Deste modo, se o acidente ocorreu em consequência de álcool ingerido pelo condutor, esse risco, porque excedente ao contratado e não abrangido pelo respectivo prémio, não ficaria coberto pelo contrato de seguro.

Ora, a seguradora só responde perante o lesado porque se trata de um seguro obrigatório. Mas porque se trata de um risco não abrangido pelo contrato de seguro, nas suas relações internas, é justo que ele venha a ser suportado pelo condutor etilizado e não pela seguradora. Só que esse risco acrescido só se verifica quando o acidente foi causado, exclusivamente ou em parte, pelo álcool e não nos casos em o álcool não concorreu para a respectiva produção.

Assim, tal como refere o acórdão, mas em solução *de iure constituendo, a inversão do ónus da prova apresenta-se como aquela que (...) se poderia considerar mais justa na medida em que ficaria ao condutor que circula naquelas condições, ou seja, em situações de mais facilmente provocar acidentes, o ónus de provar que, apesar de circular em condições irregulares, não contribuiu para o acidente. E, sacrificada a seguradora à função social de reparar os danos, estaria em condições bem mais fáceis para responsabilizar o condutor, tanto mais que a condução naquelas circunstâncias corresponde a um agravamento do risco no contrato. Uma seguradora não aceitaria, em geral, assumir o risco nas condições previstas na alínea c) do artigo 19.º.*

O que quer dizer, neste caso em que o risco da seguradora é superior ao da condução, que faz todo o sentido que seja o próprio condutor a provar, na acção de regresso, que o álcool não contribuiu para a verificação do acidente.

É esta, sem quaisquer reservas, a nossa orientação para o exercício deste direito de regresso e, desta forma, não haveria que fazer piruetas de raciocínio para se consagrar a mesma em jurisprudência uniformizada.

4. A prova diabólica como consequência da Jurisprudência n.º 6/2002, de 18 de Julho

A apontada Jurisprudência n.º 6/2002 vai no sentido da já grande maioria que entendia, em suma, que para existir direito de regresso da seguradora relativamente ao condutor, era necessário que o acidente tivesse como causa adequada o álcool ou que, pelo menos, essa ingestão seja uma das causas do acidente, tendo a seguradora que provar esse nexo da causalidade[15]

Em síntese, a fundamentação do acórdão reconduz-se à seguinte argumentação: *não se vê que o Decreto-Lei n.º 522/85, ao consagrar o direito de regresso, estabeleça a presunção que vem defendida no acórdão recorrido (...) A condução pelo lado esquerdo da faixa de rodagem é, em si mesma, uma contra-ordenação que não tem necessariamente de resultar desse facto. A condução nestas circunstâncias faz presumir a culpa do condutor, não podendo fazer presumir o direito de regresso. Trata-se de fundamentos jurídicos diversos. A responsabilidade da seguradora resulta da culpa ou do risco causado pelo veículo conduzido, nexo de causalidade e dano. O direito de regresso fundamenta-se na circunstância de o condutor seguir sob a influência de álcool, sendo este o facto constitutivo do direito da seguradora a ser reembolsada pelos prejuízos sofridos. Ora, nos termos do art. 342.º, n.º1 do Código Civil cabe ao autor (seguradora, no caso) a prova de que o acidente se deu com o condutor sob a influência de álcool e que foi por isso que ele ocorreu.*

É evidente e paradigmática a falta de bondade que esta solução apresenta. Todavia, o Supremo não explica como é que se põe em prática o sumário uniformizador; não explica porque sabe que não pode ou não consegue explicar.

Se um condutor com uma taxa de alcoolemia de 1,10 g/l, conduz o seu veículo desacompanhado de quem quer seja, pelas 3 horas da madrugada, numa estrada isolada, avista duas luzes ao fundo na sua direcção, pensa que se trata de dois motociclos, tenta passar pelo meio e mata o condutor de um veículo que circulava pacatamente sozinho na sua mão de trânsito, como é que a seguradora prova o nexo de causalidade entre o álcool e o acidente para exercer o seu direito de regresso? Requer o depoimento de parte do condutor, com todas as contingências que isso acarreta ou arrola como testemunhas as árvores que ladeavam a via e que

---

[15] Sem necessidade de mencionar toda a jurisprudência militante nesta orientação, vejam-se os acórdãos do Supremo Tribunal de Justiça de 24.01.1993 in *Colectânea de Jurisprudência*, Acórdãos do Supremo Tribunal de Justiça, 1993, Tomo I, p. 104, de 7.12.1994 in B.M.J. 442, p. 155 e de 14.01.1997 in *Colectânea de Jurisprudência*, Acórdãos do Supremo Tribunal de Justiça, 1999, Tomo I, p. 39.

assustadas estavam com o percurso ziguezagueante do veículo causador do acidente?

No ridículo, no limite, fica, assim, totalmente demonstrada a impossibilidade de pôr em prática a conclusão do acórdão uniformizador que traz para o direito um novo conceito de prova: o de prova diabólica, o de prova sem prova ou o de prova inalcançável[16].

Ou seja, o acórdão, totalmente despreocupado com a teleologia da norma contida na alínea c) do art. 19.º do Decreto-Lei n.º 522/85, tornou "letra morta" esta disposição, que é como quem diz, deixa-a cair, muito lentamente, em pleno desuso.

5. Posição adoptada *de iure constituendo*

No estado actual, as seguradoras ver-se-ão obrigadas a encaixilhar os autos de ocorrência, o que não é justo.

A celeuma do tema é de tal ordem que 14 dos 33 Conselheiros subscritores fazem-no enquanto vencidos.

Que fazer então? Uma única possibilidade se vislumbra qual seja a de rever rapidamente esta alínea c) do art. 19.º do Decreto-Lei n.º 522/85, com a exigência de que se consagre a orientação aqui defendida[17].

Neste sentido, a Comissão Técnica de Automóvel da Associação Portuguesa de Seguradores já propôs a seguinte redacção:

Contra o condutor, se este apresentar uma taxa de alcoolémia superior à permitida por lei ou estiver sob a influência de estupefacientes ou outras drogas ou produtos tóxicos, excepto se o mesmo provar que o sinistro não foi provocado por essa circunstância.

Porém, a minha solução de *iure condendo* seria bem mais drástica, porque moralizadora, na medida em que é totalmente inadmissível que as seguradoras tenham que responder por um risco não assumido no contrato e que constitui um verdadeiro rompimento do equilíbrio contratual, senão mesmo uma alteração inaceitável da álea do contrato.

---

[16] A este respeito, atente-se nas declarações de voto dos Conselheiros Oliveira Barros, Araújo Barros e Ferreira de Almeida.

[17] A propósito desta ansiada revisão, vejam-se MANUEL GUEDES VIEIRA, *Direito de regresso, seguro automóvel e uma jurisprudência infeliz* e MIGUEL MORA DO VALE, *Se beber pode conduzir???* in, respectivamente, Boletim Informativo da APS (Associação Portuguesa de Seguradores, n.º 102, p. 3 e n.º 103, pp.12-3.

Então, sugeriria, a seguinte redacção:

Contra o condutor, se este apresentar uma taxa de alcoolemia igual ou superior à da *moldura penal prevista para este tipo* de crime; *se, porém, o condutor apresentar uma taxa de alcoolemia superior à permitida por lei* mas inferior à da *moldura penal prevista para este tipo* de crime *ou estiver sob a influência de estupefacientes ou outras drogas ou produtos tóxicos, terá de provar que o sinistro não foi provocado por essa circunstância.*

Se assim for, ficará resguardada a unidade do sistema jurídico e, ao mesmo tempo, salvaguardada a função do seguro obrigatório.

O FUTURO DO SEGUROS DE RESPONSABILIDADE CIVIL
DANO CORPORAL – CRITÉRIOS DE AVALIAÇÃO E REPARAÇÃO

Maria Helena Pimenta

Advogada

O FUTURO DO SEGUROS DE RESPONSABILIDADE CIVIL
DANO CORPORAL – CRITÉRIOS DE AVALIAÇÃO E REPARAÇÃO

MARIA *Helena Pimenta*

Advogada

O tema proposto, ou seja, o futuro dos seguros de responsabilidade civil reveste-se de enorme interesse e actualidade. Dada a abrangência que o tema envolve, optámos por fazer incidir a nossa intervenção numa área muito específica inserida no regime da responsabilidade civil extracontratual e decorrente de acidentes de viação respeitante à obrigação de indemnizar no tocante particular dos danos corporais.

Ao contrário do que seria desejável a sinistralidade automóvel que no nosso país continua a atingir taxas muito elevadas, continua a provocar vitimas, infelizmente muitas vezes mortais e outras que por via das lesões corporais sofridas têm direito ao ressarcimento dos danos decorrentes das mesmas. Importa assim focar em especial a temática da avaliação do dano corporal, respectivos critérios e soluções de quantificação.

A avaliação do dano corporal tem registado nos últimos anos uma evolução significativa e que paulatinamente tem vindo a tornar-se uma área especializada do ponto de vista técnico e científico. Com efeito, é hoje indesmentível a importância da necessidade dos lesados serem avaliados medicamente por forma a estabelecer o nexo de causalidade entre o facto danoso, as lesões que apresentam e bem assim a fixação das sequelas das quais eventualmente ficarão portadores após a respectiva consolidação de forma definitiva, momento correspondente ao da alta clínica.

Em Portugal, até à data, a avaliação do dano corporal é efectuada pelos respectivos profissionais de saúde por referência à Tabela Nacional de Incapacidades, específica, para a desvalorização no âmbito dos acidentes de trabalho e que se tem demonstrado progressivamente insuficiente no âmbito e atentas as finalidades da reparação do dano civil.

Paralelamente há que adequar os critérios quer de avaliação quer de quantificação às directivas europeias no sentido desejável de unificação e igualdade ao nível dos países da União.

Nesta matéria a **Resolução 75/5 de 14 de Março do Comité de Ministros do Conselho da Europa** constitui um marco fundamental com esse propósito ou seja, no sentido da harmonização de conceitos jurídicos atinentes à responsabilidade civil e a outras noções conexas.[1]

Considerou-se que a melhor via para conseguir uma maior unidade neste âmbito e a propósito das lesões corporais e de morte era propor princípios para a indemnização das diferentes classes de prejuízos: neste sentido a Resolução recomendou aos governos dos Estados membros terem em conta nos seus respectivos direitos os seguintes **princípios gerais**:

1.º A pessoa que tenha sofrido um prejuízo tem direito á reparação do mesmo, no sentido de repor a situação, tão idêntica quanto possível à que teria, se o facto danoso não se tivesse produzido, apontando, no essencial para a *reparação integral;*

2.º A indemnização reparadora do prejuízo calcular-se-á quanto ao valor do dano à data do Julgamento. Ou seja, aponta para a *fixação actualística da indemnização;*

3.º Na medida do possível o juiz deve efectuar a *distinção dos componentes da indemnização* correspondentes aos diferentes tipos de prejuízos sofridos.

Quanto aos princípios enumerados as nossas fontes de direito internas já os prevêem, nomeadamente no Código Civil, tendo em conta os princípios gerais decorrentes do estatuído no artigo 562.º que consagra o princípio geral da *obrigação de indemnização* [2]; artigo 566.º n.º 2 [3] que

---

[1] Revista Espanõla de Seguros, Publicación doctrinal de Derecho y Economia de los Seguros privados, número 101.

[2] "Art. 562.º *(Princípio Geral)* – Quem estiver obrigado a reparar um dano deve reconstituir a situação que existiria, se não se tivesse verificado o evento que obriga à reparação." in. Cod. Civil.

[3] "Art. 566.º *(Indemnização em dinheiro)*
2. Sem prejuízo do preceituado noutras disposições, a indemnização em dinheiro

expressamente se refere à *"(...) data mais recente que puder ser atendida pelo tribunal (...)"* e por fim no artigo 564.º [4] que se refere ao *cálculo da indemnização* e estatuí a universalidade dos prejuízos patrimoniais a ter em conta e artigo 496.º respeitante aos *danos não patrimoniais*[5].

---

tem como medida a diferença entre a situação patrimonial do lesado, <u>na data mais recente que puder ser atendida pelo tribunal</u>, e a que teria nessa data se não existissem danos.".

Relacionado ainda com esta matéria faz-se referência ao recente **Acórdão do Supremo Tribunal de Justiça**– proferido nos autos de Revista ampliada n.º 1508/01-1 de 09 de Maio de 2002, com vista à **uniformização de Jurisprudência**, que refere o seguinte: *"(...) A questão de direito a resolver prende-se com a determinação do momento de início da contagem de juros de mora sobre os quantitativos da indemnização arbitrada a titulo de responsabilidade civil por facto ilícito ou pelo risco, designadamente os respeitantes a danos não patrimoniais e a danos patrimoniais futuros por incapacidade geral permanente. Trata-se de interpretar a Segunda parte do n.º 3 do artigo 805.º, na sua ligação sistemática com o artigo 566, n.º 2, ambos do Código Civil (...) A aplicação da norma do n.º 2 do artigo 566 n.º 2 em toda a sua expressão normativa, com a função de regar geral indemnizatória que claramente desempenha, faz com que, inevitavelmente, o n.º 3 do artigo 805 deva sofrer uma restrição interpretativa, para a qual aponta também a consideração de que o princípio actualista que preside ao enunciado declarativo do n.º 2 do artigo 566.º não se confina ao aspecto da correcção monetária. (...) A aplicação simultânea do n.º 2 do artigo 566 e do artigo 805, n.º 3, conduziria a uma duplicação de benefícios resultantes do decurso do tempo, pelo que o n.º 3 do artigo 805.º cederá quando a indemnização for fixada em valor determinado por critérios contemporâneos da decisão.(...) Diga-se ainda que, nesta problemática, não há que distinguir entre danos não patrimoniais e danos patrimoniais e ainda entre as diversas espécies ou categorias de danos patrimoniais, uma vez que todos são indemnizáveis em dinheiro e susceptíveis, portanto, do cálculo actualizado constante do n.º 2 do artigo 566.º.(...). Tendo em vista a uniformização de jurisprudência, acordam na seguinte norma interpretativa:*
***Sempre que a indemnização pecuniária por facto ilícito ou pelo risco tiver sido objecto de cálculo actualizado, nos termos do n.º 2 do artigo 566 do Código Civil, vence juros de mora, por efeito do disposto nos artigos 805.º, n.º 3, (interpretado restritivamente) e 806, n.º 1, também do Código Civil, a partir da decisão actualizadora, e não a partir da citação.*"

[4] "ART. 564.º *(Cálculo da indemnização)* – 1. O dever de indemnizar compreende não só o prejuízo causado, como os benefícios que o lesado deixou de obter em consequência da lesão. 2– Na fixação da indemnização pode o tribunal atender aos danos futuros, desde que sejam previsíveis; se não forem determináveis, a fixação da indemnização correspondente será remetida para decisão ulterior."

[5] "Art.º 496 *(Danos não patrimoniais)* 1. Na fixação da indemnização deve atender-se aos danos não patrimoniais que, pela sua gravidade, mereçam a tutela do direito. 2-(...) 3-(...)"

Posteriormente e novamente a nível internacional, no **Colóquio Jurídico Europeu** sobre valoração do dano corporal realizado em Paris em Novembro de 1988 prosseguiram-se os objectivos anteriores, tentando sintonizar com as novas correntes doutrinárias e jurisprudenciais novos princípios destacando-se as seguintes resoluções:

1ª Devem separar-se claramente as consequências económicas das lesões corporais dos danos puramente pessoais;
2ª As consequências económicas do danos corporal, quando existam pormenorizadas no relatório médico, devem dar lugar a uma indemnização global e única em função da gravidade constatada;
3ª O sofrimento causado pela perda de um ente querido deve ser indemnizado de acordo com uma tabela da qual não há que haver afastamentos, salvo face a circunstâncias excepcionais;
4ª As consequências económicas de uma lesão corporal devem ser objecto de uma indemnização integral na medida do possível;
5ª Estas consequências devem apreciar-se em concreto, conforme as circunstâncias e também na medida do possível;
6ª A indemnização deve efectuar-se, em princípio, através de prestações periódicas actualizadas e sujeitas a revisão, nos casos de danos corporais importantes, tendo sido determinada a tarefa de encontrar fórmulas ou sistemas de harmonização judicial válidas para todos os países.[6]

Assim, o que subsiste essencialmente por clarificar em Portugal, são quer os critérios de avaliação, quer os critérios de quantificação dos danos desta natureza, pois os princípios já existem.

A base de avaliação é actualmente feita por referência e tendo por fundamento a avaliação médica, constituindo assim os *relatórios periciais*, a base a partir da qual se parte para a difícil tarefa de quantificação do dano.

Ao contrário do que acontece noutros países, Portugal não dispõe ainda de critérios ou normativos específicos para a avaliação do dano no que concerne à reparação civil. Com efeito, inúmeros países dispõem desde há algum tempo dos denominados baremos ou tabelas de avaliação,

---

[6] "Art.º 567.º (*Indemnização em renda*) 1. Atendendo a natureza continuada dos danos, pode o tribunal, a requerimento do lesado, dar à indemnização, no todo ou em parte, a forma de renda vitalícia ou temporária, determinando as providências necessárias para garantir o seu pagamento. – 2 (...)"

que á priori permitem enquadrar o caso específico numa determinada "classe" que previamente já prevê, a pontuação atribuível à sequela em questão, restando depois, a quantificação, partindo dos pontos respectivos, sendo certo, que o valor de cada ponto-base, já se encontra também pré fixado.

As legislações que regulam especificamente baremos indemnizatórios são a **Eslováquia**, a **Dinamarca** e **Espanha**, incluindo o dano morte.[7]

Noutros países, como por exemplo a **Bélgica** a iniciativa surgiu dos próprios magistrados que elaboraram um *"quadro indicativo de indemnização"* que embora não tenha carácter obrigatório é seguido pela esmagadora maioria dos tribunais e naturalmente pelas seguradoras, nomeadamente no âmbito dos acordos extrajudiciais.

Em **França** foi elaborado pela Sociedade de Medicina Legal e de Criminologia de França o "Baremo indicativo de lesões com sequela em direito comum" que apesar de também não ser vinculativo, é aplicado pelos médicos para avaliação e valoração do dano, assim como pelas seguradoras e pelos próprios magistrados. Este mesmo baremo é seguido como referência no **Luxemburgo**.

Em **Itália** também se estabeleceram para os médicos tabelas de referência para valorar as sequelas permanentes das lesões.

Em **Portugal**, à semelhança por exemplo do **Chipre**, da **Polónia**, da **Áustria**, face à inexistência de sistemas de valoração legais, os juizes tentam aplicar a tendência da jurisprudência maioritária, sempre em sintonia com critérios de equidade e com base na prova produzida.

Em Portugal, já se iniciaram diligências no sentido de concertadamente, se elaborarem tabelas de avaliação e valoração do dano corporal, através de Comissão formada para o efeito por determinação do Ministério da Justiça, comissão que entretanto terá suspendido os respectivos trabalhos na altura da última mudança governamental.

A existência de tabelas ou baremos de avaliação, tratando-se de uma hipótese não isenta de críticas, mas revelando vantagens, deveria ser

---

[7] "(...) La discrecionalidad judicial para el senãlamiento de las indemnizaciones por los dãnos personales, inexistentes puntos de referencia en base a los cuales pueda girar el discurso judicial, necesariamente abre paso a la falta de unidad, aún más, a la disparidad y alejamiento en las soluciones ofrecidas por los órganos judiciales (...)", in Revista Espanhõla de Seguros, número 101, Publicación doctrinal de Derecho y Economia de los Seguros privados.

preocupação generalizada de todos os agentes e intervenientes nesta área ainda no âmbito do *direito constituendo*.

Actualmente e com o regime legal vigente é ainda muito comum e vulgar o confronto com decisões judiciais que aplicando critérios diferentes quantificam danos decorrentes de lesões corporais iguais ou equivalentes de forma desigual. Basta pensar no ressarcimento do dano respeitante ao direito á vida que varia, muitas vezes, consoante a comarca geográfica em que os processos são julgados.

Basta pensar também na defesa de duas teses distintas acerca da repercussão das incapacidades parciais permanentes, denominadas abreviadamente por I.P.P.. Efectivamente, há quem defenda que se a I.P.P. não afectar a *capacidade de ganho* do lesado a mesma deve ser ressarcida como um dano moral, por via compensatória tendo em conta o direito à integridade física. Por outro lado, há quem defenda, que a I.P.P., por muito pequena que seja em termos percentuais, tem sempre repercussão económica, mesmo que o lesado continue a poder exercer a sua actividade profissional habitual. Perfilhamos a primeira tese, tendo em conta o *princípio da reparação* e o *princípio da diferença*, crendo que não se desvirtua nem se desprotege o lesado, que como se referiu será ressarcido a título de dano moral nomeadamente por via do denominado *prejuízo de afirmação pessoal*[8].

Estas diferentes abordagens e construções quer doutrinárias quer jurisprudenciais, geram desigualdades e dificultam os critérios das enti-

---

[8] Neste sentido, voto de vencido do Exm.º Juíz Conselheiro Dr. Fernando Jorge Ferreira de Araújo Barros, in Ac. S.T.J. nos autos. N.º 2884/00 que refere o seguinte: "(...) *Venho entendendo que a incapacidade funcional (traduzida pela incapacidade permanente parcial para o trabalho – I.P.P.) só deve ser indemnizada, como dano de natureza patrimonial, quando venha a reflectir, no mínimo em termos de previsibilidade uma efectiva diminuição dos rendimentos do lesado.*

Quando tal não suceda, deverá ser objecto de indemnização por danos não patrimoniais, perante a repercussão que possa vir a ter na vida psíquica ou mesmo física do lesado, designadamente através de maior esforço que terá que despender no exercício da sua actividade, da angustia que advirirá desse maior esforço e da comparação com os demais colegas de trabalho, dos incómodos que terá de sofrer com a necessária readaptação, etc. Foi assim que entendi, por exemplo, nos Acs. RP de 30/04/96, no Proc. 26/96, da 2ªSecção, e de 14/01/97, no Proc. 833/96, da 2ª Secção.

Também, aliás, este STJ já optou por igual entendimento, nos Acs.de 07/01/93, no Proc. 81301, da 2ª Secção; de 28/05/98, no Proc. 377/98, da 2ª Secção; e de 19/11/98, no Proc. 866/98, da 2ª Secção. (...)"

dades responsáveis, regra geral, as seguradoras, de cumprirem mais eficaz e rapidamente as suas obrigações.

Retomando à base do critério de avaliação, ou seja, os relatórios periciais, como ponto de partida para a quantificação posterior dos danos decorrentes das lesões corporais, não raras vezes se observam divergências muito significativas entre os pareceres médicos apresentados pelo lesado e os pareceres clínicos dos peritos das seguradoras. Essas divergências de um ponto de vista estritamente cientifico não deveriam ter razão de ser, importando consequentemente, apurar qual deve ser a estrutura e critérios a ser observados na elaboração de um relatório pericial.

Segundo os próprios cânones científicos, um relatório pericial deve observar determinados requisitos e ser o mais objectivo e rigoroso possível tendo em conta as especificidades do caso concreto, e por outro lado, deve clarificar-se de forma inequívoca o papel de cada interveniente no decurso do processo indemnizatório.[9]

Há que distinguir que o *dano* é o facto objectivo cuja avaliação cabe ao médico ou ao perito ao passo que o *prejuízo* é uma apreciação subjectiva feita pelo magistrado e juristas, valendo isto por dizer, que nem os leigos se devem substituir aos médicos, nem os médicos aos juristas, devendo antes cooperar para a fixação de uma indemnização justa e adequada ao caso concreto.

O relatório pericial deve então observar critérios e requisitos imprescindíveis que sucintamente se enumeram, devendo contar ainda com características subjacentes do próprio perito avaliador:

a) Deve proceder-se sempre ao estabelecimento do *nexo de causalidade*;
b) Objectividade;
c) Deve expressar lógica e de forma simplificada e acessível o critério seguido;
d) Revelar prudência na elaboração e em especial nas conclusões;
e) Rigor;
f) Imparcialidade e independência, dado que é dever deontológico do perito estar ao serviço da verdade e da justiça e não ao serviço do interesse das partes;
g) A verdade científica, deve prevalecer, sejam quais forem as consequências jurídicas e sociais que da mesma decorram;

---

[9] "Avaliação do Dano Corporal de Natureza Cível – Revisão – As Lesões Corporais e suas Sequelas", Prof. Dr. Jorge Paulette Vanrell.

h) Intuição e perspicácia;
i) Autoridade.

O primeiro dos requisitos, ou seja, o estabelecimento do nexo de causalidade. reveste especial acuidade. Efectivamente, de um ponto de vista biomédico, no momento da valoração é imprescindível comprovar:
   a) Se as lesões se relacionam etiológicamente com o facto traumático, ou seja, se podem ser sua consequência e se efectivamente são;
   b) Uma vez estabelecida esta relação, será necessário apurar se é causa exclusiva, coadjuvante, desencadeante ou outra possível;
   c) Se o grau de relação se pode valorar dentro dos conhecimentos actuais das certeza médica, probabilidade ou mera possibilidade;
   d) Deverá conhecer-se se a valoração final de determinadas lesões tanto quanto ao período, quer quanto ás sequelas, podem ter sido distorcidas por factores ou elementos distintos dos intrínsecos e próprios da enfermidade sofrida.[10]

Estes cuidados revelam especial importância quando por exemplo no seguimento e acompanhamento de um sinistrado se comprove que existem sinais de simulação (*por exemplo aparentar algo que não existe, tanto a nível da dor, como incapacidade irreal ou exagerada*) ou de dissimulação (*por exemplo, ocultar sintomas)*;

Quando se comprove que o lesado executa tarefas ou trabalhos que lhe foram contra-indicados do ponto de vista médico, quer de forma a agravar a evolução das lesões, quer por exemplo por não dispor de alternativas.

Outra situação relevante será a de comprovar o *abandono* dos tratamentos, *atrasos* às consultas ou a exames complementares de diagnóstico.

Há ainda a possibilidade do lesado pura e simplesmente não querer submeter-se a determinado tratamento. Todas estas circunstâncias têm assim especial relevância na avaliação final do dano.

Paralelamente há ainda a considerar conceitos e critérios médicos de extrema relevância para a correcta avaliação do dano corporal, dos

---

[10] "Valoración de las lesiones causadas a las personas en accidentes de circulación" Análisis médico – forense del Anexo a la Ley 30/95 2ª edición, José Aso Escario e Juan António Cobo Plana, Ed. Masson, pags 75 e 76.

quais se destacam os fundamentais por se considerar importante que quem tem o ónus de quantificar os danos entenda e possa questionar de forma sustentada um relatório pericial.

O **_Conceito de Limiar_** por exemplo versa sobre *pequenas incapacidades* e como valorá-las dado não haver no nosso ordenamento jurídico a fixação de um limite mínimo. A razoabilidade aponta assim para integrar estas pequenas incapacidades no âmbito do prejuízo de afirmação pessoal (PAP).

O **_Conceito de déficit imputavel_** refere-se à hipótese em que o lesado já apresenta incapacidades permanentes de acidentes anteriores. Perante esta hipótese haverá que tentar discriminar qual a percentagem atribuída ao déficit preexistente e por outro lado, qual a percentagem atribuível ao evento actual e presente.

O **_Conceito da taxa global nas incapacidades múltiplas_** relaciona-se com situações em que o acidente provoca *lesões múltiplas*. Nesta hipótese o perito médico deve fazer a avaliação do dano como um todo. Ou seja, o perito deve fornecer a final uma taxa global que resulte da repercussão do conjunto das sequelas e não de cada uma isoladamente, o que significa que o resultado final não deverá ser um simples somatório de percentagens mas antes uma visão global da incapacidade sempre com referência e em estreita ligação com a capacidade residual.

O **_Conceito de capacidade restante ou residual_** assume também extrema relevância já que a avaliação da vitima de modo a obter uma taxa global que possa ser atribuída a um acidente concreto passa necessariamente por analisar qual a capacidade residual com que poderá contar. Isto ainda, porque é a
única forma de que se dispõe de poder aquilatar as condições anatomo-funcionais efectivas com que o lesado poderá contar e que caracterizam a capacidade que lhe resta para o desenvolvimento de quaisquer actividades.

Outro conceito a considerar é o **_Conceito de máximo_** – segundo este, a avaliação da incapacidade faz-se dentro de um quadro convencional de gradação da incapacidade, segundo uma escala de 1 a 100 admitindo--se um máximo para cada função.

O máximo de 100% corresponde assim, teoricamente, à perda de todas as funções da vida de relação. Para uma mesma percentagem, o "quantum" indemnizatório poderá variar segundo a natureza das sequelas e o grau de importância que estas têm em conjugação com a capacidade residual do lesado.

O **_Conceito de evolução_** aponta para a necessidade de todo o tipo de exame, relatório ou parecer dever levar em consideração a melhoria possível que o quadro poderá ter. Aconselha-se deste modo que o perito deve deixar o tempo suficiente e necessário para a avaliação final, quando prevê uma incapacidade permanente e deverá considerar a possibilidade de minimização das sequelas com o decorrer do tempo. Já não deve fazer o mesmo com as perspectivas de agravamento, as quais, não deverão incidir na avaliação, porquanto o perito jamais poderá antever, prever ou adivinhar a evolução futura.[11]

Toda esta problemática científica gira no entanto em torno de questões que urge num futuro próximo alterar, considerando em conformidade que o ideal, quer para lesado quer para a entidade responsável, será tentar a recuperação máxima e possível das lesões sofridas de modo a que as sequelas sejam também o mais reduzidas possíveis.

É assim imprescindível que as mentalidades se alterem no sentido da cooperação e reabilitação dos lesados, vítimas de acidentes de viação e em especial aqueles que sofrem lesões corporais. No campo da vida prática, ao qual o direito não deve ser alheio, uma das maiores dificuldades das entidades responsáveis é o acesso à informação do estado clínico do sinistrado, o que inclusive impossibilita a virtual quantificação do dano.

De facto, para uma avaliação correcta seria desde logo necessário o acesso à história clinica do lesado. Esta é uma conclusão médica, e não dos leigos, já que a história clínica fornece os antecedentes do paciente, o que constitui uma valiosa informação acerca do estado sequelar do mesmo e da medida em que poderá ter influenciado o estado actual.[12]

---

[11] "Para a hipótese de tal se verificar e caso ocorra o referido agravamento, a vitíma através de nova perícia poderá demonstrá-lo.", Prof. Jorge Paulette Vaurell.

[12] "Valoración Médico – Legal Del Dãno A La Persona – Civil, penal, laboral y administrativa. Responsabiliad professional del perito médico", Dra. Maria Teresa Criado Del Río, Ed. Colex.

As informações hospitalares onde os sinistrados foram assistidos em primeira mão e onde lhe foram prestados os primeiros socorros constituem outra informação de extrema relevância, bem como a informação proveniente dos centros de tratamento ambulatório.

Seria assim imprescindível que com a autorização prévia e escrita do lesado, obviamente no estrito respeito e observância dos seus direitos fundamentais, ás entidades responsáveis, por via dos seus departamentos ou representantes clínicos, fosse fornecida toda essa documentação, colaborando o próprio lesado voluntariamente, facultando documentação clínica do seu conhecimento pessoal com relevância para a avaliação dos seus danos e sequelas e na defesa dos seus próprios direitos.

Pugnamos pela total transparência, como forma de resolução positiva de litígios que se deseja, não chegarem à fase judicial.

Incentivar a recuperação máxima do lesado e apostar seriamente nos tratamentos de recuperação adequados, obriga mais uma vez à confiança mútua.

Se por um lado o lesado tem direito a escolher os profissionais de saúde que lhe aprouver, por outro, também é legítimo que a entidade responsável, possa acompanhar a evolução da respectiva recuperação. O direito / dever de informação deve ser mutuo e as seguradoras não servem só para liquidar indemnizações, têm o direito legalmente previsto de saber que obrigação estão a liquidar e porquê. Aliás, a boa gestão e o pagamento ajustado das indemnizações repercute-se indirectamente em todos os consumidores– obrigatórios dos seguros de responsabilidade civil automóvel. Muitas vezes, se verifica, inclusive, que por opções do sinistrado ou por falta de informação ou ainda de tratamento adequado chegam aos serviços clínicos das seguradoras já com quadros clínicos irreversíveis, sem que na maior parte das situações se possibilite apurar de quem foi a responsabilidade, o que no futuro deveria ser devidamente esclarecido.

---

[13] "(...) Considera-se que as lesões atingiram a consolidação médico-legal no dia em que a situação do sinistrado se tornou anatómica e funcionalmente definitiva, ou seja, no momento em que se esgotaram todos os tratamentos que lhe foram prestados e todas as possibilidades das técnicas médicas que poderiam ser utilizadas em seu favor, não sendo de esperar a continuação de uma melhoria notável, de forma que o seu estado se considera definitivo e permanente. (...)", in "Estudo Tridimensional do Dano Corporal: Lesão, Função e Situação", Dra. Teresa Magalhães, Ed. Almedina.

Por outro lado, é certo que uma recuperação eficaz pode prolongar-se no tempo decorrendo os habituais períodos de **ITA** (*incapacidade temporária absoluta*) normalmente equivalentes ao período de internamento, durante os quais a pessoa se encontra totalmente incapacitada quer para o trabalho, quer para os actos da sua vida quotidiana, seguidos de períodos de **ITP** (*incapacidade temporária parcial*) cujas percentagens vão variando à medida que a recuperação vai operando os seus efeitos, até á data da **Alta**[13], correspondente ao momento em que medicamente se considera a consolidação das lesões com o significado de não ser clinicamente previsível maior recuperação, ou seja, é nessa data que clinicamente se faz a avaliação final, com ou sem desvalorização para o sinistrado.

O facto dos períodos de tratamento e recuperação se puderem prolongar no tempo por um período mais ou menos longo, dependendo da gravidade das lesões, e de tal circunstância poder gerar dificuldades económicas para os lesados, tem já actualmente a devida protecção, por via de um instrumento judicial ao seu alcance, consubstanciado na possibilidade de requerer procedimento cautelar para arbitramento de reparação provisória.[14]

No âmbito da avaliação do dano corporal assume especial relevância a situação dos grandes incapacitados. Nestas hipóteses o dano atinge graus elevados em toda a sua extensão quer patrimonial quer moral e ultrapassa, naturalmente, os danos habitualmente considerados para os lesados de menor gravidade, já que regra geral, existe necessidade de apoio de terceira pessoa, assistência médica permanente e continuada, consumíveis específicos, etc.

À semelhança das recomendações europeias, consideramos que para estes casos, a forma indemnizatória mais adequada será a da fixação de uma *renda vitalícia*.[15] Tal modalidade de ressarcimento é efectivamente direccionada para um lesado que necessita de cuidados continuados, constitui uma maior salvaguarda para si próprio, pois o recebimento de elevadas quantias, a maior parte das vezes, não geridas pelo próprio,

---

[14] Vide artigos 403.º e seguintes do Cod. Proc. Civil.
[15] A nossa lei prevê tal hipótese no artigo 567.º do Código Civil: "*1. Atendendo à natureza continuada dos danos, pode o tribunal, a requerimento do lesado, dar à indemnização, no todo ou em parte, a forma de renda vitalícia ou temporária, determinando as providências necessárias para garantir o seu pagamento. 2 (...)*"

afastam-se da sua finalidade principal correndo-se ainda o risco de não serem utilizadas em seu proveito próprio. Permite ainda alterações progressivas, se for caso disso e à medida que se alterarem as circunstâncias envolventes, nomeadamente do conhecimento científico e que possam no futuro permitir uma recuperação que na actualidade se manifesta impossível.

É para os grandes incapacitados que se deve dirigir uma atenção especial, para de uma forma concertada com instituições de natureza pública trabalhar seriamente no sentido da respectiva reintegração social e profissional, conferindo-lhes a melhor qualidade de vida possível adequada às suas limitações funcionais.

O futuro aponta precisamente para uma determinada objectivação e uniformização no que concerne quer aos conceitos quer à quantificação indemnizatória dos danos, em lesados, com incapacidades relativamente reduzidas ou irrelevantes do ponto de vista da sua vida futura e quotidiana. Considera-se inclusive que a tendência europeia é para desvalorizar em absoluto incapacidades inferiores a 20% ou 30 %. Em Espanha, por exemplo, mesmo no âmbito dos acidentes de trabalho não são consideradas I.P.P.´s inferiores a 30%, na Áustria inferiores a 20%.... Efectivamente e em termos económicos os valores que eventualmente se despendem em pequenas incapacidades sem repercussão real na capacidade de ganho, podem e devem ser, pelo contrário devidamente arbitradas em grandes incapacidades.

A propósito da vertente económica do dano, em especial dos danos futuros, relembre-se que definitivamente deveria adoptar-se o método seguido na maior parte dos restantes países da Europa. A ***prova dos rendimentos*** é feita mediante as declarações apresentadas para efeitos fiscais, aliás no cumprimento de uma obrigação legal de todo e qualquer cidadão. Fixado esse princípio seria muito mais fácil quantificar esta vertente do dano, facilitaria o diálogo entre lesados e entidades responsáveis e mais uma vez se evoluiria para um sistema mais igualitário. De facto, contra o argumento, por vezes utilizados de que os magistrados não são "fiscais" do Estado, observa-se o princípio, entre outros de que o Tribunal tem o poder de "(...) manter a ordem e fazer respeitar as instituições vigentes, as leis e o Tribunal (...)"[16]. Felizmente já vamos assistindo a situações perante as quais o Tribunal face ao à vontade com que

---

[16] Vide a título exemplificativo o disposto no artigo 650 n.º 2 alínea b) do.P.Civil.

as testemunhas confessam e fazem publicamente a apologia da fuga ao fisco, ordenam sejam extraídas certidões dos respectivos depoimentos para os fins tidos por convenientes. O rigor na análise e apreciação destas questões reproduz a defesa do interesse geral, dado que em última instância, somos todos nós, que suportamos os custos da sinistralidade, considerando a base mutualista do seguro, em especial o de natureza obrigatória, como é o do ramo automóvel.

Para lesados jovens que ainda não aufiram qualquer rendimento há como referência o critério do *salário médio nacional* já que no campo das hipóteses e em termos de projecção para o futuro, as probabilidades de uma profissão determinada, são por natureza incertas e imprevisíveis.

Aliás, os critérios actuais de fixação de danos futuros na vertente de lucros cessantes não têm acompanhado a realidade sócio económica conjuntural e que se vive, não só em Portugal mas genericamente em todo o mundo, em especial no que concerne à precariedade do emprego. Confunde-se, salvo melhor opinião, muitas vezes, *esperança média de vida* com *vida profissional activa*.[17]

As tabelas financeiras, à falta de outro critério, devem ser utilizadas apenas como referência e projecção de determinado capital que é recebido antecipadamente, devendo, salvo melhor opinião, nos casos em que tal projecção se prolonga por um número de anos muito grande, superior algumas vezes ao período de uma geração, ser reduzido no montante final apurado, de forma a não se registar um enriquecimento injustificado.[18] O mesmo critério será de observar no casos de morte,

---

[17] Vide Ac. STJ de 08.03.2001 proferido nos autos de Revista n.º 300/01 da 1ª Secção, que refere no respectivo sumário o seguinte: *"I– Na fixação da indemnização pela perda da capacidade de ganho do lesado, sem embargo de se aceitar os 65 anos como limite da vida laboral activa, pode/ deve tomar-se também em consideração a idade correspondente, hoje, à esperança de vida dos portugueses – 71,40 anos para os homens e 78, 65 anos para as mulheres. II (...)"*

[18] Vide neste sentido Ac. STJ proferido nos autos de Revista n.º 827/99 de 25.11.1999 que no respectivo sumário refere o seguinte: *"I– Uma vez que o lesado ficou com uma incapacidade parcial permanente para o trabalho, para cálculo dos danos futuros há eu proceder à semelhança do que se faz para o caso de morte, mas aqui pondo de lado outros factores (como 1/3 que a vítima gastaria com ela). II– Haverá, portanto, que calcular o capital necessário para, a uma determinada taxa de juro, o lesado obter aquele rendimento em que se traduziu a sua perda. III– A taxa de juro tem vindo a*

considerando o número de anos respectivo devido a cada dependente, quando menor, até á idade de completar um curso superior (regra geral 25 anos) e não até ao final da que seria a vida activa do progenitor falecido.

A quantificação dos danos morais é ainda tarefa mais complicada e difícil. Nos casos de morte vamos seguindo a Jurisprudência que muito embora seja dispare em situações de facto idênticas, permite de algum modo, pelo menos tentar o exercício de encontrar uma média por exemplo para valorar o direito à vida e o direito moral próprio dos herdeiros.

Mas nos casos de dano moral em virtude de incapacidades parciais permanentes a situação complica-se e não existe qualquer critério que ajude a valorar cada caso concreto, constituindo uma autêntica lotaria tal valoração. Admite-se ser matéria difícil, já que o dano biológico (psicofísico) como dano consequencial radica na diminuição objectiva da esfera vital do indivíduo, do homem concreto como unidade fisiopsiquica operante na realidade.

A estimativa do alcance, intensidade e consequências do dano moral assume uma avaliação de cariz essencialmente subjectivo. A única conclusão possível é que a indemnização é neste âmbito eminentemente *compensatória*.

Considera-se que nesta área em particular é essencial reter que deve prevalecer mais uma vez e a propósito desta vertente indemnizatória o princípio da igualdade, manifestando-se neste âmbito efectivamente a necessidade imperiosa de estabelecer parâmetros ou tabelas com factores de correcção que justifiquem indemnizações superiores face a circunstâncias excepcionais.

Vivemos num mundo em constante mudança, cada vez mais vertiginosa e exigente do ponto de vista humano devendo por isso ser imperativo ético a tentativa real de ser justo e adequado, reflectindo na hipótese

---

diminuir consideravelmente, não repugnado trabalhar, hoje com a taxa de 4.6% que é a dos certificados de aforro (mais alta praticada). IV-Mas como o lesado vai receber de uma só vez aquilo que receberia fraccionadamente, seguindo a jurisprudência francesa há que descontar ¼, para que ele não enriqueça à custa do lesante, uma vez que lhe bastaria receber rendimentos sem mexer no capital."

de que o que acontece aos "outros" pode acontecer a qualquer um de nós. Nunca ninguém se enriquece do ponto de vista humano com o infortúnio e respectivas compensações pecuniárias, daí considerar-se que a atenção do colectivo deve dirigir-se cada vez mais para a prevenção dos acidentes e para a reparação e recuperação dos que tiveram o azar de os sofrer quando a responsabilidade não é sua.

Definitivamente a **ética** e não apenas *a moeda tem de voltar a fazer parte activa do nosso quotidiano, incrementando uma consciência social e global menos egocêntrica e mais voltada para o todo.*

"Folhas de Outono caindo de um árvore, depois duma árvore despida de folhas, foram-se mostradas.

Ouvi as palavras:
Não te inquietes. A força da vida é interior; dessa força surgirá o novo. Sabe que o passado tem de morrer para que o novo possa nascer."[19]

Abrindo as portas que há em todos nós será possível.

---

[19] "Abrindo as portas que há em nós", Eileen Cady.

DIRECTIVA RELATIVA
À MEDIAÇÃO DE SEGUROS

José Passos de Sousa

Advogado
Director da Companhia de Seguros Generalli

DIRECTIVA RELATIVA
À MEDIAÇÃO DE SEGUROS

José Passos de Sousa

Advogado
Director da Companhia de Seguros Generalli

A presente apresentação tem por base a Directiva 2000/0213 adoptada pela Comissão em 20/09/2000 e aprovada pelo Conselho Europeu em 30/09/2002.

A Directiva estabelece um quadro legislativo concebido para assegurar um elevado nível de profissionalismo e de competência entre os mediadores de seguros.

A existência de um sistema de registo único para os mediadores facilitará as actividades transfonteiras em termos de liberdade de estabelecimento e de prestação de serviços.

A Directiva garante igualmente um elevado nível de protecção dos interesses dos consumidores.

Já o Decreto Lei 388/91 de 10 de Outubro apontava para a necessidade de reforçar as crescentes exigências de profissionalismo na actividade de mediação de seguros, instituindo as figuras do "agente provisório" e do "agente exclusivo".

Apontava-se, então, para o reconhecimento da especialização no sentido de que o mediador podia optar por exercer a sua actividade em relação apenas aos ramos de seguros "não vida" ou ao ramo "vida".

A Directiva determina também que todas as pessoas, singulares ou colectivas, que assumam e exerçam a actividade de mediação de seguros ou resseguros sejam registadas por uma autoridade competente com base num conjunto mínimo de requisitos profissionais, os quais incluem a posse de conhecimentos e boa reputação, competências profissionais adequadas, garantia de seguro de responsabilidade civil profissional ou garantia análoga e capacidade financeira suficiente.

Além disso, contém requisitos mínimos relativos às modalidades de conteúdo da informação que os mediadores de seguros devem fornecer aos seus clientes.

O diploma em análise estabelece normas relativas ao acesso e exercício das actividades de mediação de seguros e resseguros por parte das pessoas singulares e colectivas que estejam estabelecidas ou venham a estabelecer-se num estado-membro.

O regime e as exigências da Directiva (registo, requisitos profissionais, etc.) não se aplicam às pessoas que prestem serviços de mediação desde que o contrato de seguro não exija a posse de conhecimentos especializados, não esteja em causa um seguro de vida ou de responsabilidade civil, a mediação de seguros não seja a sua actividade principal ou o seguro constitua um complemento do produto ou serviço fornecido pelo mediador e garanta o risco de perda ou danos dos produtos fornecidos, o risco de perda ou danos da bagagem ou outros riscos associados a viagens reservadas junto dessa pessoa, designadamente garantias acessórias relativas à vida ou à responsabilidade civil.

O regime acima referido não se aplica ainda desde que o montante do prémio anual do seguro não exceda EUR 500,00 e o contrato não tenha duração superior a cinco anos.

Com a Directiva 77/92/CEE do Concelho, de 13 de Dezembro de 1976 relativa às medidas destinadas a facilitar o exercício efectivo da liberdade de estabelecimento e da livre prestação de serviços nas actividades de agente e de corretor de seguros que continha, nomeadamente, medidas transitórias para estas actividades, foi dado um primeiro passo para facilitar o exercício da liberdade de estabelecimento e da liberdade de prestação de serviços pelos agentes e corretores de seguros.

Actualmente o Dec.Lei 388/91 de 10 de Outubro, prevê no art.º 46.º o regime de exercício da actividade de mediação de seguros em livre prestação de serviços por pessoas singulares ou colectivas estabelecidas num outro Estado Membro das Comunidades Europeias em relação a contratos de seguro celebrados em Portugal.

O exercício da actividade fica subordinado à obtenção de autorização a conceder pelo ISP.

A Recomendação 92/48/CEE da Comissão de 18 de Dezembro de 1991, relativa aos mediadores de seguros, foi seguida em grande medida pelos Estados-Membros e contribuiu para a aproximação das disposições nacionais referentes aos requisitos profissionais e ao registo dos mediadores de seguros.

No entanto, subsistem ainda diferenças consideráveis entre as disposições nacionais, o que coloca obstáculos ao acesso e ao exercício da actividade dos mediadores de seguros e de resseguros no mercado interno.

Nos termos da Directiva, a mediação de seguros consiste no exercício das actividades de apresentação, proposta ou prática de outros trabalhos preparatórios ou inerentes à celebração de contratos de seguro, bem como ao apoio à gestão e execução desses contratos, em especial em caso de ocorrência de um sinistro.

Excluem-se deste conceito as actividades desenvolvidas pelas empresas de seguros ou pelos trabalhadores de seguros que actuem sob a responsabilidade dessas empresas.

O art.º 2.º do Dec. Lei 388/91 refere-se à actividade como sendo remunerada e tendente à realização, através de apreciação dos riscos em causa, e assistência, ou apenas à assistência, dos contratos de seguro directo cobrindo riscos situados em Portugal e operações de seguro, nomeadamente operações de capitalização e de fundos de pensões por seguradoras ou sociedades gestoras de fundos de pensões operando em Portugal, dividindo os mediadores em três categorias: agentes, angariadores e corretores.

Ficam ainda excluídas do âmbito da Directiva as actividades ocasionais de prestação de informações no âmbito de outra actividade profissional (contabilista, advogado, etc.), bem como as pessoas que forneçam meras informações de carácter geral sobre produtos de seguros, desde que essa actividade não tenha por objecto ajudar o cliente a celebrar ou executar um contrato de seguro.

A gestão, a título profissional, de sinistros de uma empresa de seguros ou as actividades de peritagem e regularização de sinistros também se encontram excluídas do âmbito da Directiva.

Entende-se como Mediador de Seguros, toda a pessoa singular ou colectiva que, em contrapartida de uma remuneração, aceda ou exerça a actividade de mediação de seguros.

A remuneração pode ser pecuniária ou revestir a forma de qualquer outra vantagem económica acordada e ligada à prestação fornecida por esses intermediários. Actualmente, o art.º 11.º do Dec. Lei 388/91 estabelece que o mediador é remunerado através de comissões.

A Directiva inclui uma definição de "mediador de seguros ligado" que tem em conta características de determinados mercados dos Estados--Membros e cujo objectivo é fixar as condições de registo aplicáveis a esses mediadores.

Entende-se por "mediador ligado", a pessoa que exerça uma actividade em nome e por conta de uma empresa de seguros ou várias empresas de seguros, caso os produtos não sejam concorrentes, mas que não receba prémios nem somas destinadas ao cliente e actue sob a inteira responsabilidade dessas empresas de seguros, no que se refere aos respectivos produtos.

Considera-se igualmente mediador de seguros "ligado" agindo sob a responsabilidade de uma ou várias empresas de seguros, no que se refere aos respectivos produtos, qualquer pessoa que exerça uma actividade de mediação de seguros, em complemento da sua actividade profissional principal, sempre que o seguro constitua um complemento de bens ou serviços fornecidos no âmbito dessa ocupação principal e que não receba prémios nem somas destinadas ao cliente.

As empresas de seguros podem colaborar com as autoridades competentes para o registo destes mediadores, e para o cumprimento dos requisitos profissionais exigidos, prestando-lhes formação profissional adequada e verificando a sua idoniedade e boa reputação.

Esta definição não pretende impedir os Estados Membros de manterem conceitos semelhantes que se refiram a mediadores de seguros que, actuando embora por conta e em nome de uma empresa de seguros e sob a sua inteira responsabilidade, estejam habilitados a receber prémios e montantes destinados aos clientes de acordo com as condições de garantia financeira previstas na Directiva.

Refira-se que nos termos da actual legislação interna, os agentes, pessoas singulares ou colectivas e os angariadores encontram-se obrigados a não prestar ao segurado outros serviços para além dos que estejam directamente ligados à actividade de mediação – vidé n.º 4 art.º 10.º Dec. Lei 388/91.

Nos termos da Directiva, os mediadores de seguros e de resseguros são registados no seu Estado-Membro de origem por uma autoridade competente, desde que satisfaçam requisitos profissionais estritos relativos à sua competência, boa reputação, cobertura por um seguro de responsabilidade civil profissional e capacidade financeira. Após o registo, ficam autorizados a iniciar e exercer a actividade de mediação de seguros na Comunidade, tanto através do direito de estabelecimento como em regime de livre prestação de serviços, desde que tenha sido observado o procedimento de notificação adequado entre as autoridades competentes.

O registo dos mediadores de seguros fica sujeito à observância dos requisitos profissionais constantes do art.º 4.º da Directiva.

A cooperação e a troca de informações entre autoridades competentes constitui um factor essencial para a protecção dos consumidores e para assegurar a solidez das actividades de seguros e de resseguros no mercado único.

Conforme se referiu supra, os mediadores devem possuir alguns requisitos profissionais que se consubstanciam em conhecimentos e aptidões gerais, comerciais e profissionais adequados, de acordo com o que vier a ser determinado pelos respectivos Estados-Membros de origem.

Os Estados-Membros podem definir o nível de exigência em matéria de conhecimentos e aptidões profissionais em função da actividade dos mediadores e dos produtos distribuídos.

Quando o mediador declarar que presta serviços de consultoria relativamente a produtos de um conjunto amplo de empresas de seguros, deve realizar uma análise equilibrada e suficientemente alargada dos contratos disponíveis no mercado.

Além disso, os mediadores devem explicar as razões subjacentes aos seus conselhos. Será, todavia, menos necessário exigir estas informações quando o consumidor seja uma empresa que pretende segurar ou ressegurar riscos comerciais e industriais.

Antes da conclusão do contrato, os mediadores de seguros prestarão aos consumidores, no mínimo, informações sobre identidade e endereço, o registo em que foram incluídos, os meios disponíveis para a apresentação de reclamações e resolução extrajudicial de litígios; devem ainda informar sobre qualquer participação directa ou indirecta superior a 10% dos direitos de voto ou do capital de um mediador de seguros, detida por uma seguradora ou de qualquer participação directa ou indirecta superior a 10% dos direitos de voto ou do capital de uma empresa de seguros, detida pelo mediador de seguros.

Além disso e relativamente ao contrato de seguro em causa, o mediador de seguros deve indicar se baseia os seus conselhos numa análise imparcial, se está vinculado a trabalhar com uma ou mais seguradoras determinadas ou, quando nenhuma destas situações ocorra, deve informar o nome das seguradoras com quem trabalha.

Antes da conclusão do contrato de seguro, o mediador deve especificar as exigências e as necessidades, bem como as razões que motivam o conselho prestado relativamente a determinado produto. Estas exigências e informações não são aplicáveis no âmbito da cobertura de grandes riscos e na mediação de resseguro.

Todas as informações fornecidas aos clientes devem ser comunicadas em suporte de papel ou qualquer outro suporte duradouro acessível aos consumidores, com clareza e exactidão e de uma forma compreensível para os clientes, numa língua oficial do Estado-Membro.

A título excepcional as informações podem ser fornecidas oralmente, mas somente se uma cobertura imediata for necessária ou requerida pelo cliente, sendo posteriormente fornecidas por escrito, após a conclusão do contrato, situação igualmente aplicável à venda pelo telefone.

A propósito deste tema, os Estados-Membros podem manter ou aprovar disposições mais rigorosas, que podem ser impostas aos mediadores que, independentemente do seu local de residência, exerçam as suas actividades de mediação no seu território, desde que essas disposições mais rigorosas estejam em conformidade com o direito comunitário, incluindo a Directiva 2000/31/CE do Parlamento Europeu e do Concelho de 8 de Junho de 2000, relativa a certos aspectos legais dos serviços da sociedade de informação, em especial do comércio electrónico, no mercado interno.

Os mediadores de seguros devem gozar de boa reputação e devem ter um registo criminal ou outro documento equivalente limpo em relação a infracções penais graves contra a propriedade ou relativas ao exercício de actividades financeiras, e não devem ter sido declarados em falência, salvo se tiverem sido reabilitados nos termos do seu direito interno.

Não obstante, a Directiva prevê uma "clausula de protecção" a qual determina que os Estados-Membros podem dispor que as pessoas que, antes de Setembro de 2000 tenham exercido uma actividade de mediação, tenham estado inscritas num registo e possuam um nível de formação e de experiência semelhante ao requerido na Directiva, sejam automaticamente inscritas no registo a criar uma vez preenchidos os requisitos profissionais e relativos ao registo.

Os mediadores de seguros devem estar cobertos por um seguro de responsabilidade civil profissional que abranja todo o território da Comunidade ou outra garantia comparável que garanta as responsabilidades resultantes de negligência profissional até ao montante de EUR 1.000.000,00 por sinistro e EUR 1.500.000,00 por anuidade salvo se esse seguro ou garantia equivalente lhes forem já fornecidos por uma empresa de seguros, empresa de resseguros ou outra empresa por conta da qual actuem ou pela qual estejam mandatados ou se essa empresa tiver assumido plena responsabilidade pelos actos dos mediadores.

Os montantes do seguro obrigatório e das garantias financeiras serão actualizados automaticamente de 5 em 5 anos de acordo com a evolução do índice de preços na Comunidade publicados pelo Eurostat.

Nos termos do Dec.Lei 388/91 são estabelecidos dois regimes, um para mediadores outro para corretores; o primeiro, previsto no n.º 2 do art.º 4.º, estabelece que é facultada a celebração de acordos entre um mediador e uma seguradora, no sentido de aquele poder, salvo no que respeita a fundos de pensões, celebrar contratos em nome e por conta desta, desde que a inerente responsabilidade civil profissional seja garantida através de adequado seguro; o outro, previsto na alínea i) art.º 44.º do mesmo diploma impõe como obrigação específica do corretor de seguros possuir, sem prejuízo do disposto no n.º 2 do art.º 4, um seguro de responsabilidade civil profissional que garanta um capital de Esc. 100.000.000$00.

Os Estados-Membros devem tomar medidas para proteger os clientes face à incapacidade de um mediador de seguros para transferir o prémio para a empresa de seguros ou para transferir o montante correspondente à indemnização ou ao estorno do prémio para o segurado.

A Directiva impõe ainda que os Estados-Membros adoptem disposições nos termos das quais os montantes pagos pelo cliente ao mediador são tratados como se tivessem sido pagos à seguradora enquanto os montantes pagos por esta ao mediador não são tratados como tendo sido pagos ao cliente, até que este os receba.

Aos mediadores é ainda imposta a obrigatoriedade de disporem, numa base permanente, de uma capacidade financeira correspondente a 4% dos prémios totais recebidos por ano, com um montante mínimo de EUR 15.000,00 e também dos fundos dos clientes serem transferidos através de contas de clientes rigorosamente separadas, e de essas contas não serem utilizadas para reembolsar outros credores em caso de falência.

Ainda no âmbito das garantias financeiras, encontra-se previsto que seja estabelecido um fundo de garantia.

Os Estados-Membros podem tornar mais estritos os critérios acima mencionados ou prever requisitos suplementares para os mediadores de seguros ou de resseguros registados no seu território.

Qualquer mediador de seguros que tencione exercer pela primeira vez a sua actividade num ou mais Estados-Membros ao abrigo da liberdade de prestação de serviços ou do direito de estabelecimento informará previamente as autoridades competentes do Estado-Membro de origem, as quais, informarão as autoridades competentes do Estado-Membro de acolhimento. Um mês após esta comunicação, o mediador pode iniciar a sua actividade no Estado-Membro de acolhimento.

Os Estados-Membros podem informar previamente a Comissão de que dispensam essa notificação prévia, caso em que o mediador pode iniciar a sua actividade imediatamente.

Os Estados-Membros devem criar procedimentos adequados e eficazes à apresentação de reclamações e à resolução extrajudicial de litígios entre consumidores e mediadores de seguros, ainda que em questões transfronteiras.

DIA 31 DE OUTUBRO DE 2002
14h 30m

TEMA IV

PERSPECTIVAS DO SEGURO DE PESSOAS E A SUA INCIDÊNCIA NA SEGURANÇA SOCIAL

Presidência
Juiz Desembargador Doutor José da Cunha Barbosa
Tribunal da Relação do Porto

Prelectores
Doutor António Tavares da Silva
Advogado da Axa
Doutor Bernardino Chamusca
Advogado da Axa
Doutor Albertino Silva
*Administrador da Companhia de Seguros Global
e Presidente da Comissão Técnica de Acidentes
de Trabalho da A.P.S.*

PERSPECTIVAS DO SEGURO DE ACIDENTES DE TRABALHO

Albertino Silva
Administrador da Companhia de Seguros Global

PERSPECTIVAS DO SEGURO DE ACIDENTES DE TRABALHO

ALBERTINO SILVA

Administrador da Companhia de Seguros Global

INTRODUÇÃO

1. Em nome da Administração da Global Seguros, que aqui represento, gostaria de agradecer à Organização deste Congresso, na pessoa do Dr. Costa Martins, o convite endereçado à Companhia para participar neste painel, o que fazemos com todo o gosto.

2. O tema que me foi atribuído relaciona-se com o SEGURO DE ACIDENTES DE TRABALHO e a sua incidência na SEGURANÇA SOCIAL.

3. Considero a escolha deste tema muito oportuna, porque, por um lado, acabou de ser aprovada, pela Assembleia da República, a Nova Lei de Bases de Segurança Social que irá revogar a Lei n.º 17/2000, de 08 de Agosto e, por outro lado, parece-me feliz este cruzamento da matéria dos Acidentes de Trabalho com a área da Segurança Social.

4. De facto, é muito mais tradicional abordar a questão dos Acidentes de trabalho relacionando-a com a área do Trabalho (em particular, no âmbito do Direito do Trabalho), mas é muito menos frequente, diria mesmo que é quase uma excepção, relacioná-la com a vertente da Segurança Social (ou inseri-la no âmbito do Direito da Segurança Social).

5. Considero, aliás, que a matéria dos Acidentes de trabalho no âmbito da Segurança Social é um tema bastante complexo, mas simultaneamente muito actual, pois está na ordem do dia, não só em Portugal, mas também noutros países, nomeadamente na Itália, na França e na Alemanha, apesar de, na União Europeia, vigorar o princípio da subsidiariedade para este tipo de questões.

6. Por isso, as minhas ênfases vão ser colocadas na perspectiva dos Acidentes de Trabalho ao nível da Segurança Social, sem prejuízo de uma leve abordagem pelas questões do Direito do Trabalho, nomeadamente quanto à função de Prevenção (legislação de Segurança, Higiene e Saúde no Trabalho), para que se possa obter uma visão integrada da protecção nos Acidentes de Trabalho.

7. O tempo que me foi atribuído só me permitirá tratar dois temas, a saber:
    I – A Organização do Regime de Protecção nos Acidentes de Trabalho em Portugal
    II – Os Três Pilares da Protecção nos Acidentes de Trabalho

8. Não é possível efectuar a comparação do regime existente em Portugal com os outros regimes em vigor nos restantes países da União Europeia, quer nos países onde a gestão é assegurada por um sistema público de Segurança Social, quer nos países em que a gestão se efectua através de seguro privado obrigatório (Bélgica, Dinamarca e Finlândia), ou mesmo seguro privado não obrigatório (Holanda) ou, ainda, de seguro privado obrigatório em sistema complementar (Reino Unido).

9. Contudo, não deixarei de efectuar algumas comparações, quando tal se justificar, entre as soluções adoptadas no nosso país e o que, regra geral, ocorre no âmbito da União Europeia.

Perspectivas do Seguro AT e sua Incidência na Segurança Social

TEMAS
  I – A Organização do Regime de Protecção nos Acidentes de Trabalho em Portugal
  II – Os Três Pilares da Protecção nos Acidentes de Trabalho

I – **Organização do regime de protecção nos**

1. **Situação actual**
   a) Tutela → Ministério das Finanças
   b) Regime Jurídico de Acidentes de Trabalho
      (Lei n.º 100/97 e legislação complementar)
   c) Gestão por Companhias de Seguros
      – não permitido o autoseguro
      (excepto para o Estado)

2. **As Conclusões do Livro Branco da Segurança Social**
   Conclusões Expressas no Livro Branco da Segurança Social (Pg 223/224).
   "Modernização do Modelo de Protecção Social"
   ...
   3. *Técnica Definidora*
      Ao explicitar os objectos de cada sistema e seus subsistemas esta concepção define os respectivos âmbitos pessoal e material

→ e deixa claro que a eventualidade de acidentes de trabalho se integra no esquema material do subsistema previdencial
→ competindo à tutela da protecção social a definição do seu regime
→ independentemente da natureza pública, privada ou mutualista da sua gestão

3. A LEI DE BASES DA SEGURANÇA SOCIAL
(Proposta de Lei)
Artigo 29.º (Âmbito material)
→ Define a Tutela Jurídica (Ministério da Segurança Social)

Artigo 130.º (Protecção nos acidentes de trabalho)
→ Define a tese da "articulação" com o sistema público de segurança social
→ Em particular no que diz respeito:
  • à melhoria do regime legal das prestações,
  • à tabela nacional de incapacidades,
  • à prevenção da sinistralidade laboral,
  • ao objectivo de promover a reabilitação e reinserção laboral dos sinistrados.

I. ORGANIZAÇÃO DA PROTECÇÃO NOS AT (...)

4. Características da gestão dos AT em Portugal
→ Uma dupla relação de direito

Seguradora ⎰ Tomador do Seguro → (Direito dos Seguros
⎱ Sinistrado / Herdeiros
   → (Protecção Social dos Riscos Profissionais)

→ Tutela da vítima exercida pelo Tribunal de Trabalho
(com patrocínio do Ministério Público)
(obrigatória nos sinistros graves; a pedido da vítima nos restantes casos)
→ Garantia e actualização das prestações a cargo do FAT
→ Gestão em concorrência
→ Gestão em capitalização

II. OS TRÊS PILARES DA PROTECÇÃO NOS AT

1. Prevenção e Segurança
(→ legislação específica de SHST)

2. Reparação e Recuperação
(Lei 100/97 e legislação complementar)

3. Reabilitação (Readaptação) e Reinserção Profissional
(→ legislação específica;
falta regulamentação autónoma)

A PREVENÇÃO no contexto da LAT

1. Legislação específica de SHST (LAT/Artigo 12º)
→ Directivas Comunitárias
→ Transposição para o direito português (desde 1991)
→ Evolução muito favorável na década de 90

Anos	1980	1990	1995	1998	1999	2000	2001
nº sinistros	339.004	336.283	233.861	250.513	252.038	250.113(a)	261.714(a)

(cf.APS)
(a) inclui trabalhadores independentes

2. Consequências da falta de observação das regras sobre SHST (Artigo 18.º) (n.º 2 do Artigo 37.º)

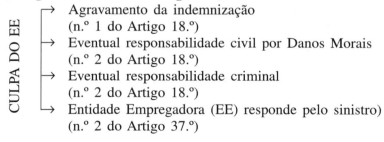

CULPA DO EE
→ Agravamento da indemnização (n.º 1 do Artigo 18.º)
→ Eventual responsabilidade civil por Danos Morais (n.º 2 do Artigo 18.º)
→ Eventual responsabilidade criminal (n.º 2 do Artigo 18.º)
→ Entidade Empregadora (EE) responde pelo sinistro) (n.º 2 do Artigo 37.º)

3. Efeitos das medidas de prevenção nos prémios de seguro AT
→ Tarifação negociada livremente entre Seguradora e Tomador do Seguro

→ Graduação dos prémios de seguro em função da sinistralidade de cada Entidade Empregadora e das condições de prevenção implantadas nos locais de trabalho (n.ᵒˢ 2 e 3 do Artigo 38.º)

II. OS TRÊS PILARES DA PROTECÇÃO NOS ACIDENTES DE TRABALHO

2. **Reparação e Recuperação**
2.1. **Âmbito de cobertura**
   (Conceito AT)
   (Danos não considerados na reparação legal AT)
2.2. **O cálculo das prestações económicas**
   IT: -taxa de substituição do rendimento
      (não ao princípio do "salário integral; cf. LBSS/subsídio de doença)
   IP: -grau mínimo para obter prestações económicas
      (cf. redução na capacidade de ganho)
      -plafonamento das prestações em dinheiro
      (cf. LBSS)

2. **Reparação e Recuperação**
2.1. **Âmbito de cobertura**
a) Abrange trabalhadores por conta de outrém e trabalhadores independentes (Âmbito pessoal)
b) Conceito (amplo) de acidentes de trabalho:
   → inclui os acidentes de trajecto
c) Danos emergentes de acidentes de trabalho:
   (Reparação legal)
   → lesão corporal, perturbação funcional ou doença
   → de que resulte morte ou redução na capacidade de trabalho ou de ganho

- Não são considerados danos emergentes de acidentes de trabalho:
   → Danos materiais
   → Danos morais
   → Lucros cessantes de outras actividades profissionais

Excepto quando abrangidos pelos casos de responsabilidade civil subjectiva (Recupração integral):
- → Casos especiais de recuperação (art. 18.º L)
- → Acidentes originados por ... Terceiros (art. 31.º L)

2.2. O cálculo das prestações económicas
(1) Incapacidades Temporárias (IT)
- → indemnização é função da Retribuição do rendimento à data do acidente
- → aplica-se a taxa de substituição do rendimento de 70%
- → duração da incapcidade: até à cura clínica
  (ou até à conversão de IT em IP)
  (média em 2001: 25 dias de incapacidade)

2.2. O cálculo das prestações económicas
(2) Incapacidades Permanentes (IP)
- → não há grau mínimo para obter compensação económica
  (FI=10%, IT=11%, DK=15%, DE=20%, AU=20%, PB=25%, ES=33%, GR=50%)
- → não há plafonamento do montante das prestações em dinheiro
- → não há limitações ao cúmulo com outras pensões
  (de velhice, invalidez ou de sobreviência)
- → não há tributação fiscal das indemnizações e/ou pensões

3. Reabilitação (Readaptação) e Reinserção Profissional
IPA – th (art. 17.º LAT → "...Conforme a maior ou menor <u>capacidade funcional residual</u> para o exercício de outra profissão compatível...")

Reabilitação (art. 40.º LAT)
n.º 1) – ocupação em funções compatíveis
(n.º 2) → Fornação profissional
  → Adaptação ou readaptação profissionais
  → Colaboração em regime de trabalho a tempo parcial
  → Licença para formação
  → Oferta de novo emprego

(nos termos que vieram a ser regulamentados)
→ (DR/art. 1.º) → Reabilitação deve ser objecto de regulamentação autónoma

CONCLUSÃO – Prioridades imediatas

1. Alterar TUTELA JURÍDICA
   (regulamentar LBSS)

2. Criar legislação especial para REABILITAÇÃO /REINSERÇÃO PROFISSIONAL

3. Introduzir PLAFONAMENTO para efeitos de Seguro AT
   (cf. Jogadores Profissionais de Futebol)

4. Melhor TABELA NACIONAL DE INCAPACIDADES para Riscos Profissionais
   (introduzir grau mínimo para atribuir IPP)
   (optimizar capacidade restante nas IPA-th)

5. Coordenar esforços no combate à SINISTRALIDADE LABORAL
   (programas especiais para empresas com sinistralidade acima da média)

6. Criar sistema de nformação integrado para DECLARAÇÃO DE REMUNERAÇÕES
   (combate à fraude)
   (prevenir omissões/insuficiência de remunerações)

CONSIDERAÇÕES FINAIS

1. Não gostaria de terminar a minha intervenção sem uma referência, embora rápida, ao Anteprojecto do Código do trabalho, actualmente em discussão.

2. Na minha opinião, a inclusão da legislação sobre Acidentes de Trabalho no âmbito do Código do Trabalho é benéfica, pelas vantagens que daí resultam, em termos de segurança jurídica e de transparência na sistematização das leis.

3. Em termos de generalidade, existe uma questão que nos oferece uma enorme preocupação que é a possibilidade apresentada no artigo que

tem como epígrafe "Liberdade de estipulação", onde se prevê que, pela via da contratação colectiva, se possam alargar as prestações económicas do seguro obrigatório de Acidentes de Trabalho.

4. Consideramos que esta epígrafe se pode manter, mas estipulando que a concessão de regimes de prestações económicas mais favoráveis para o trabalhador poderá ser concretizada através de seguros facultativos de Acidentes Pessoais, nomeadamente em caso de sinistro grave que origine morte ou incapacidade permanente.

5. Passariam, assim a existir dois pilares de garantias:
   – Um primeiro pilar, **universal**, através do seguro obrigatório de Acidentes de trabalho;
   – Um segundo pilar, **complementar**, no âmbito da regulamentação colectiva ou de contratos individuais de trabalho, através de seguros facultativos de Acidentes Pessoais.

6. Em termos de especialidade, parece-nos importante referir os artigos relacionados com "**Factos que dizem respeito ao trabalhador**" e "**Força maior**".

7. Estes temas têm hoje, na Apólice Uniforme do Seguro de Acidentes de Trabalho, diversas exclusões de cobertura, algumas impostas pelo mercado de resseguro (caso de guerra e do terrorismo), que devem passar para a letra da lei, uma vez que, nas situações aí contempladas, o empregador não deve ser considerado responsável pelo acidente.

8. Às situações actualmente previstas, deve acrescentar-se, aliás, os casos em que o trabalhador apresente uma taxa de alcoolémia superior a 0,5 gramas por litro, excepto se se provar que o acidente não foi provocado por esta circunstância. Esta causa de acidente é, sobretudo, relevante nos riscos de trajecto e de missão (deslocação em serviço), em que o trabalhador não se encontra sob o controlo directo do empregador.

9. No que se refere às prestações em dinheiro, defendemos que só deve haver direito a indemnização, em caso de incapacidade permanente resultante de desvalorização superior a determinado grau, como acontece na generalidade dos países da União Europeia (ex. 10% na Finlândia,

11% em Itália, 14% no Reino Unido, 15% na Dinamarca, 20% na Alemanha e Áustria, 25% na Holanda, 33% em Espanha e 50% na Grécia).

10. Com efeito, a dispensa de pagamento de indemnizações para as pequenas incapacidades, **que não determinam redução na capacidade de ganho**, irá possibilitar um maior envolvimento na reabilitação dos grandes sinsitrados, tornando-se o sistema indemnizatório mais justo, em termos sociais, além de aliviar grandemente o volume de processos nos Tribunais de Trabalho, permitindo que decidam, com maior celeridade, os casos mais graves.

11. Consideramos, também, que a questão da "Responsabilidade subsidiária", prevista no n.º 3 do artigo relativo a "Sistema e unidade de seguro", deveria constar no Código como artigo autónomo, atribuindo essa responsabilidade ao Fundo de Acidentes de Trabalho e limitando-a às prestações normais da lei, uma vez que esta intervenção se faz ao abrigo do regime de solidariedade e até estar definida a indemnização a que o empregador será condenado pela sua actuação culposa.

Termino, esperando ter demonstrado que a protecção nos Acidentes de Trabalho tem evoluído, em Portugal, de forma bastante positiva e desejando que o pilar que falta construir, a **Reabilitação**, seja rapidamente concluído, tal como está previsto, aliás, no artigo 129.º da Nova Lei de Bases da Segurança Social

DIA 31 DE OUTUBRO DE 2002
17 horas

SESSÃO SOLENE DE ENCERRAMENTO

Presidência
Juiz Conselheiro Doutor Afonso Moreira Correia
em representação do Presidente do Supremo Tribunal de Justiça

Mesa de Honra
Juiz Desembargador Doutor José da Cunha Barbosa
Tribunal da Relação do Porto
Prof. Doutor Calvão da Silva
Faculdade de Direito da Universidade de Coimbra
Prof. Doutor António Moreira
Catedrático das Universidades Lusíada
Coordenador do Congresso
Prof. Doutor M. Costa Martins
Universidade Lusíada
Advogado
Coordenador do Congresso

BREVES CONCLUSÕES DO III CONGRESSO NACIONAL DE DIREITO DOS SEGUROS

Manuel da Costa Martins

Prof. Auxiliar da Universidade Lusíada
Advogado
Coordenador do Congresso

BREVES CONCLUSÕES DO III CONGRESSO NACIONAL DE DIREITO DOS SEGUROS

MANUEL DA COSTA MARTINS
Prof. Auxiliar da Universidade Lusíada
Advogado
Coordenador do Congresso

I – INTRODUÇÃO

O III Congresso Nacional de Direito dos Seguros, pretendeu e conseguiu, mais uma vez, dignificar a área do Direito dos Seguros, não só pelo mérito das intervenções, como pelo interesse e discussão que motivou de todos os participantes.

O Direito dos Seguros é um Ramo do Direito Privado, Especial, com características muito peculiares, que merece ser cientificamente tratado. Trata-se de um ramo do direito em que a autonomia privada, onde vigora, necessariamente, o princípio da confiança e da boa fé, tem de conviver, lado a lado, com princípios de ordem pública, com o jus imperium. Cada vez mais, a necessidade de um conhecimento profundo do contrato de seguro e suas envolvências, impõe que, iniciativas deste género ocorram no futuro.

Desde há três anos que se tem feito um esforço no sentido de discutir, num amplo espaço de debate, o Direito dos Seguros, à falta de iniciativas das instituições que podiam e deviam deitar mão de tarefas deste género. Infelizmente, o apoio das instituições não tem sido muito. Realça-se, no entanto, o apoio logistico da Livraria ALMEDINA e da patrocionadora, MAPFRE – SEGUROS, que, com o maior entusiasmo, têm entendido a importância destes acontecimentos.

Não podemos deixar caír esta iniciativa.

Vamos fazer do **IV CONGRESSO DE DIREITO DOS SEGUROS** – que se prevê realizar em **LISBOA** nos dias **30 e 31 de Outubro de 2003** – um grande acontecimento. Para isso pensamos, recorrer à participação da **A. I. D. A – Associação Internacional de Direito dos Seguros**, de modo a permitir um maior amplo espaço de análise dos temas de direito de seguros que se colocam, na actualidade, ao nível da comunidade internacional dos seguros.

II – SÍNTESE

I – O **III Congresso do Direito dos Seguros** reafirmou a apreensão já manifestada no **II Congresso Nacional de Direito dos Seguros**, no facto de, até esta data, não haver iniciativa legislativa do Governo no sentido de criar uma **nova lei do contrato de seguro**. É necessária uma reforma do direito dos seguros que modifique a generalidade do tecido normativo sobre seguros. O âmbito da reforma deve ser total, a oportunidade é excelente e a utilidade é máxima.

II – Na próxima década vamos assistir a uma profunda **revolução da incidência informática no contrato de seguro**, atentas, nomeadamente, as seguintes situações:
a) Competitividade;
b) Rentabilidade de actividade seguradora;
c) Evolução tecnológica;
d) Acesso à informação;
e) Velocidade de reacção às exigências da sociedade moderna;
f) A legislação e a contratualização não podem ser limitações à evolução tecnológica;
g) Exigências da própria comunidade internacional.

III – A **evolução informática é um desafio** aos informáticos, aos comerciais, aos técnicos e, em particular, aos juristas. Estes terão de ser os primeiros a evoluir no sentido de criar as condições de facilidade, de flexibilidade e de agilidade necessárias ao equilíbrio dos vectores **contratualização**, *versus*, **defesa do consumidor**. Impõe-se alguma segurança, alguma precaução na futura normatização do contrato, nomeadamente, tendo em conta o seguinte:
a) Protecção de dados pessoais;

b) Riscos cobertos na utilização de aparelhos informáticos;
c) Riscos relacionados com os dados informáticos;
d) Celebração do contrato de seguro à distância.

IV – A **actual lei de pagamento de prémios de seguro deveria ser alterada**, atento o facto de não fazer sentido, um regime especial tão rígido, quanto é certo que as partes contratantes, devem saber, a cada momento, quais são os seus direitos e obrigações.

V – A **evolução do seguro obrigatório de responsabilidade civil automóvel** decorrentes de Directivas Comunitárias, tem contribuído para o desenvolvimento do princípio da protecção dos direitos dos segurados e sobretudo dos lesados por acidentes rodoviários.

As três principais Directivas encontram-se transpostas para o nosso direito interno, embora de forma incompleta, relativamente, à 2ª Directiva.

A 4ª Directiva (2000/26/CE) aguarda transposição embora já tenha decorrido o prazo para Portugal fazer essa transposição.

Existe já a proposta de 5ª Directiva que visa melhorar as Condições de protecção desses lesados (ampliando a eficácia do direito interno sobre responsabilidade, criando especial regime de protecção para peões e ciclistas.

Continua a não existir uniformidade de regimes indemnizatórios nos diversos países da União Europeia e aderentes aos sistema de Carta Verde.

VI – O Supremo Tribunal de Justiça – apesar da existência do Acordão do Tribunal de Justiça da Comunidade Europeia de 14.9.2000 – tem vindo a entender que os limites da indemnização em acidentes rodoviários com base na responsabilidade civil pelo risco, fixados no **art. 508.º do Cód. Civil** se devem manter, não obstante o disposto no **art. 6.º do DL 522/85 de 31.12.**, enquanto não for transposta, completamente, a 2ª Directiva[1].

Impõe-se que o Estado Português cumpra essa obrigação, alterando a lei, e afastando, assim, as injustiças decorrentes da manutenção dos limites previstos no art. 508.º do Cód. Civil.

---

[1] Ver neste sentido o recente Acordão do Supremo Tribunal de Justiça de 9 de Maio de 2002, in Colectânea de Jurisprudência, Ano X, Tomo II pág.55 e ss.

VII – O contrato de seguro é, objectivamente, um contrato conflitual. Daí, atentos os custos e a morosidade dos processos judiciais existem, já, **formas de resolução extrajudicial de conflitos**, a salientar:
   a) O Provedor do Cliente;
   b) A Arbitragem;
   c) O Centro de informação e mediação e arbitragem de seguros automóvel (CIMASA)
   d) O seguro de protecção jurídica;

VIII – A **providência do arbitramento de reparação provisória** tem o seu âmbito de aplicação privilegiado em casos da responsabilidade civil decorrentes de acidentes de viação. Por este motivo e por força da transferência obrigatória dessa responsabilidade para as seguradoras, são estas que figuram como parte contra a qual, tipicamente, é requerida esta medida cautelar. Em resultado da análise do regime jurídico desta providência, estamos perante uma medida bastante benéfica para os lesados, uma vez que se torna possível que lhe sejam antecipadamente reparados os danos sofridos. No entanto, para as seguradoras, esta providência revela-se muito onerosa, essencialmente, nos casos em que a razão principal não dê razão ao lesado, pois nesta situação torna-se difícil que a seguradora consiga reaver as quantias prestadas, atenta a situação da necessidade do lesado.

IX – A boa-fé é um dos princípios fundamentais do contrato de seguro. Deve ser entendida em sentido objectivo. Este princípio manifesta-se, objectivamente, nos deveres que a lei e o contrato determinam, nomeadamente:
   a) Dever pré-contratual de alteração do risco;
   b) Dever de comunicação do agravamento do risco;
   c) Faculdade de declaração da diminuição do risco;
   d) Dever de comunicação do sinistro;
   e) Dever de informação sobre as circunstâncias do sinistro;
   f) Dever de salvamento;
   g) O dever de informação;
   h) O dever de indemnizar;

O nosso ordenamento jurídico apresenta muitas lacunas e imprecisões a este respeito, pelo que se sugere que, numa futura alteração legislativa, a delimitação destes deveres seja feita, adequadamente.

X – A fixação de Jurisprudência do Supremo Tribunal (06/2000) acolhe, das três posições jurisprudênciais e doutrinárias, conhecidas, sobre o **direito de regresso por condução sob a influência do álcool,** a tese mais gravosa para as seguradoras. O mecanismo probatório exigido impõe um novo meio de prova: o da *"prova diabólica"*. O Supremo Tribunal de Justiça, indirectamente, com sua desição, *"revogou"*, tacitamente, a razão de ser da norma contida na alínea c) do art.º 19.º do DL 522/85 de 31.12. Por força da eficácia jurisprudêncial daquela decisão – que não obteve unanimidade, bem longe disso – a solução no sentido de repôr a *ractio legis* desse preceito, terá de ser, forçosamente, legislativa. Impõe-se, pois, penalizar a condução sob o efeito do alcool e não, penalizar a generalidade dos segurados, com o custo dos acidentes provocados por condutores naquelas circunstâncias. Essa imposição deverá passar por penalizar, sim, os condutores prevaricadores, invertendo-se o ónus da prova por via de uma presunção de culpa e de causalidade adequada, podendo, a mesma, ser, obviamente, ilidida.

XI – A **avaliação do dano corporal** tem cada vez mais suporte cientifico veiculado no relatório pericial. O relatório pericial deve obedecer aos requisitos médico-legais previstos para a avaliação do dano corporal. Portugal já dispõe dos princípios normativos necessários para acompanhar as exigências comunitárias. As Tabelas de quantificação poderão ser um meio adequado, mas não único, a possibilitar a uniformização e igualdade de tratamento das indemnizações dos lesados, não obstante tal solução poder ser, em concreto, injusta. Caminhamos para esse objectivo, quer quanto à quantificação dos danos morais quer quanto à quantificação dos danos patrimoniais. Esperamos que essa quantificação assente na **prova de rendimentos**, conforme a declaração de rendimentos apresentada para efeitos de pagamento de imposto.

XII – Preveêm-se profundas alterações no regime jurídico do **contrato de mediação de seguros,** em consequência da Directiva Comunitária n.º 2000/2013, adoptada pela Comissão em 20.09.2000 e aprovada pelo Conselho Europeu em 30 de Setembro último, ainda em vias de publicação, com reflexo positivo ao nível da actividade de mediação de seguros e ao nível da gestão desta actividade pela industria de seguros.

XIII – Ficou realçado o regime jurídico actual dos Acidentes de Trabalho, a sua gestão pelas seguradoras, tendo em conta as vantagens daí decorrentes para todos os interessados, incluindo o próprio Estado, em particular, tendo em conta a natureza social do contrato de seguro. Não obstante o exposto, novas prioridades se colocam que é necessário remediar. Por exemplo, pouco ou nada se tem feito ao nível da reabilitação dos sinistrados e sua reinserção social. Deve ser criado, no futuro Código do Trabalho, em discussão para breve na Assembleia da República, condições normativas que permitam, uma melhor objectivação das causas que determinam a quantificação das indemnizações. Devem ser coordenados todos os esforços no combate à sinistralidade laboral, bem como, deverá ser criado um sistema de informação integrado para declaração de remunerações.

XIV – O movimento actual do mercado financeiro europeu, como processo de globalização integral, onde a actividade de seguros se insere, é um facto em mutação, pelo que, o mercado de seguros tenderá a acompanhar os reflexos dessa mudança com particular incidência, atentas as suas especiais características.

III – CONSIDERAÇÕES FINAIS

Terminado este Congresso, podemos reafirmar, mais uma vez, que foram atingidos todos os objectivos que nos propomos.

Esperamos que o IV CONGRESSO obtenha o êxito deste. Solicitamos o apoio de todos os interessados, de modo a que cada vez mais se consiga que, iniciativas deste genéro sejam o forum ideal de discusssão aberto sobre direito dos seguros sem a preocupação de qualquer influência, lobbi, ou interesse, a não ser, o realce do que vai sendo o conhecimento cientifico do direito dos seguros e da sua importância na vida real.

DISCURSO DE ENCERRAMENTO

Conselheiro Doutor Afonso Moreira Correia
Supremo Tribunal de Justiça

DISCURSO DE ENCERRAMENTO

Conselheiro Afonso Moreira Correia
Supremo Tribunal de Justiça

Senhor Presidente da Relação do Porto, Ex.mo Desembargador Cunha Barbosa
Senhor Professor Doutor Calvão da Silva
Senhor Professor Doutor António Moreira
Senhor Professor Dr. Costa Martins
Excelências

Minhas Senhoras e meus Senhores

Coube-me a subida honra de representar Sua Excelência o Presidente do Supremo Tribunal de Justiça nesta sessão de encerramento do III Congresso Nacional do Direito dos Seguros.
Organizado pela Livraria Almedina, há muitos anos co-responsável pela formação jurídica de sucessivas gerações de estudantes, muitos deles profissionais ilustres do mundo do Direito, coordenado superiormente pelos Senhores Professores António Moreira e Costa Martins, cujo saber e experiência são complementados pelo entusiasmo e juventude da Senhora Dr.ª Teresa Coelho Moreira, não podia ser mais oportuna a realização da 3.ª edição do Congresso Nacional de Direito dos Seguros.
Numa altura em que o mundo está cada vez mais inseguro, quando forças extremistas e grupos de aparentes pacatos cidadãos espalham o terror em qualquer parte do globo, atentando contra a vida, a liberdade e a fazenda de quem, na maior parte dos casos, nada tem a ver com o Estado que aqueles visam atingir, é muito de saudar este encontro da Universidade, das Seguradoras e daqueles – Profissionais de seguros,

Advogados e Juizes – que, no dia a dia, lidam com os problemas de pessoas que as várias modalidades de seguros procuram resolver ou atenuar.

As prelecções e conferências dos Senhores Professores e Advogados, todos especialistas na matéria, as intervenções de Administradores, Directores e Responsáveis de Seguradoras e a presença interessada de tantos Senhores Congressistas muito contribuíram para a discussão serena e o aprofundar do conhecimento sobre as múltiplas questões que o Direito dos Seguros diariamente suscita.

É urgente sistematizar o regime jurídico do Direito dos Seguros, hoje com preceitos dispersos pelo velho Código Comercial e por várias leis avulsas e extravagantes, carecido de uma visão científica e de conjunto que o ensino em algumas Universidades vai construindo.

As pessoas, hoje mais do que nunca e perante a pré-falência do Estado Providência, reclamam segurança na adversidade, no desemprego, na doença, na velhice, nos acidentes pessoais, contra calamidades naturais, enfim, na vida de quem perdeu o suporte económico da família.

As empresas, desde a mais modesta oficina familiar à anónima multinacional, sentem ainda mais necessidade de segurança em todos os aspectos da sua existência.

Ele são os mesmos acidentes naturais ou sinistros nos bens de produção e equipamentos, mas acrescem os praticamente inevitáveis acidentes de trabalho, os riscos de crédito tanto interno como às exportações, os seguros de vida e reforma dos seus trabalhadores, enfim, um sem número de situações a requererem protecção que só as Seguradoras podem dispensar e um regime jurídico claro, sistemático e congruente que todos desejam.

Estas questões foram tratadas com a elevação e saber característicos de quantos intervieram neste III Congresso.

Esperamos que o Legislador ouça tais ensinamentos por forma a que, quando nos reencontrarmos, seja para estudar o novo Código dos Seguros ou, ao menos, o seu Projecto.

Porto, 31 de Outubro de 2002

COMUNICAÇÕES DE CONGRESSISTAS

Doutor José Manuel Machado de Castro
Profissional de Seguros
Pós-Graduado em Direito do Consumo

Doutor Luis Filipe Caldas

"EVOLUÇÃO E PERSPECTIVAS DE PROTECÇÃO DO SEGURADO"

José Manuel Machado de Castro

Profissional de Seguros
Jurista-Pós Graduado em Direito do Consumo pela FDUCoimbra

"EVOLUÇÃO E PERSPECTIVAS DE PROTECÇÃO DO SEGURADO"

José Manuel Machado de Castro
Profissional de Seguros
Jurista-Pós Graduado em Direito do Consumo
pela FDUCoimbra

Neste espaço em boa hora aberto pela organização deste Congresso a curtas comunicações, quero começar por saudar a Mesa e todos os presentes e realçar o facto de, num "quase deserto" de realizações à volta do seguro, esta iniciativa ter lugar na cidade do Porto.

"Continua a ser um desafio, tanto para o organismo de controle como para as entidades seguradoras, eliminar o conceito negativo que o cidadão tem sobre as companhias de seguros, e para isso nada melhor que uma actuação correcta e transparente de todo o sector"

Estas palavras referidas por Pilar Gonzalez de Frutos, Directora Geral de Seguros e Fundos de Pensões (Espanha) numa publicação de especialidade[1] enquadram-se bem no tema que agora debatemos

Para nós a protecção do segurado constitui um elemento determinante na relação das seguradoras com os tomadores de seguro e com terceiros. E que os avanços positivos na protecção do segurado devem ser vistos como um estímulo à melhor prestação de serviços pelas seguradoras.

---

[1] "Actualidad Aseguradora" de 22/1/2001

Partimos também da ideia de que o seguro tem por base um contrato complexo, propício à conflitualidade. E a questão principal que nos propomos tratar é esta: de que forma se refletem na protecção do segurado (e mais genericamente do consumidor) os processos de transformação que ocorrem no sector segurador?

Muito rapidamente, quero partilhar com todos os presentes as seguintes reflexões:

– ambiente do comércio jurídico -uma das marcas do nosso tempo é a rapidez ou a vigência quase instantânea de muitos contratos de consumo. Ora uma das especificidades, uma das características distintivas da actividade seguradora, para além da **inversão do ciclo produtivo**[2] já aqui falada, é a **duração** da relação entre as partes. A lei não admite contratos perpétuos (até por razões de ordem pública) mas as seguradoras têm todo o interesse em fidelizar os seus clientes (segurados e tomadores de seguro). E assim põe-se o problema da compatibilização destes dois elementos – rapidez dos negócios/estabilidade da relação contratual no seguros;

– organização interna das seguradoras – os processos de reestruturação do sector segurador têm-se traduzido na centralização (geralmente em Lisboa) dos serviços de subscrição e regularização de sinistros, na diminuição de efectivos e no uso e abuso dos centros de atendimento telefónico (ou *call-centers*), quase sempre com trabalhadores com vínculo precário (a termo ou de empresas de trabalho temporário), representando uma objectiva desvalorização dos profissionais de seguros. Ora a prestação dum serviço de qualidade exige, mais na actividade seguradora do que noutras, conhecimentos muito específicos, só possíveis de obter através dum exercício profissional de vários anos. Apenas a título de exemplo, diremos que a revista "L'Argus de l'Assurance" lembrava numa das suas últimas edições que um bom perito marítimo levava mais de quinze anos a fazer-se... E coloca-se então a questão da compatibilidade entre a utilização dos call-centers" ("moda" para as seguradoras, "pesadelo" para os segurados, mediadores e terceiros) e a necessidade, para uma actuação correcta e transparente do sector, de profissionais qualificados com elevado nível de conhecimentos e com experiência acumulada;

---

[2] A seguradora realiza a sua prestação após ter encaixado prémios. Inversamente, na prestação de serviços clássica o prestador realiza a sua prestação antes de facturar os seus clientes

– uma certa publicidade que deforma conceitos. Para além dessa indignidade cívica que é o anúncio duma Marta que *sugere* (a técnica publicitária mais que dizer expressamente, *insinua*) que, para além do seguro, vende algo mais .... (e dizemos indignidade porque tal anúncio levanta a suspeição sobre a idoneidade moral e profissional das mulheres que trabalham no sector dos seguros), para além dessa Marta há outra publicidade que destrói completamente o carácter mutualista do seguro (de todos para todos). E tudo isto sob o condenável silêncio das seguradoras e do organismo de supervisão da actividade. As consequências de criar nos consumidores dos seguros a ideia completamente errada de que **o melhor seguro é o seguro mais barato!** vão ser (já estão a ser) desastrosas para o sector (e para os próprios segurados). Lamentavelmente até a mais conhecida Associação de Consumidores de Portugal continua a insistir nessa visão de que o preço (do seguro) é que é importante. "*Seguradoras telefónicas continuam à frente*", escreve nas suas revistas, esquecendo que prestar um bom serviço aos consumidores implica referir os elementos essenciais do contrato de seguro – **o risco, o prémio** e **a reparação ou prestação do segurador**. O *risco* é o facto em razão do qual se celebra o contrato, ou seja a possibilidade de um evento futuro e incerto susceptível de afectar a situação patrimonial do segurado. O *prémio* é o preço pago pelo tomador do seguro à seguradora pela contratação do seguro. A *prestação* da seguradora consiste em, verificado o risco, efectuar certa atribuição patrimonial ao segurado ou a terceiro. O contrato de seguro é, quanto à sua natureza, um contrato sinalagmático, dele nascendo obrigações para ambas as partes – seguradora e tomador de seguro. Para o tomador de seguro a obrigação de pagar o preço (prémio), para a seguradora a obrigação de pagar a indemnização se, e quando, ocorrer o sinistro. Por isso, a apreciação com rigor dos desempenhos das seguradoras não pode ficar apenas por um dos elementos da prestação/contra-prestação das partes;

– autonomia dos seguros face à actividade bancária – apesar da técnica dos seguros não ser sequer confundível com a técnica bancária e o contrato de seguro ter características muito próprias, é certo que um vocabulário muito utilizado, mesmo a nível da União Europeia, tende a "dissolver" os seguros nos "Serviços Financeiros". Acresce que as relações de domínio da banca sobre os seguros acentuam como que uma "subordinação" absolutamente indesejável. Daí que para a autonomia dogmática do direito dos seguros seja de grande importância a elaboração do Código dos Seguros de que o Prof. Meneses Cordeiro nos falou noutro painel.

Como estamos então em matéria de protecção do segurado?

Elementos fornecidos pelo ISP (Instituto de Seguros de Portugal) relativos ao período de Janeiro a Novembro de 2001 mostram que chegaram àquele organismo de supervisão da actividade seguradora 1112 reclamações. O número não parece muito significativo, mas verdadeiramente impressionante é que 81% (quase 900) das reclamações tiveram desfecho favorável aos reclamantes! O que significa que as seguradoras envolvidas prestaram um serviço sem qualidade aos seus segurados (ou a terceiros).

Na vizinha Espanha a Lei 14/2000 veio dar um novo impulso à maior protecção dos segurados. Mais de 60 seguradoras têm já em funcionamento Departamentos de "Atencion" ao Cliente e um número aproximado criaram o "Defensor" do Segurado. Independentemente do resultado, esta experiência mostra o quanto falta ainda percorrer no nosso país nesta matéria.

As palavras que proferimos não pretendem traçar uma visão amarga do sector. Mas todos aqueles que, como as aqui presentes, escolheram os seguros como profissão e gostam da actividade seguradora não podem ficar indiferentes à situação do sector. Todos os que aqui estamos acreditamos na importância e necessidade da actividade seguradora responder ao seu importante papel nas sociedades contemporâneas. Quanto ao futuro – lembremos aqui a obra de referência do sociólogo alemão Ulrich Beck: na sua "Sociedade do Risco"[3] o princípio central da sociedade industrial era a <u>distribuição de bens</u>, enquanto na sociedade do risco é a <u>distribuição de perigos</u>. O que abre novos horizontes à actividade seguradora. Apesar de nem todos os riscos serem seguráveis, saibam as seguradoras e outros operadores do sector responder adequadamente aos anseios dos cidadãos e das sociedades modernas.

---

[3] "Risk Society: Towards a New Modernity"-Sage Publications-1992

DIREITOS E DEVERES DE INFORMAÇÃO: SANÇÃO DAS DECLARAÇÕES INEXACTAS DO TOMADOR

Luís Filipe Caldas

DIREITOS E DEVERES DE INFORMAÇÃO: SANÇÃO DAS DECLARAÇÕES INEXACTAS DO TOMADOR

Luís Filipe Caldas

Um arco normativo de 125 anos

Em sede ainda maior do direito dos seguros em Portugal, o velho mas vigoroso Código Comercial considera, **em parte geral**, que todos os seguros são comerciais a respeito do segurador, salvo se mútuos (425 CCom), que serão também comerciais a respeito dos demais contratantes, se tiverem por objecto géneros ou mercadorias destinados a comércio ou estabelecimento mercantil (425 CCom, parte final), que devem ser reduzidos a escrito em documento que constituirá a apólice de seguro (426 CCom, corpo), que, entre outras especificações, a apólice deve enunciar todas as circunstâncias cujo conhecimento possa interessar o segurador, bem como todas as condições estipuladas pelas partes (n.º 8 do parágrafo único do 426 CCom), que os seguros podem ser contratados por conta própria ou conta alheia, na condição de legitimidade do interesse de um ou outro (428 CCom), que toda a declaração inexacta, assim como toda a reticência de factos ou circunstâncias conhecidas pelo segurado ou por quem fez o seguro, e que teriam podido influir sobre a existência ou condições do contrato tornam o seguro nulo (429 CCom), que o seguro é nulo se, quando se concluiu o contrato, o segurado, ou a pessoa que fez o seguro, tinha conhecimento da existência de sinistro (436 CCom), que o seguro fica sem efeito se o sinistro resultar de vício próprio da coisa segura conhecido do segurado e por ele não denunciado ao segurador

(437 CCom) e que o contrato de seguro se regulará pelas disposições da respectiva apólice, desde que não proibidas por lei, e supletivamente pelas disposições atinentes do Código Comercial.

O Código comercial especifica que nos designados **seguros contra fogo** as apólices devem também precisar o nome, qualidade, situação e confrontação dos prédios, o seu destino e uso, a natureza e uso dos edifícios adjacentes se tal puder influir no contrato, bem como o lugar em que os objectos se acharem colocados ou armazenados (442 CCom), que o segurador pode declarar sem efeito o seguro, desde que o edifício ou objectos segurados tiverem outro destino ou lugar que os tornem mais expostos ao risco por forma que o segurador não os teria segurado, ou exigiria outras condições, se tivessem tido esse destino ou lugar antes de efectuar o seguro (446 CCom), que o segurado deve participar em oito dias a ocorrência de alterações nas condições do risco (446 CCom) e que o segurador no mesmo prazo pode usar das faculdades previstas no artigo (anular ou propor outras condições?).

Sobre os **seguros de vida**, o Código Comercial estabelece que a apólice deverá mencionar também a idade, a profissão e o estado de saúde da pessoa cuja vida se segura (457 CCom) e que as mudanças de ocupação, de estado e de modo de vida por parte da pessoa cuja vida se segurou não fazem cessar os efeitos do seguro quando não transformem nem agravem os riscos pela alteração de alguma circunstância essencial, por forma que, se o novo estado de coisas existisse ao tempo do contrato, o segurador não teria convindo no seguro ou exigiria outras condições (459 CCom).

Especificamente sobre o seguro marítimo o Código Comercial ainda prevê a cessação da obrigação do segurador em caso de mudança voluntária de rota, de viagem ou de navio por parte do segurado, em caso de seguro sobre navio ou sobre frete (608 CCom).

Na economia do dispositivo que rege as condições de acesso e exercício da actividade seguradora em Portugal, o DL 94-B/98 de 17 de Abril, revisto ultimamente pelo DL 8-C/2002 de 11 de Janeiro, sistematiza e caracteriza os tipos de contratos de seguro (123, 124 e 128), define o que possam ser riscos acessórios a cobrir sob as apólices tipificadas (127), dá ao Instituto de Seguros Portugal o poder/dever de verificar previamente a conformidade legal das apólices referentes aos inúmeros seguros obrigatórios (129) quando não tenha optado pelo exercício do poder de impor o uso de cláusulas ou apólices uniformes para tais seguros (129/5), e permite ao mesmo Instituto solicitar a informação não sistemática sobre condições contratuais, tarifárias, técnicas, bem como formulários, de seguros não obrigatórios (130).

O mesmo dispositivo, em título especificamente consagrado ao "contrato de seguro", refere em geral o dever de informação dos seguradores aos tomadores sobre a sua sede social e sobre a sua sucursal que intervenha no contrato (176), sobre a liberdade de escolha da lei aplicável ao contrato (177 e, por remissão, 188 a 193) e sobre a lei que eles seguradores propõem na falta de outra estipulação (177/1, parte final), sobre as disposições aplicáveis à apresentação e exame de reclamações sobre os contratos de seguros (177/2).

O mesmo DL 94-B/98 de 17 de Abril refere extensamente o dever de informação do segurador com referência ao ramo vida, mencionando também as informações relativas a definição de cada garantia e opção, duração do contrato, modalidades de resolução do contrato, modalidades de exercício do direito de renúncia no período inicial de vigência do contrato (179 e 182), e a liberdade das partes de, fora dos seguros obrigatórios, escolherem a lei aplicável (179/1/q). Na falta de menção na proposta de seguro de que o tomador tomou conhecimento das informações arroladas no diploma, presume-se que o mesmo não tomou conhecimento delas, assistindo-lhe, neste caso, o direito de resolver o contrato de seguro no prazo referido de 30 dias (179/2 e 182 por remissão).

Durante a vigência do contrato o segurador deve comunicar ao tomador alterações referentes a sede e razão social, garantias e condições do contrato, sendo o seu incumprimento sancionável com o exercício do direito de resolução pelo tomador e com eventual acção de perdas e danos.

A liberdade de estipulação sobre o direito aplicável ao contrato de seguro (188, 189, 190, 191), com o local de situação do risco a valer presuntivamente como elemento de conexão mais próxima (191/4), surge apenas limitada pela norma de aplicação imediata que sujeita os seguros obrigatórios à lei portuguesa (193) e pela plausível cláusula de ordem pública, uma e outra já clássicas em direito internacional privado (192).

O DL 176/95 de 26 de Julho, sobre o regime jurídico do contrato de seguro, prevê diversos e amplos deveres de informação a cargo do segurador sobre a economia dos contratos de seguro de vida (2/1 a 2/6), sobre o direito de renúncia (3 e 22, com referência a um direito de arrependimento no prazo de 30 dias, relativo à contratação por particulares de seguros de acidentes pessoais ou doença), e sobre as condições aplicáveis a seguros de grupo.

O mesmo diploma prevê o fornecimento de informação obrigatória detalhada sobre as condições de realização de exames médicos, cabendo ao segurador o ónus de demonstrar que o fez (5), e sobre as condições tarifárias relativas ao seguro obrigatório de responsabilidade civil automóvel, devendo estas últimas ser afixadas nos balcões e lugares de atendimento (6).

Tal DL é bastante extenso na fixação de deveres de informação específicos quanto a seguros de acidentes pessoais e doença, protecção jurídica, caução, responsabilidade civil automóvel, em complemento das disposições contidas no diploma relativo às condições de acesso e exercício da actividade seguradora, antes referidas. Os seguros de vida (10/1/i) podem estar sujeitos a uma cláusula de incontestabilidade pelo segurador. Os seguros de caução podem ser sujeito a uma cláusula de inoponibilidade (23), protegendo os seus beneficiários.

A lei aplicável ao contrato, bem como eventuais condições de arbitragem e a designação do foro competente, são matérias do escopo das condições gerais ou especiais das apólices, quer de vida (10/1/q), quer de operações de capitalização (12/1/j), quer em geral de seguros não vida (13/l), que se tem de entender sob o princípio da liberdade contratual, como, com excepção dos seguros obrigatórios, resulta de disposições referidas do DL 94-B/ 98 de 17 de Abril.

As condições contratuais uniformes aplicáveis ao seguro obrigatório de responsabilidade civil automóvel fazem considerar nulo e de nenhum efeito o contrato quando haja por parte do tomador ou segurado "declarações inexactas ou reticências de factos ou circunstâncias que teriam podido influir sobre a existência ou condições do contrato". Se houver má fé o Segurador conserva o direito ao prémio, pelo que se pode deduzir, "a contrario", que a dita sanção de nulidade se poderá aplicar mesmo se houver boa-fé do tomador.

As condições gerais uniformes do seguro obrigatório de acidentes de trabalho estipulam (Capítulo I, artigo 8.°) que as falsas declarações, omissões, dissimulações ou reticências de factos ou circunstâncias que influíram ou teriam podido influir na existência ou condições do contrato tornam o mesmo nulo e de nenhum efeito.

A generalidade das apólices de seguros de danos consagra a favor do segurador o designado direito de inspecção dos riscos.

A interpretação e seus princípios

À interpretação da lei aplicável aos contratos de seguro aplicam-se as disposições genéricas do Código Civil (9 a 13 CC), de acordo com a importante densificação doutrinária e jurisprudencial de que foram objecto.

À interpretação dos contratos de seguro aplicam-se genericamente as disposições do Código Civil relativas à interpretação dos negócios jurídicos (236 a 239 CC), quando o conteúdo dos contratos não reproduza apenas disposições legais (valendo para estes "enxertos" as disposições de direito comum sobre a interpretação das leis). Aplicam-se ainda especificamente as disposições atinentes do regime das cláusulas contratuais gerais (10 e 11 do DL 446/85, revisto ultimamente pelo DL 249/99 de 7 de Julho) e as disposições correspondentes do DL 176/95, de 26 de Julho, já referido.

A inteligibilidade e a conformidade legal dos contratos de seguro (8 e 9 do DL 176/95) deve averiguar-se segundo os princípios da interpretação dos negócios jurídicos (em que releva a designada "teoria da impressão do destinatário"), temperados pelos princípios da "interpretatio contra stipulatorem" (10, 11/1 e 11/2 do regime das cláusulas contratuais gerais).

A interpretação literal das disposições ainda basilares do Código Comercial sobre o desrespeito do dever ou ónus de informação (ónus porque aí em momento prévio ao da existência do contrato) sobre o risco e suas circunstância, e das disposições cautelosamente idênticas ou paralelas que os "fazedores de apólices uniformes" mantiveram, faz sancionar com a nulidade qualquer omissão ou inexactidão de informação que teria podido influir sobre a existência ou condições do contrato.

Os entendimentos que a aplicação de tão severo regime tem suscitado, normalmente circunscritos ao espólio normativo do Código Comercial, variam quer quanto à natureza da invalidade (nulidade ou mera anulabilidade), quer quanto aos seus pressupostos (presunção "juris tantum" da relevância de toda a informação omitida ou, ao contrário, necessidade de demonstração pelo segurador da relevância da informação omitida ou truncada, relativamente à existência e condições do seguro). Na doutrina e na jurisprudência abre-se por vezes um "distinguo" com respeito à natureza obrigatória ou facultativa do seguro, que, no entanto, não encontra fácil fundamento na literalidade dos textos.

Lugares paralelos

Menos severo é o regime geral do erro nos negócios jurídicos regulado no Código Civil (240 a 257) e muito menos severo do que a letra imediata das nossas disposições é o regime aplicável em lugares paralelos de ordenamentos estrangeiros.

Na documentada leitura de regimes paralelos feita pelo Professor Júlio Gomes (in Memórias do II Congresso de Direito dos Seguros, Almedina, 2001), observamos que a Bélgica sanciona com a invalidade do contrato as declarações intencionais, a Itália sanciona assim as declarações dolosas ou de culpa grave, a França reserva a invalidade para as declarações feitas ou omitidas de má fé, admitindo que em caso de boa fé a insuficiente informação ao segurador permita a este resolver o contrato ou, se depois de sinistro, ajustar a indemnização em harmonia com o que teria ocorrida se a informação correcta ou omitida tivesse sido conhecida no momento de formação do contrato ou de sua alteração.

Esta adaptação proporcional da indemnização está também prevista na legislação italiana, sendo que só parte da doutrina configura possível a recusa de indemnização com fundamento em que o seguro não teria sido aceite se conhecida a informação correcta.

O regime alemão prevê a anulação em caso de dolo na omissão ou alteração de informação relevante, mas em caso de mera culpa o segurador tem o direito de resolver o contrato. Havendo sinistro a cuja resolução a omissão ou imperfeição da informação seja indiferente, o segurador não se pode eximir à indemnização, parecendo que a poderá adaptar em proporção se e na medida em que tal circunstância tiver sido relevante para as condições de aceitação do seguro.

No mesmo sentido mais condescendente ia o projecto de directiva europeia de 1979 e revisto em 1980, jamais aprovado, relativo à coordenação das disposições legais, regulamentares e administrativas relativas ao contrato de seguro.

Ao contrário de tal orientação moderada, o regime de "common law" do Reino Unido continua a afirmar a "uberrima bona fides" como regra primeira do contrato de seguro, fundamentando a invalidade do contrato e a recusa de eventual sinistro, mesmo não havendo nexo de causalidade entre a informação omitida ou insuficiente e o sinistro. A intemperança do regime deu oportunidade e fundamento a regras de auto-regulação do mercado segurador, promovidas pela Associação de Seguradores Britânicos, sobre adequada informação de proponentes a propósito da indicação de informação relevante para a aceitação e avaliação do risco e sobre uma equilibrada conformação dos questionários de informação sobre os riscos, fazendo aflorar aparentemente uma "lex mercatoria" mais condescendente.

O "métier" de segurador e a natureza profissional da sua actividade

Os seguradores exercem a sua actividade de modo profissional e com natureza e propósito empresarial. É da essência do seguro a compensação de riscos por técnicas de mutualização segundo classes, homogéneas ou homogeneizáveis segundo técnicas específicas de decomposição, limitação e repartição do risco.

No actual estádio de evolução da actividade seguradora, estão disponíveis e são efectivamente utilizados poderosos instrumentos de tratamento de informação, ao serviço de importante domínio de ciências aplicadas (estatística, actuariado, engenharia...). Tal acervo de informação e tal sofisticação de conhecimentos científicos, dão base a uma intensa utilização prospectiva de experiência acumulada pelo sector segurador, na qual se baseiam principalmente as condições de subscrição de riscos (políticas de aceitação e selecção de riscos, condições de cobertura, exclusões, prémios, franquias e outras limtações do risco...).

As informações individuais singularizam o risco, individualizam parcialmente os prémios mas, a menos que sejam completamente ficcionadas ou alteradas de má-fé, e se refiram a elementos substanciais do negócio, têm uma limitada influência na forma de subscrever o risco pela Seguradora, sendo normalmente apenas critérios de integração sistemática do risco.

As próprias declarações reticentes ou insuficientes dos proponentes determinam elementos de observação e notação estatística tratáveis, e que influenciam e são ponderados na política de subscrição e tarifação das seguradoras.

O cruzamento da informação recolhida dos proponentes é sindicável muitas vezes por critérios de validação lógica, permitindo uma actuação preventiva sobre a eugenia da informação e sobre os riscos em carteira, e permitindo evitar uma acção retaliadora pós sinistro cuja objectividade não é facilmente demonstrável.

Raras são as situações de insegurabilidade inquestionável ou indicativa assumidas pelos seguradores. Mas são várias as informações técnicas preparadas pelos seguradores, públicas ou demonstráveis como elemento de prova, que permitem identificar em rigor objectivo a sua política de subscrição, principalmente limitada pelo seu sistema de resseguro.

A ciência do risco ("la science cyndinique") é hoje um vasto contingente conceptual que permite delimitar o campo dos riscos e dos riscos seguráveis de forma objectiva, incluindo aí a objectivação do risco subjectivo.

Fundamentos para uma interpretação restritiva da sanção legal

A generalidade das apólices em uso em Portugal, como aliás resulta até das apólices uniformes de automóvel e acidentes de trabalho, acolhe prudentemente nesta matéria o texto do art. 429 CCom, ou de suas glosas, pelo que a questão do regime das declarações inexactas se pode cingir à exegese daquele preceito. Aquele preceito, e os demais sobre a matéria do Código Comercial, têm natureza facultativa, face ao regime de liberdade contratual consagrado pelo artigo 427, não se vislumbrando que o artigo 429 possa ser considerado de aplicação obrigatória.

Os seguros obrigatórios têm de se conformar à lei portuguesa, que é de aplicação necessária (193 do DL 94-B/98 de 17 de Abril) mas tendo o regime legal do art 429 do Código Comercial natureza supletiva, podendo ser afastado convencionalmente salva disposição legal contrária, não se vê impossível que os seguros obrigatórios, "de jure condendo", possam dispor diferentemente sobre a matéria.

Aliás, sendo os seguros obrigatórios assim designados por serem do interesse de terceiros ou da comunidade, seria admissível e desejável um regime que protegesse menos a posição do segurador e mais a dos beneficiários e terceiros. Os interesses destes, em caso de nulidade dos seguros, estão protegidos no que respeita aos seguros obrigatórios de responsabilidade civil automóvel (Fundo de Garantia Auto) e aos seguros de Acidentes de Trabalho (Fundo de Acidentes de Trabalho), mas não o estão em caso de nulidade dos demais seguros obrigatórios.

A natureza aparentemente supletiva da norma do art 429 do CCom, a profunda evolução do direito dos contratos em favor dos contraentes débeis ou não profissionais, a liberdade de escolha entre as partes da lei aplicável aos contratos de seguro não obrigatórios, a liberdade de estipulação contratual, a natureza empresarial das operações de seguro, justificam uma leitura actualista do regime de invalidade que sanciona genericamente todas as declarações inexactas como previstas na citada norma secular.

Poderá fazer sentido com os elementos teleológico e literal do preceito, avaliados na actualidade da sua aplicação, o entendimento de que só será relevante para sancionar com eventual invalidade do contrato a omissão ou inexactidão da declaração conhecida do Segurado e que se possa objectivamente considerar dirimente para a aceitação do seguro (para a sua" existência") ou para as condições de cobertura do mesmo ("ou condições do contrato"). Parece justificar-se interpretar que por "ou condições do contrato" não se pode querer acrescentar às causas dirimentes da existência mesma do próprio contrato (existir ou não transferência do risco), causas de segunda ordem alheias ao se e ao quanto da transferência do risco.

As disposições interpretativas do regime das cláusulas contratuais gerais, enquanto exprimem um desígnio legal de equilíbrio real e de protecção de contraentes ou débeis ou não profissionais na matéria, aplicam-se à interpretação das cláusulas das apólices de seguro, enquanto tal, qualquer que seja a origem dos textos não impositivos aí plasmados.

O pensamento legislativo, as condições específicas do tempo em que é aplicada a lei, e a unidade do sistema jurídico (para percorrermos critérios interpretativos do art 9 CC) parece suportarem o entendimento exploratório que se expôs. A unidade do sistema tem de se encontrar entre as velhas disposições do Código Comercial (inteligentemente supletivas), e as disposições sobre o direito do contrato de seguro dos DL 94-B/98 e 176/95 (que consagram o princípio da liberdade de escolha da lei aplicável mesmo em situações que não convoquem questões de direito internacional privado). Mesmo o regime das cláusulas contratuais gerais, aplicáveis a contratos de adesão, identifica um novo pensamento legislativo, antes desconhecido, que deve servir de guia auxiliar a este percurso interpretativo.

O mesmo entendimento restritivo será aliás defensável, "mutatis mutandi", para a sanção da omissão ou insuficiente declaração de modificações ou agravamento dos riscos durante a vigência dos contratos.

Um arco tão vasto de tempo exige a ousadia de um pensamento jurídico actual e coerente, e uma adequada consideração das condições objectivas de exercício da actividade seguradora, que é por essência multipolar e não multiplamente bilateral.

25 de Novembro de 2002

SUPLEMENTO

Prof. Doutor M. Costa Martins

Universidade Lusíada
Advogado
Coordenador do Congresso

REGIME JURIDICO DO PAGAMENTO DE PRÉMIOS DE SEGURO

Manuel da Costa Martins

Prof. Auxiliar da Universidade Lusíada
Advogado
Coordenador do Congresso

REGIME JURIDICO DO PAGAMENTO DE PRÉMIOS DE SEGURO

MANUEL DA COSTA MARTINS
Prof. Auxiliar da Universidade Lusíada
Advogado
Coordenador do Congresso

1 – CONSIDERAÇÕES GENÉRICAS

1.1. Razão do Tema

Os intervenientes do contrato de seguro têm obrigações a cumprir. Umas resultam das Condições do contrato outras resultam da lei.

Das obrigações que resultam da lei, destaca-se a obrigação de pagamento do prémio e a obrigação da seguradora realizar a prestação convencionada.

É sobre a primeira destas obrigações que vai recair a minha intervenção.

1.2. Conceito e importância do prémio de seguro

Todos os autores são unanimes em considerar que o prémio de seguro é um elemento essencial do contrato de seguro: do *ponto de vista técnico-económico,* porque a seguradora não pode aceitar riscos se não tiver os fundos suficientes para cobrir as suas responsabilidades; do *ponto de vista jurídico,* porque o contrato de seguro é um *contrato oneroso* e, como tal, a vontade das partes não pode desvirtuar a sua natureza, constituição e finalidade.

O termo *"prémio"*, vulgarmente utilizado, não tem uma explicação rigorosa e até poderá considerar-se, de algum modo, insatisfatório para designar a prestação a que está vinculado o Tomador do Seguro.

A mais aceitável parece ser a que resulta da distinção entre *seguros de prémio* e *seguros mútuos*.

Enquanto os seguros mútuos baseiam-se na associação de pessoas expostas a um mesmo risco, as quais se cotizam para suportar *à posteriori* as perdas resultantes dos sinistros, os seguros de prémio, caracterizam-se, pelo *pagamento antecipado*, isto é: o pagamento *primeiro* – o que encontra apoio etimológico no latim *praemiu, o que se toma antes das restantes coisas*.

Atento, também, o *caracter aleatório* do contrato de seguro, ao Tomador do Seguro impende a obrigação de pagar um determinado valor, mais ou menos certo, durante a vigência do contrato de seguro, e à seguradora, impende a obrigação de uma prestação eventual, dependente da verificação futura de um determinado evento, susceptível de ser enquadrado nas condições do contrato.

1.3. O carácter prévio do pagamento

O *pagamento antecipado* do prémio de seguro, é, portanto, uma característica fundamental, do chamado ciclo de produção da seguradora, ao contrário da generalidade de outras actividades em que os custos só podem ser determinados, rigorosamente, a final. Na actividade de seguros o preço (os custos do serviço prestado) é pago antes do inicio da própria relação contratual a que diz respeito.

1.4. Regime actual

O regime especial da obrigação de pagamento de prémios de seguro está, hoje, regulado no DL 142/2000 de 15 de Julho.

Este diploma entrou em vigor no dia 1 de Janeiro de 2001, nos termos do DL 248-B/2000, de 12 de Outubro.

A regulamentação do **DL 142/2000** consta da Portaria n.º 1371/2000 de 29.8 e das Normas do Instituto de Seguros de Portugal n.os **9** e **10** de 2000 de 26.09.

O actual regime jurídico resultou, em grande medida, da necessidade de se por fim ao crescente incumprimento de pagamento de prémios, propiciado pela anterior legislação e aos inevitáveis prejuízos causados pela conduta dos Tomadores de seguro inadimplentes no montante dos prémios, a pagar, pelos segurados cumpridores.

Tal como consta, do actual preambulo do DL 142/2000 de 15 de Julho, "*o presente diploma visa introduzir algumas alterações que disciplinem e tornem mais equilibradas as relações contratuais entre empresas de seguro e segurados*".

No essencial, a actual legislação clarificou uma evidência, tal como acontece na generalidade dos países europeus, a de que os contratos de seguro, em regra, só produzam efeitos contratuais a partir do pagamento *pontual* e *antecipado* do prémio ou fracção inicial.

Manteve um regime idêntico ao anterior, no que se refere ao pagamento dos prémios de seguro subsequentes e introduziu um sistema que permite às seguradoras seleccionarem, criteriosamente, os Tomadores com quem contratam, facultando-lhes a possibilidade de, no exercício da liberdade contratual que lhes assiste, rejeitarem a celebração de contratos com Tomadores não cumpridores.

Para além do exposto, o DL 142/2000 contemplou diversos aspectos conducentes a uma maior transparência na relação contratual entre o Tomador do Seguro e a Seguradora.

Destacamos, a este propósito:
a) O início da cobertura de riscos;
b) Os meios de prova de cumprimento e de incumprimento;
c) O tempo e o modo de resolução do contrato por falta de pagamento;
d) A cobrança de prémios de seguro.

O regime jurídico do pagamento de prémios de seguro constante dos diplomas referidos tem um *caracter geral,* ou seja, aplica-se às diversas modalidades de contrato de seguro (seguros de pessoas, seguros de coisas, seguros de responsabilidades) com a excepção dos "*respeitantes aos seguros dos ramos colheitas, ao ramo Vida, bem como aos seguros temporários celebrados por períodos inferiores a 90 dias*" (art. 1.º n.º 2 do DL 142/2000).

Excluem-se, ainda, da previsão normativa dos artigos 6.º e n.º 1 do art. 8.º as "*mútuas de seguros relativamente a prémios cujo recebimento se obtém através da dedução de valores nas operações de vendagem ou descarga*" (art. 13.º do DL 142/2000).

O actual regime jurídico tem *caracter imperativo*. É, em regra, matéria indisponível a liberdade contratual. As partes contratantes, têm de cingir-se ao estipulado na lei. Apenas poderão, acordar no fraccionamento do prémio devido (art. 3.º do DL 142/2000), e remeter para data posterior ao inicio do contrato, a cobertura de riscos contratuais (art. 6.º do DL 142/2000).

Isto é o que nos oferece dizer em termos gerais.

2 – OS SUJEITOS E O OBJECTO DA RELAÇÃO JURIDICA

2.1. Generalidades

Os sujeitos da obrigação contratual de pagamento de prémios de seguro são: O Tomador do Seguro, que detém a posição de *devedor*, e a Seguradora, que assume a posição de *credor*.

Partindo deste pressuposto, interessará fazer alguma precisões, tendo em conta, de modo especial, a problemática envolvente.

2.2. O sujeito activo

A lei actual determina, no seu art. 2.º n.º 1 que o Tomador está obrigado a pagar os prémios de seguro, no seguimento do previsto no DL 176/95 de 26 de Julho (art. 1.º) ao definir Tomador do Seguro como a *"entidade que celebra o contrato de seguro com a seguradora, sendo responsável pelo pagamento do prémio"*.

Sabemos, no entanto, que a um *terceiro*, tenha ou não interesse no pagamento do prémio de seguro, não pode ser coarctada a possibilidade de efectuar o pagamento, tendo em conta os princípios gerais de direito civil, incertos no âmbito do cumprimentos das obrigações em geral, nomeadamente no art. 767.º n.º 1 do Código Civil.

A diferença de regime relativamente aos terceiros interessados e não interessados resulta de os primeiros ficarem sub-rogados nos direitos do credor (art. 592.º do Código Civil).

É o que acontece, quando o *Segurado* paga o prémio de seguro, e este tenha sido celebrado por sua conta, ou do *credor hipotecário* quando, conforme estipula o art. 702.º n.º 1 do Código Civil *"o segurado se comprometa a segurar a coisa hipotecada e não a segure no prazo devido ou deixe rescindir o contrato por falta de pagamento dos respectivos prémios".*

É o que acontece, também, no âmbito dos *contratos de seguro de caução* em que *"não havendo cláusula de inoponibilidade o beneficiário deve ser avisado, por correio registado, sempre que se verifique falta de pagamento do prémio na data em que era devido para, querendo evitar a resolução do contrato, pagar, no prazo de 15 dias, o prémio ou fracção por conta do Tomador do Seguro"* (art. 23.º n.º 1 do DL 176/95 de 26 de Julho).

Estas situações configuram o pagamento por terceiros interessados.

No caso de um terceiro não interessado as consequências podem ser várias: se o terceiro cumprir a obrigação na convicção de que cumpre obrigação própria poderá, normalmente, repetir do credor (art. 477 do Código Civil) ou exigir do terceiro aquilo com que este se locupletou (art. 478 do Código Civil; poderá tratar-se de gestão de negócios (art. 464.º do Código Civil), devendo o terceiro ser reembolsado (art. 468.º do Código Civil) ou pode, ainda, esse pagamento configurar uma liberalidade (art. 940 do Código Civil).

Paralelamente ao exposto, o pagamento dos prémios de seguro tem-se vindo a generalizar através, por exemplo, de entidades bancárias. O banco pode efectuar pagamentos, no tempo e de modo convencionado por ordem do Tomador e com a anuência da Seguradora que apresenta o recibo à cobrança.

2.3 O sujeito passivo:

Sendo a Seguradora o credor da obrigação, é a pessoa que, em primeiro lugar pode receber o pagamento. A seguradora é o sujeito passivo da obrigação

Como refere o disposto no art. 2.º do DL em analise " *os prémios de seguro devem ser pagos... directamente à empresa de seguros...".*

É normal, contudo, as seguradoras atribuírem funções de cobrança aos mediadores.

Esta situação está, expressamente, admitida na parte final do n.º 1 do art. 2.º e art. 12.º do DL 142/2000. Assim, o pagamento pontual do prémio do contrato de seguro *"ao mediador identificado expressamente pela seguradora no aviso para o pagamento é liberatório para o Tomador do Seguro"*(art. 5.º n.º 1 da Norma Regulamentar n.º 10/2000).

Situação idêntica resulta do contrato de "co-seguro" em que havendo uma *seguradora líder*, o Tomador do Seguro fica liberado ao pagar a essa Seguradora o total do prémio de seguro, ainda que o mesmo pertença em parte a cada co-seguradora (artigos 124.º e 128.º do DL 102/94 de 20 Abril).

2.4. O conteúdo da obrigação

A obrigação do Tomador do Seguro deve corresponder a uma determinada quantidade em dinheiro. Estamos perante uma obrigação pecuniária, de modo que, serão de aplicar a essa obrigação, subsidiariamente, as normas constantes do Código Civil, relativas a esta modalidade das obrigações (artigos 550.º e ss.). Subsidiariamente, porque, existem normas especiais, relativas ao pagamento de prémios de seguro, conforme refere o art. 2.º n.º 2 do DL 142/2000 e Portaria n.º 1371/2000 de 29.08).

3 – O CUMPRIMENTO E O INCUMPRIMENTO DA OBRIGAÇÃO

A) *O CUMPRIMENTO*

O cumprimento da obrigação de pagamento do prémio de seguro deve efectuar-se no *lugar*, no *tempo* e da *forma* legalmente prevista.

3.1. O Lugar

Tratando-se, como se disse, de uma *obrigação pecuniária*, uma vez que o prémio do seguro tem por objecto uma certa quantia em dinheiro, salvo se outra coisa for convencionada na Apólice, deve "*a prestação ser efectuada no lugar do domicílio que o credor tiver ao tempo do cumprimento*" (art. 774 do Cód. Civil). É normal, contudo, que entre o Tomador do Seguro e a Seguradora seja estabelecido outro local de pagamento, nomeadamente, o domicilio do Tomador do Seguro, o estabelecimento bancário onde o Tomador tenha a sua conta bancária, o domicílio do mediador ou o seu domicilio profissional.

3.2. O Tempo

Na Apólice, deve estipular-se a data de vencimento da apólice.

Assim como, pode, estipular-se o pagamento do prémio de seguro fraccionado, sem prejuízo do DL 142/2000 consagrar o principio da *indivisibilidade* do prémio.

Regem esta matéria os artigos 3.º, 4.º e 5.º e Norma do ISP n.º 9/2000. O prémio ou fracção inicial é devido na data de celebração do contrato. Os prémios ou fracções subsequentes são, em regra, devidas nas datas estabelecidas na apólice respectiva.

O principio da indivisibilidade do prémio, subjacente ao regime em causa, assenta, essencialmente, nos seguintes fundamentos: do *ponto de vista jurídico*, porque deve existir uma verdadeira correspectividade do prémio face à assunção de riscos pela Seguradora, num determinado período de tempo; do *ponto de vista técnico, a ver com a análise de riscos*, porque a relação estabelecida pelo segurador entre os riscos que assume, num determinado período de tempo, proveniente de um conjunto de pessoas homogeneamente expostas deve ser compatível com a possibilidade de poder contar com a totalidade de prémios relativos a esse período.

3.3. A Forma

Apenas são admitidas as seguintes formas de pagamento dos prémios de seguro: numerário, cheque bancário, cartão de crédito ou débito, transferência bancária ou vale postal (art. 2.º n.º 2 do Dl 142/2000 e Portaria n.º 1371/2000 de 29.8). Excluem-se, portanto, quaisquer outras formas de pagamento, nomeadamente, Letras de cambio, pagamento a prestações.

O fundamento desta exigência legal está no facto de ser importante à actividade seguradora, enquanto homogeneização e mutualização de riscos, a fungibilidade da prestação do Tomador, sob pena de a Seguradora, pela natureza de outras formas de pagamento, se ver impedida de constituir provisões técnicas exigidas por lei, ou de cumprir as suas obrigações contratuais de caracter aleatório.

Embora a *compensação* não figure entre as formas de pagamento admitidas pela lei para o pagamento de prémios, deve admitir-se essa possibilidade, designadamente, quando por ocasião de um sinistro a seguradora constate que há um prémio por liquidar. E, ainda que não se entenda essa possibilidade, sempre as partes poderiam acordar na compensação pontual, face a liberdade contratual e à inexistência de razões de interesse e ordem pública violáveis pela convenção.

3.4. A Prova

A prova do pagamento do prémio faz-se, em regra, através do respectivo *recibo de prémio*.

Nos casos legalmente estabelecidos no art. 4.º n.º 3 do DL 142/2000 a prova faz-se através *do recibo provisório*.

Nos casos de pagamento de prémios por transferência bancária, constitui prova bastante o *extracto da conta bancária* do Tomador do Seguro (n.º 2 da Portaria 1371/2000).

Não obstante a fixação destes meios de prova, pensamos poder admitir a prova dum pagamento de prémio, por qualquer outro meio, nos termos gerais.

Claro que para se recorrer a outros meios de prova, existirá sempre factualidade relevante que o justifique e que também terá de ser provada, na medida em que só essa factualidade justificará, provavelmente, a inexistência dos meios específicos de prova admitidos.

B) **INCUMPRIMENTO**

3.5 Generalidades

O DL 142/2000 contem a disciplina jurídica, especial, para o caso do Tomador do Seguro não pagar o prémio de seguro a que está obrigado.

Não seria possível de outro modo, tratando-se de um contrato efectuado em *série* ou em *massa*.

Recorrer ao regime geral do cumprimento das obrigações, para exigir o pagamento do prémio em falta ou a resolução do contrato, cada vez que um Tomador não cumprisse a sua prestação, seria de todo impraticável, atenta a actual conjuntura dos Tribunais e pôr-se-ia em causa de modo absoluto do ponto de vista económico, a estabilidade do sector segurador.

3.6 Consequências do não pagamento de prémios de seguro:

O regime específico constante do diploma em analise diverge da lei geral que prevê se a obrigação puder ser liquidada em duas ou mais prestações, *"a falta de realização de uma delas importa o vencimento de todas"* (Art. 781 do Código Civil).

Relativamente a*o prémio* ou *fracção inicial* estabelece a lei que os mesmos devem ser pagos na data da celebração do contrato.

Quer isto dizer que os efeitos materiais do contrato de seguro só se produzem se o prémio inicial se encontrar pago. É este o sentido pretendido pelo art. 6.º do DL 142/2000 ao referir que *"a cobertura dos riscos apenas se verifica a partir do momento do pagamento do prémio ou fracção inicial, salvo se, por acordo entre as partes, for estabelecida outra data, que não pode, todavia, ser anterior a da recepção da proposta de seguro pela empresa de seguros"*.

O Instituto de Seguros de Portugal, através da Norma 9/2000 veio a regulamentar, exaustivamente, as hipóteses em que se admite o pagamento do prémio ou fracção inicial em data posterior à da celebração do contrato.

Relativamente ao *pagamento fraccionado* do prémio de seguro, considera-se que os prémios ou fracções são devidos nas datas estabelecidas na apólice respectiva. Nos contratos de prémio variável, ou apólices abertas, os prémios ou fracções seguintes são devidas na data da emissão do recibo respectivo.

A lei estabelece, aqui, um regime especial para a falta de pagamento dos prémios ou fracções subsequentes ao estabelecer. Refere, a este propósito o art. 10.º que a resolução do contrato de seguro não exonera o Tomador do seguro da obrigação de pagamento dos prémios ou fracções em dívida correspondentes ao período em que o contrato esteve em vigor, acrescidos das penalidades contratualmente estabelecidas, bem como, respectivos juros de mora.

Paralelamente, a seguradora encontra-se obrigada, até 30 dias antes da data em que os prémios ou fracções subsequentes sejam devidos, a avisar, por escrito, o Tomador do seguro, indicando a data de pagamento, o valor a pagar e a forma de pagamento. Desse aviso deve, ainda constar as consequências da falta de pagamento do prémio respectivo (art. 7.º DL 142/2000).

A actual lei não exige qualquer forma especial, para a expedição do aviso: carta registada com aviso de recepção ou carta registada. Daí que se deva entender, salvo melhor opinião, que bastará a carta simples, contando que recai sobre a empresa de seguros o ónus da prova relativo ao envio do aviso (n.º 3 do art. 7.º DL 142/2000).

Uma das razões que nos leva a ter este entendimento baseia-se nos *precedentes legislativos* : DL 162/84 de 18 de Maio exigia para o aviso de cobrança a forma de *carta registada com aviso de recepção*; O DL 105/94 de 23 de Abril, apenas exigia que a seguradora avisasse, por escrito, o Tomador do Seguro, recaindo sobre ela o ónus da prova relativa ao aviso feito ao Tomador.

A lei actual faz impender sobre a seguradora o *ónus* da prova do *"envio"* do aviso, que é muito diferente de se provar *objectivamente* o aviso do Tomador do Seguro.

No primeiro caso vale a prova da *expedição do aviso*, no segundo – da lei revogada – valia a prova da *recepção do aviso* pelo declaratário.

Outra das razões, baseia-se na *interpretação sistemática* do conteúdo normativo da referida lei. È que, o legislador, no art. 9.º do DL 142//2000 exige *correio registado ou outro meio do qual fique registo escrito ou electrónico*, no caso de comunicação da resolução dos contratos do Ramo Acidentes de trabalho à Inspecção Geral do Trabalho.

Ora, se pretendesse forma especial para o aviso ao Tomador do Seguro, o legislador, te-lo-ia exigido, também, no art. 7.º e não o fez.

Na falta de pagamento do prémio ou da fracção na data indicada no aviso o Tomador do seguro constitui-se em mora, aplicando-se para o efeito o regime geral do incumprimento das obrigações pecuniárias.

Decorridos que sejam 30 dias, após aquela data, conforme estipula o art. 8.º do DL 142/2000, o contrato de seguro é automaticamente resolvido, sem possibilidade de ser reposto em vigor.

O caracter imperativo da disposição legal, conduz-nos à conclusão de que as partes estão impedidas de proceder de outro modo. A resolução do contrato opera os seus efeitos por força de lei e não por vontade das partes.

Daí que nem a seguradora pode fazer renascer o contrato de seguro extinto, nem o segurado poderá, ainda que pague mais tarde o prémio em dívida, invocar o contrato de seguro para qualquer efeito jurídico.

Apenas restará a ambas as partes, se quiserem, celebrar um novo contrato de seguro mas nada, impede, porém, que o contrato de seguro sobre os mesmos riscos.

No caso de resolução dos contratos de seguro obrigatório do ramo de acidentes de trabalho, a lei prevê, no art. 9.º, um regime de resolução mais exigente, na medida em que obriga as seguradoras a comunicar à Inspecção Geral do Trabalho, por meio de listagem, os contratos resolvidos e na medida em que os efeitos do contrato não são oponíveis a terceiros lesados até 15 dias após a recepção dessas listagens, sem prejuízo do direito de regresso da seguradora, contra o Tomador relativamente às prestações efectuadas às pessoas seguras, ou a terceiros, em consequência de sinistros ocorridos desde o momento da resolução do contrato até ao termo do prazo referido.

3.7. Prémios de Seguro em dívida:

Para além da lei contemplar a obrigação de pagamento dos prémios em dívida e respectivos juros de mora, acresce ainda, ao montante quantitativo da obrigação, penalidades contratualmente estabelecidas (art. 10.º do DL 142/2000).

Essas penalidades estão revistas nas Condições Gerais dos contratos e devem respeitar o princípio da *proporcionalidade*, da *equidade* e não devem ser injustas do ponto de vista concreto.

Paralelamente, prevê-se um sistema que permite às seguradoras poderem seleccionar criteriosamente os Tomadores com quem contratam, facultando-lhes a possibilidade de, no exercício da liberdade contratual que lhes assiste, rejeitarem a celebração de contratos com Tomadores inadimplentes, o que, no dizer do preambulo do DL 142/2000, não representa qualquer desvio ao instituto do seguro obrigatório de responsabilidade civil. Assim, nos termos do art. 11.º do DL 142/2000 ficam as seguradoras habilitadas a instituírem, em conformidade com as respectivas normas em vigor, os mecanismos conducentes à identificação dos Tomadores de seguros que injustificadamente não satisfizerem as suas obrigações de pagamento relativamente a contratos de seguro que celebram.

No dizer do Preâmbulo este mecanismo tem como objectivo, também, a diminuição da litigiosidade nos tribunais.

4 – ESPECIFICIDADES DE ALGUNS CONTRATOS DE SEGURO

4.1. Seguros de caução

A natureza jurídica do seguro de caução é discutível. Não obstante, é de lhe aplicar, o regime previsto no DL 142/2000, com a particularidade constante do já citado art. 23.º n.º 1 do DL 176/95 de 26 de Julho: nos contratos de seguro caução e não havendo cláusula de inoponibilidade, isto é, não havendo cláusula contratual que impede a seguradora, durante um determinado prazo, de opor aos segurados, beneficiários do contrato, quaisquer nulidades, anulabilidades ou fundamentos de resolução, o beneficiário deve ser avisado, por correio registado, sempre que se verifique falta de pagamento do prémio na data em que era devido para, querendo, evitar a resolução do contrato.

4.2. Seguros de vida:

Nos seguros de vida, poder-se-á afirmar, que o pagamento de prémios é facultativo.

O DL 142/2000 considera que o seu regime jurídico não é aplicável aos seguros de vida. Mas dessa inaplicabilidade não resulta, o afastamento da regra geral de que o contrato deve ser pontualmente cumprido (*pacta sunt servanda*, cfr. Art. 406 n.º 1, primeira parte do Código Civil).

Não podendo a empresa de seguros aplicar o regime jurídico do pagamento de prémios de seguro, deve limitar-se a aplicar o disposto no art. 33 do Decreto de 21 de Outubro de 1907 que refere "*o contrato de seguros de vidas somente poderá considerar-se insubsistente por falta de pagamento do prémio quando o segurado, depois de avisado por meio de carta regista, não satisfaça a quantia em dívida no prazo de oito dias ou noutro, nunca inferior a este, que porventura seja estipulado na apólice*".

Assim, as consequências da falta de pagamento do prémio do seguro de vida são, sempre, estipuladas pelas partes no respectivo contrato de seguro.

A regra geral é a de que no caso de falta de pagamento do prémio haverá lugar à resolução do contrato, convencionando-se que o contrato subsistirá com as mesmas características, mas havendo lugar à redução do capital, que receberá então a designação de valor de redução (Norma do ISP n.º 16/95 de 12 de Setembro), considerando-se as apólice liberada, isto é: isenta do pagamento de futuros prémios.

Naturalmente, a redução não se produzirá quando o segurado opte por rescindir unilateralmente o contrato, recebendo a provisão matemática que a seguradora tenha constituído com base nos prémios até ao momento recebidos, deduzidos das despesas havidas nos termos convencionados na apólice.

Esta rescisão que tem o nome de resgate requer que haja decorrido um prazo mínimo de vigência do contrato para que possa efectivar-se.

Nota final

No essencial estas foram as considerações possíveis sobre o actual regime jurídico de pagamento de prémios de seguro, regime que se pode dizer bastante simplificado, face ao anterior e face, ao regime constante de outros países.

Com esta exposição, embora modesta, espero ter contribuído, positivamente, para as conclusões deste seminário.

Lisboa, 30 de Maio de 2001

ÍNDICE

NOTA PRÉVIA 5

Comissão de Honra 7

Sessão Solene de Abertura 9

Declaração de Abertura de Trabalhos – *António Moreira* 11

Conferência de Abertura 15
   Da Reforma do Direito dos Seguros – *António Menezes Cordeiro* ....

TEMA I – Incidência da Informática no Contrato de Seguro 25
   Contrato de Seguro e Informática – *Pedro Romano Martinez* 27
   Contrato de Seguro e Tecnologias de Informação – *José Caramelo Gomes* 65

TEMA II – Evolução e Perspectivas do Segurado 123
   A Evolução Decorrente das Directivas Comunitárias – *Adriano Garção Soares* 125
   Algumas Formas de Resolução Extrajudicial de Conflitos – *Bernardo Marques* 139
   Evolução e Perspectivas de Protecção do Segurado Arbitramento de Reparação Provisória – *Célia Sousa Pereira* 153
   Contributo para a Delimitação do âmbito da *Boa-Fé* no Contrato de Seguro – *Manuel da Costa Martins* 167

TEMA III – O Futuro do Seguro de Responsabilidade Civil 199
   Regresso e Condução sob Influência de Álcool na Actividade Seguradora – *Pedro Ribeiro e Silva* 201
   O Futuro dos Seguros de Responsabilidade Civil – *Maria Helena Pimenta* 215
   Directiva Relativa à Mediação de Seguros – *José Passos de Sousa* 233

TEMA IV – Perspectivas do Seguro de Pessoas e a sua Incidência na Segurança Social 243

Perspectivas do Seguro de Acidentes de Trabalho – *Albertino Silva* .. 245

Sessão Solene de Encerramento 257

Conferência de Encerramento

Breves Conclusões do III Congresso Nacional de Direito dos Seguros – *Manuel da Costa Martins* 259

Breves Reflexões Conclusivas do II Congresso Nacional de Direito dos Seguros – *Manuel da Costa Martins* 281

Discurso de Encerramento – *Afonso Moreira Correia* 267

Comunicações de Congressistas

Evolução e Perspectivas de Protecção do Segurado – *José Manuel Machado de Castro* 273

Direitos e Deveres de Informação: Sanção das Declarações Inexactas do Tomador – *Luís Filipe Caldas* 279

Suplemento 291

Regime Jurídico do Pagamento de Prémios de Seguro – *Manuel da Costa Martins* 293